北京宣传文化引导基金
BEIJING CULTURE GUIDING FUND
北京宣传文化引导基金资助项目

考古一百年 重现中国

杨泓 著

北京联合出版公司
Beijing United Publishing Co.,Ltd.

考古一百年

目录

从长城和舞龙谈起

——代前言

1—13

长城，似乎像是一条遨游星空过久因而忽然感到疲倦的巨龙，本想落在大地上暂时卧息，把头伸向浩渺的渤海，以饱饮清凉的海水，驱散旅途的辛劳。不料它太累了，竟然沉睡不起。修长的躯体从中国的东北蜿蜒伸展向西北，绵亘万里，静静地凝固在山峦荒漠之间。在某种意义上说，长城可以是古老中国文明的象征，也是炎黄子孙的智慧和勤劳所创造的人间奇迹。今天仍以它宏伟劲健的雄姿，吸引着无数探寻中国古文明的来客。

长城是中国文明的象征，确切地说，它是中国文明的产物。换另一个观察视角，还可以说长城是中国文明发展过程中，农耕文化和游牧文化矛盾的产物。虽然早在东周时期，列国之间已经开始纷纷修筑保卫自己疆域的长城，例如屏卫山东半岛的齐长城、

慕田峪明长城

内蒙古固阳秦长城遗址

回护豫南的楚方城、防守黄河右岸的魏长城等。与这些筑于内地的防御设施不同，燕、赵和秦在其北境和西北边境修筑的长城，目的却是为了阻断游牧于它们北方或西北方的“胡”，也就是匈奴武装侵袭的道路。特别是受胡袭扰最甚的赵国，赵武灵王时不但修筑了长城，还仿效对手的样子“变俗胡服，皆骑射”，组建了正规的骑兵部队来对抗那些迅猛剽悍的草原骑士。秦始皇统一了全国以后，把各国御胡的夯土筑的城垣连成一体，绵延长达五千多公里，成为人们习称的万里长城，这也就是一般认为长城始筑于秦代的缘由。也可以说从那时开始，一直沿续到明代的两千余年间，长城的走向和具体位置虽然迭有变更，而且随着建筑技术的进步和防御体系的完善，面貌也不断改变，从夯土结构逐渐演进成砖石结构的牢固的城墙、城门和关隘，但是它那作为草原游牧文化和平原农业文化矛盾形成对抗的前沿的性质却始终没有改变。

长期以来，在中国老百姓的心目中，长城象征着种种不同含义，有时甚至互相矛盾。长城构筑工程之浩大，工作环境条件之艰苦，显示了中国古代百姓的智慧和才能，以及他们刻苦耐劳的品质和不畏艰辛的作风。长城的宏伟壮观，又被视为华夏民族的力量和坚强民族精神的象征，特别是在遭受外来侵略的战争年代里，它更成为

甘肃敦煌
汉长城遗址

甘肃明长城
嘉峪关

中华各族团结御敌、坚强不屈的象征。但是，在漫长的古代社会里，在一般老百姓眼里，长城又曾是暴政的见证。对于在官府驱逼下用老百姓的血汗和生命筑成的这一庞然大物，人们怀着激愤的情感。民间传颂久远的孟姜女的故事，正反映着老百姓这种仇恨暴政、期望暴政垮台的情感，于是传说中的孟姜女，用她那悲愤的泪水，终于摧垮了作为暴政化身的高墙。

至于长城的历史作用，更应该从多方面去考察。构筑长城的本意，是为了阻断游牧民族，避免他们武装掠扰处于社会发展较高阶段的汉族，争取生产的发展和生活的安宁。这道人工垒砌的屏障，也自然增加了民族之间的隔阂。但从另一个角度去看这一耗费巨大的防御工程，似乎并没有起到人们预期的效果。当构筑它的王朝处于上升阶段，军力强盛，长城似乎是固若金汤的屏壁；但是当其国势下降，军力衰微，急需依仗长城的屏护时，它却暴露出脆弱的一面，又无力阻隔强敌的铁骑。在中国历史上，隔断在长城之外的广大疆域，从阴山以南的沃野直到大兴安岭下的呼伦贝尔大草原，万千年来多少游牧民族，以其为摇篮。当他们成长起来后，无垠的草原又成为他们的武库、练兵场和后勤基地。草原雄鹰能够腾飞以后，他们的铁骑轻易地跨越那阻隔在面前的人造藩篱，使中原大地的政治地图一次又一次改变颜色，造成中国历史上一次又一次的巨大动荡和民族间新的融合，为中华民族注入了新的血液。其中诸如鲜卑、契丹、女真、蒙古等族都曾跨越长城在中原大地建立过威严的王朝，对中国历史的发展有着自己的贡献，但这些古老民族中的大多数仅在历史上留有足迹，而其本身早已融入今日的中华民族之中。直到三个世纪以前，从白山黑水崛起的满族，最后迈过长城的阻隔，建立了以北京为都城的中国最后一个王朝为止，长城没有一次能够以它那人为叠砌的躯体拦阻住历史巨人前进的步伐。

现在可以看清楚了，长城作为中国文明的象征，是有它独特和复杂的性格的，同样它反映出的民族精神，也是独特和复杂的。它雄伟劲建，傲然屹立，显示着中华民族坚强不屈的英雄风貌。但是它在军事方面显示的却不是积极的进取，而是带有被动的防御色彩。有人把这说成是古代中国人爱好和平的民族性格的表现，其实是被动消极、缺乏进取的思想传统，正是我们今天必须予以摒弃的。还应看到，在思想上，长城是古代中国社会封闭的象征：闭关自守，故步自封甚至妄自尊大，把自己禁锢在人为的“天朝”的圈子之中，结果远远落后于世界潮流，却沦为被侵略、被宰割的悲惨境地。于是那绵亘的雄伟城垣，也只能成为凭吊过去的荣光的遗迹。

在历史上处于中国古代文明高峰的时期，唐代文明是最为光灿夺目的。看来当时颇有几分开放的气息，都城长安是当时的国际城市，汲取了许多异国和异族文化的精华为我所用，为唐代文明增添了新的光环。恰巧在那时，长城是不受重视的，贞观二年（628 年），有人向唐太宗李世民建议，为了防御突厥，应重修古长城。但是李世民认为最好的办法是积极进取而“扫清沙漠”，哪里用得着花费老百姓的血汗去再修长城！看来这种精神是值得提倡的。

现在回到长城本身来吧！在明代，十分重视对长城的修建，力图发挥它抵御关外民族进入中原的功效。但是当满族入关建立大清帝国以后，长城已经失去原有的防御功能，随着岁月的流逝，风雪的侵蚀，逐渐自然败坏。

说到“重现”中国古代文明，就不得不想起近百年来中华民族蒙受的灾难。当欧美列强的巨舰大炮轰开古老落后还妄自尊大的“天朝”大门以后，中国古文明和中华民族同样被掩埋在耻辱之中，丧失了原有的光彩。更令人遗憾的是，许多中国文明传统遭到旧中国愚昧而专横的当权者的排斥甚至践踏。多少中国古文明的代表性文物，流散到异国的博物馆去，又有多少古代文明的遗迹在中华大地上横遭摧残破坏。仍以长城为例，在许多地方，那些古代老百姓血汗凝成的坚固工程，仅剩下被肢解得七零八落的残躯。这条象征着中国古文明的巨龙，不仅不能腾飞云天，还只落得残卧于荒漠衰草之间哀叹。

本文开篇曾将长城比作“巨龙”，一提到“龙”，总是令人想到它是中华民族的象征，人们常说，海内外所有炎黄子孙都是“龙的传人”，也许是这个缘故吧。不论是在中国大陆，或是在沿海的岛屿上，甚至已经侨居到世界的不同角落的炎黄子孙们，在欢度节日时总忘不了那欢快火炽的龙舞。彩扎的长龙随着锣鼓的节拍翻滚进退，矫健起伏。特别是入夜后舞起的龙灯，光焰遍体，

清代龙舞年画

鳞甲通明，修长的身躯在夜色中婉转飞腾，散播着光明和欢乐，颇富传奇色彩，抒发出奋发向上的豪情，象征着不畏艰险的民族精神。对这样受老百姓赞赏的代表民族文明的艺术，谁能想到旧中国有些愚昧的自以为是的当权者，会有另一种利用来享乐的办法，那就是用对它可鄙的摧残以换取廉价的欢乐，正像民国初年四川的豪门关起门来烧龙灯取乐一样。作家巴金在他著名的小说《家》中有过如下生动的描述：

龙灯随着锣鼓声进来，停在二门外的大天井里。大门已经关上，免得外面的闲人混进。锣鼓不住地响着，龙灯开始舞动了。这条龙从头到尾一共有九节，是用竹条编扎成的，每一节，中间插着蜡烛，外面糊了纸，画上鳞甲。玩龙灯的人便拿着下面的竹竿，每个人持一节。前面另有一个人持着一个圆圆的宝珠。龙跟着宝珠舞动，或者滚它的身子，或者掉它的尾巴，身子转动得很如意，摇摇头，摆摆尾，或者突然就地一滚，马上又翻身过来，往另一旁再一滚，于是很快地舞动起来，活像一条真龙在空中飞舞了。旁边的锣鼓声正好助长了它的威势。

爆竹声忽然响起来，空中现了火花。龙乱舞着，像发了怒似的。鞭炮开始往龙的身上落，它不住地往左右两旁躲闪，又像受了惊似的在空中乱跳。锣鼓响得更厉害了，就像那条受了伤的龙在呼啸一样。……几个轿夫拿着竹筒花炮在旁边等了一些时候，便轮流地燃放起来，把花炮对着玩龙灯的人光赤的身上射。龙开始发狂了，它拼命往下面滚，来迎接花炮里射出来的金花。它抖动着。人们只看见它的身子在滚。人声嘈杂，锣鼓不停地大响特响。轿夫们笑着。二门内看台上的观众也笑了，自然他们笑得很文雅……那般玩龙灯的人有着结实的身体，有着坚强的腕力。可是他们却任人烧，一点也不防御……后来炮烧得更近了。他们毕竟有着人的血肉的身体，受不了剧烈的痛，他们终于忍不住痛，逃开了。这样一来那条威武地飞动着的龙就被肢解了，分成了九段。每个人拿着一段四处奔逃，彼此不相呼应了。龙的鳞甲已经脱落，身子从头到尾，差不多都烧成了一个空架子。一部分的人把龙身扛在肩上往大门跑去。然而大门已经关上了。……

多少文明的结晶就像被烧毁的龙灯一样，或有意或无意地毁于愚昧，或是毁弃于旧中国统治者的低廉的享乐之中。更遭到列强的残暴蹂躏，文明原为人类共有的财富，近世以来，却仿佛变成西方的专利，消除落后、愚昧、野蛮成了列强策动战争的口实。

但是就中国古文明的主体来讲，却决然不像纸扎的彩龙那样脆弱，它留下的光辉的轨迹一时间可能蒙尘昏暗，但最终却是任何世人所无法磨灭的。拭去尘埃，光耀如初，将永远是炎黄子孙的骄傲，并且引导我们去奋力向前，去创建更新更奇伟的现代中华文明。

“长夜难明赤县天”。但长夜终将逝去，天亮了，解放了！在中国共产党领导下，新中国诞生了。在党和人民政府的领导和关怀下，新中国的文物考古事业蓬勃发展。存留地面上的古代遗迹得到妥善的保管和维修，深埋地下的宝藏也陆续经田野考古发掘而呈现于世人面前。古老的长城遗迹，经过历年的勘察和不断维护，面貌一新，至今已明确在北京、天津、河北、山西、内蒙古、辽宁、吉林、黑龙江、陕西、宁夏、甘肃、新疆及河南、山东、湖北、湖南等 16 个省市自治区内，都分布有不同历史时期的古代长城遗迹。其中以内蒙古境内古长城遗迹的长度最长，据初步调查，约达 15000 公里。沿线出土了大量珍贵的古代遗物，具有重要的历史价值，是我们的祖先留下的无价的文化遗产。至于气势雄伟、工程坚固、宛如巨龙奔腾的明代长城，更是举世无双的古代建筑工程，是中华民族的文化瑰宝，值得认真保护。

长城是伟大的，但中国古代文明犹如光灿的巨星，运行于众星争辉的世界历史寰宇之中，在它经过的地方留下了一条永不磨灭的光辉的轨迹，相对来说，形似巨龙的长城只不过是这一轨迹之上的几点闪烁的光斑。今天由于科学的进步，田野考古发掘在近半个世纪以来获得了空前丰硕的成果，使我们有可能追溯中国

北京八达岭明长城

文明巨星升起的原始，也有可能不断追寻那向前延伸的轨迹的光芒。有时它的光焰焕发，显示着中华民族的自豪和骄傲。也有时它暂转昏暗，表现出中华民族蒙受耻辱和悲伤。这条光辉的轨迹现在仍在不断伸延，指引我们面向未来去进行新的求索。在这本书里，力图以从中华大地掘出的众多古代文化宝藏，把中华文明留下的光辉轨迹重现在读者面前。

以下就让我们一起去循着这条不可磨灭的光辉的轨迹，依据考古发掘的硕果去探察中华文明的演进，并与读者一起开拓一个反省历史的新视野，从而让我们更懂得正视现在与未来。

第一章

蟠伏的巨龙

史前期的文明曙光

15—85

篝火
燃烧起来了

夜幕低垂，把大地上的一切都纳入了黑暗的怀抱之中。在史前时期的林莽里，只有嗜血的猛兽闪烁着凶残的目光，在探寻着将要落入它那长牙锐爪之下的牺牲品。突然它显得惶惑不安起来，因为前方的暗夜中闪现出一点红光，接着是第二点、第三点……越来越近了，逐渐可以看清那些都是火炬发出的光焰在跳动，也可以模糊地分辨出手举火炬的人群的身影。漆黑而寂静的原始丛林开始活跃起来，火炬的光焰不断驱散黑暗涂在丛林中的恐怖色彩，猛兽也在火光前退缩，终于遁去。这时主宰世界的动物——人，走过来了，在跳动的火焰伴随下，向前迈进。

掌握了火，让那炽热的神奇的光焰为自己服务，是人类文明史上一件划时代的成就。在地球上生活的任何其他动物，包括可以偶然利用木棒等作为简单工具的猿类，无论如何也达不到这一境界的。中国境内最初发现史前人类用火的遗迹，是在将近一个世纪以前。北京猿人的故居周口店龙骨山遗址的发掘中，见到了厚度达 1.6 米的灰烬层，里面包含着许多被烧过的石头和被烧过的各种动物残骨，说明在距今 50 万—60 万年前，生活在这里的

周口店猿人洞

北京猿人不仅能够用火取暖、照明，而且用火来烧烤食物。烧熟的美味，丰富了他们的食谱，也在一定程度上增添了营养成分。除此以外，那燃烧的烈焰还被用来保护人类自身，成为驱逐猛兽的有效工具。也可以利用火的威力，去围捕大型猎物。我们可以想象当时成群手持石器、挥舞火炬的北京猿人，在原始丛林间奔跑着、呼喊着，被火光惊吓得不知所措的猛犸象在人群前退缩了，拖着它那多毛的巨大躯体，暴怒但慌不择路地拼命狂奔，终于陷落进人们为它设下的陷阱之中……那该是一幅多么震撼人心的粗犷图景！

距今 60 万年已是够久远的了，但是用火的历史还要比之更久远得多。20 世纪 60 年代在陕西省蓝田县发现的蓝田直立人，俗称蓝田猿人，年龄比北京猿人大得多，据测定，在蓝田县公王岭出土的猿人头骨，可能属于一位成年女性，她生活在距今 75 万—80 万年以前（也有的数据为距今 98 万年）。在发现猿人地点的地层之中，又发现有粉末状的炭粒，有的学者推测可能与猿人已使用火有关，这就又把在中国大陆史前人类用火的时间上推了几十万年。后来在山西省芮城西度侯史前人类文化遗存中，发掘出被烧过的兽骨，说明当时很

蓝田人复原像

可能人们已经懂得了用火，而那里文化遗存的时代被推定为距现在 100 万年以前，这就又把中国史前人类用火的时间向上推移，遗憾的是，那一地点还没有发现保留下来的猿人遗骨。不过在远离华北地区的西南地区，还有与之时间相近似的更为重要的发现。在云南省元谋县的上那蚌村附近发现了著名的元谋猿人的化石，年龄更为古老，据测定在距现在 170 万年左右（也有一种不同的测定数据，认为只有 75 万年），在那里的地层中也发现了炭屑和烧骨，有的学者据此认为当时人们已经掌握了用火的知识。在湖北郧县曲远河口遗址，在 20 世纪 90 年代，也发现了两件直立人头骨化石，简称“郧县人”，还有石器和动物化石，动物群的性质与蓝田公王岭动物群相似，古地磁测年结果为距今 80 万—90 万年，也是旧石器时代早期的遗存。

如果说元谋猿人懂得用火的证据还不十分充分的话，那么说他们掌握了制作石器的技能则是有着十分确凿的证据。已经发掘到好几件元谋猿人使用的石器，原料选用的是石英岩，虽然它们制作得既粗糙又简单，都是打制出来的“刮削器”之类的工具，但是它们具有极其重要的价值，是目前在中国境内获得的年代最早的人工制品。如果以会不会制造工具作为人和古猿之间分界的标志，生活在元谋的这些猿人早已迈过了人类的门槛。

石器的形态、种类和制作技术，是表明猿人文化进步程度的里程碑。上面讲到的元谋人制作的石器，数量极少，制工粗糙，形态简单，显示出当时人们刚刚懂得打制石器，还谈不上技术的熟练，更谈不上具有工艺规范，处于水平极低的阶段。蓝田人制作的石器就有所不同，虽然制作技术仍相当粗糙，但是在打制石片和修整石器方面，都已显示出有一定的程序和方法，制成的石器已能按不同的使用功能分成形态各异的器具，有用于刮削的“刮削器”，有用于砸砍的大型“砍斫器”，还有些可以明显地看出曾被当作工具而留下使用痕迹的石片，等等。甚至当时还可能使用了打制的石球。至于生活在周口店龙骨山的北京人，制造石器的本领就更高明些，制作工艺有了很大的进步。特别是石器的数量，极为可观，把从北京人遗址发现的石器和石片等都计算在内，不下 10 万件。选用的原材料也颇众多，主要石材是脉石英，还有绿色砂岩、石英岩、燧石、水晶和蛋白石等。他们在打制石器方面，已经具有相当丰富的经验，懂得如何适应脉石英质坚而脆、砂岩质软易碎的特性，用不同的方法制造式样不同适于使用的工具。他们使用长砾石制作的“石锤”，作为打制石器的工具，还用扁平的砾石当作“石砧”。制出的石器主要有：以扁圆砾石把一面或两面打出刃口，成为类似斧子的“砍斫器”，以各种不同的石片制成的“刮削器”，有大有小，刃口又分为直刃、凸刃、凹刃、多边刃和盘状等，以适应不同用途的需要：以石片沿着两边把它的一头

北京猿人石器

轻敲细琢成尖而精致的小型“尖状器”等。由于那些石锤打击时崩裂出的碎屑疤痕都集中在左角上，可以说明当时人们多是用右手握住它工作的，可见现在人们习用右手工作的习惯是由来久远的。除了石器以外，北京人还用兽类的骨、角来制作工具，已经发现的有梅花鹿角制成的角锤，鹿头盖骨制成的类似“水瓢”的盛器，以及用兽肢骨制成的尖状器和刀状器。与元谋人和蓝田人相比，北京人真是拥有大量生产工具的富豪了，不过取得这样的成绩所付出的时间代价太大了，人们由元谋人那种简单粗糙的打制石器到北京人这种虽有进步但仍是粗糙的打制石器，竟花费了好几十万年的不断探索和艰辛的劳动，在这几块文化进程的里程碑之间，距离是过于遥远了，但是我们远祖就是这样艰苦地跋涉着，日复一日，年复一年，不停地前进，给后辈带来了文明的曙光。

在中国境内，留下了远古猿人印记的地方很多，并不只有上述几个地点。自 1949 年以来，对于旧石器时代考古的调查发掘和研究工作蓬勃开展，发现的旧石器时代地点多达 400 处，遍布于中国 25 个省、区、直辖市的大约近百个县市。散布在中国大地上的篝火，月月年年地继续燃烧着，用跳动的火舌和炽热的光焰，送走了逝去的时光，又照亮了人类发展的新的进程，在那跳跃的明亮的火焰照射下，人们为了获得生存的权力，为了繁衍后代，进行着艰辛的劳动。当时狩猎是获得食物的主要来源，为了得到更多的猎物而改进工具是至关重要的。在旧石器时代晚期，在这方面最重大的一项发明，就是远射的弓箭。

弓箭的颂歌

汉画像石中
羿射日图像

下面是一个古老的神话：

碧空万里，没有一丝浮云，十个火红的太阳竞相把炽热的光焰倾泻到大地上，江河干涸了，土地龟裂了，满目是枯死的草木和焦萎的稼禾……老百姓遭受了极大的苦难。看，羿来了，他大步跨上山冈，仰起头，直视苍穹，张开了他那红色的强弓。弓弦响处，只见白色的箭羽像流星一样疾速地划破碧空，一个太阳被射中了，它那炽热的光轮爆裂了，流火乱飞，散落出一片片金色的羽毛，随着坠落下来的是一只长着三只脚的硕大的金色乌鸦，羿发出的箭正好射穿了它的头颅。别的太阳看到这个情景，在天空中四散奔逃，划出了一条条火的轨迹，但是羿却不停地射出了支支利箭，第二支、第三支……第九支，每一支都准确地射中了目标。只有最小的那个太阳，聪明地躲藏进扶桑木浓密的枝条中，全身战栗，不敢露出头来。凉风拂面，明月高升，月光下的大地显得分外洁净，人群欢呼着拥了过来，他们看到散乱的丛丛毛羽中，躺着九只中箭的三足金乌，羿站在中间，安详地抚拭着他那神奇的长弓……

这则奇妙的古代神话，实际上是人类征服自然的一曲颂歌，也是对弓箭——人类最古老的兵器之一的一曲颂歌。没有弓箭，羿是无法完成他的丰功伟绩的。在另外一些古代的传说中，还把发明弓箭的光荣，也归功于这位英雄的神射手—羿。在山东省临沂银雀山汉墓出土的《孙膑兵法》竹简中，就是如上叙述的。虽然这些古史传说中尽量把弓箭发明的时间定得相当古老，但是看来还远远不够，因为弓箭真正被发明的时代，比古史传说中羿的时代更为古老。在山西省朔县峙峪村附近的旧石器时代晚期遗址里获得的一枚石镞，可以说是目前发现的时代最早的箭镞，那处遗址经放射性碳素测定年代，为距现在 28900 多年。那枚石镞，是用燧石的薄长石片制成的，两侧经过很仔细的敲击，并修成颇为锐利的前锋，全长只有 2.8 厘米。看来人类最初懂得使用弓箭的

峙峪旧石器时代石镞

年代，要比能够制出像峙峪出土的这种制作已较精细的石镞的时代还要早得多，至少也应该是距现在 3 万年以前的事。在这以后，人们又不断改进打制箭镞的技术，这种努力的结果可以从在山西省沁水县下川遗址的发现得到证明。在下川获得的石镞，主要原料是黑燧石，形体比峙峪发现的稍大些，3–4 厘米。制作的方法很一致，都是将一块石片从两侧修出边刃，前端形成锐尖，尾端修薄以便于扎缚在箭杆上，并且有两种不同的样式，一种制成圆底，另一种制成尖底，以圆底的数量多一些。这些都说明在下川生活的史前人类比峙峪的打制石镞的技术有了很大进步，已经形成了一套规范化的制造工艺，所以制出的成品较好而且数量也较多，据 1973 年采集的资料，共获得 13 枚石镞。据放射性碳素测定年代，下川遗址大约距现在 23900–16400 年之间。由此可以看出，在制造石镞方面这一点微小的进步，人们竟花费了至少 5000 年之久的岁月，这在今天看来是惊人的，但是从原始技术发展的

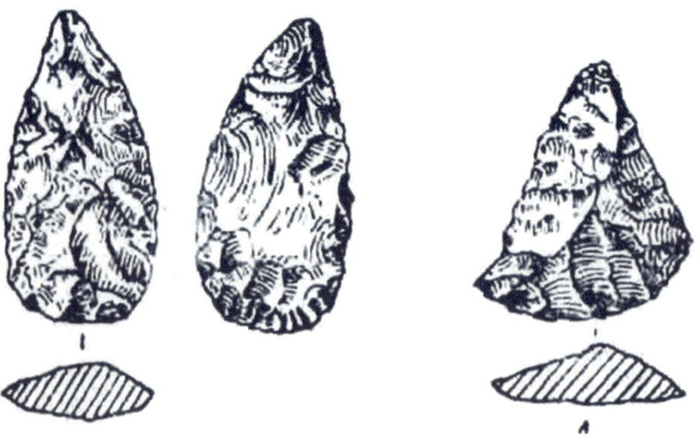

下川旧石器时代石镞

角度去观察，这一过程并不冗长。难怪有位学者过去说过：“人类自有生命以来，十分之八九的日子只是胡乱过了，东跑到西，西跑到东，拿着石、骨、贝、木做器具，打些野兽，掘些芋薯度命。人类的进步可以比作一个老大的生徒，大半生消磨在幼稚园里面，然后雷奔电掣似的由小学而中学而大学。”这个比喻是极为贴切的。从打制石镞技能上一点微小的演进，竟然需要耗费多达 5000 年之久（而中国古文明的历史一般也认为只有 5000 年），就清楚地说明了这一点。

不过在遥远的史前时期，弓箭确实是划时代的重要发明，值得人类花费大量时间和艰苦的劳动。它的使用，可以说是成百倍地延长了人的手臂功能，从而获得过去难于猎取的飞禽和猛兽，极大地扩大了食物的来源，也能更有效地防卫自身免遭猛兽的锐牙利爪之伤害。这一发明，也是人类懂得利用通过机械储存起来的能量最早的例子。弓身选用有弹性的木材，能弯曲变形但不折断，再用坚韧的弦把它牵紧，当用力拉弦时，就迫使弓身改变了形状，也就把能量储存了进去。如把弦猛然松开，于是那被压迫的弓身得到了复原的机会，就在它急速复原的同时，也把刚才储存的能量释放了出来，由于这释放的过程是极其迅速而猛烈的，就把扣在弦上的利箭有力地弹射到远方。精良的弓箭，帮助史前的猎手射获了丰盛的猎获物，自然会引起在篝火旁围坐着的同伴一片欢腾，优秀的猎手情不自禁地抚摸着心爱的弓，当他触动绷紧的弓弦时，忽而发出悦耳的低沉的嗡嗡的声音，弓弦的音响和心弦的欢乐应和在一起，于是本来出自无意的触动，引起后来有意识的弹拨，用来抒发狩猎归来高兴的心情，可能就是这样促成了原始弦乐器的产生。当然我们还没有任何证据表明弦乐器的出现能早到弓箭开始出现的时期，恐怕那还得到人类进入文明社会才能发生。但是却可以断言，由于弓箭的使用给人们带来丰盛的食物，使人们生活得更好，也就有利于去进行更多的创造发明，也有可能有时间去把自己打扮得更漂亮。那么让我们再回到周口店龙骨山的篝火旁边来看一看吧！

时间已经流逝过了几十万年，在距现在 18000 年前的周口店龙骨山上，围绕着熊熊篝火的已经不是毛长遍身、赤体的北京猿人了。这时篝火旁活动的人，体质形态似乎与今天的我们颇为相近，躯体上有的还裹着用兽皮缝制的防寒物，也可以说是“衣服”的前身。那是因为发现过他们遗留下来的一枚骨针，上面有用石制的尖状器刮挖出来的针眼，从而推知当时已懂得缝制衣物了，不过当时并无裸体为羞的观念，因此还应与今日世界上尚存的原始民族一样，衣服仅供御寒，主要仍旧是裸体作息的。值得特别注意的是他们的身上佩挂着成串的装饰品，有白色石灰岩磨成的小石珠和微绿色的穿孔小砾石，还有穿孔的狐或獾或鹿的犬齿、刻出沟纹的骨管，以及穿孔的海蚶壳和青鱼眼上骨等，串组上列饰物的带子还用赤铁矿染成红色。可以想见他们已经萌发了最原始的对美的追求，

山顶洞人骨针

艺术正是在这种朦胧的原始美感中孕育而成的。这些人就是考古学家称之为“山顶洞人”的“前进智人”或“新智人”，换句话说，他们已经可以算是真正现代人的远祖了。篝火的光焰仍旧日复一日地燃烧着，围绕着它生活的人群继续繁衍生息，不停地劳动，不停地掌握新的工艺技能，在改造自然界的同时也不停地改变着自身的容貌。他们制出的石器由粗转精，技艺不断提高，由糙劣的打制转向精细的琢磨。随后又在工艺品制造领域里发生了划时代的突破，烧造出了陶器。这种新兴的工艺品在很大程度上改变了人们日常生活的面貌，它与精磨石器的技艺一起，成为冗长的旧石器时代宣告结束的标志，迎来了新石器时代的黎明，进一步缩短了人类进入文明社会的里程。

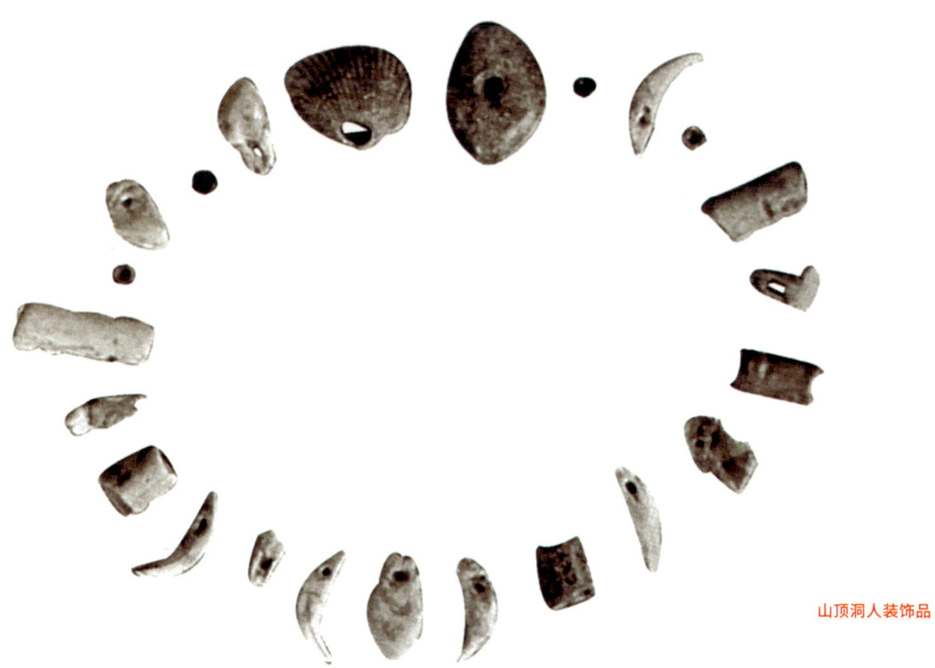

山顶洞人装饰品

陶轮旋转的魔力

一双妇女灵巧的手，相当熟练地把用水和好的泥巴搓成长条，再把它们层层盘绕上叠成圆筒状，再把捏成的圆泥饼，接加在下面当底，随后不断捏拍修饰，使腹壁向外弧凸，上端形成较小的圆口，并且捏出口唇，于是一个粗略成型的罐子的泥坯呈现在人们面前。接着她小心地把湿软的罐坯移置到树荫下通风处，待它晾得半干，再把罐坯的表面拍打得更光滑一些，然后埋入柴草堆间，点火焙烧……柴草烧尽以后，从灰堆中取出已是质地坚硬的陶罐。这些最原始的陶制品，虽然外表极为粗糙，形状颇不规整，由于露天柴堆火候低，加上掌握火候的技术不好，器皿的色泽深浅不一，更无艺术造型可言，但是它确实是聚积了史前人类多少代人的劳动，花费了成百上千年的时间，才凝聚成的劳动结晶，代表了那时工艺技术的最高成就。在懂得烧制陶器以前，人类制造工具只限于改变自然物质的形状，例如把自然界的石头敲砸成石片，再敲压琢磨形成具有特定用途的工具，但并没有改变其材质。陶器的制造就不同了，这是通过化学变化把一种物质改造成另一种物质的创造性活动，是用人的力量去改变天然物的开端。不过直到今日，我们还弄不清楚陶器到底是什么时候发明的和是怎么发明的，通常的一种推测是因为偶然把涂有黏土的篮子放在火旁，后来被火烧烤得发硬，成为不易透水的容器，从而得到启发，以后就有意识地去效仿并不断改良，终于发明了把经水湿润后的黏土塑造成型，晾干以后再用火焙烧，使它烧结成坚固耐用还不透水的陶器。也许是因为以上原因，最原始的陶器都模仿着过去常用的器皿。例如编织的篮子以及葫芦、皮袋等的外形，后来陶器制作技术日趋成熟，才出现了具有自身特点的各类器皿，同时也因具体工艺的不同而烧出红陶、灰陶及黑陶等各种色泽不同的陶器。

在中国境内，目前发现时代最古老的陶器，出土于湖南道县白石寨村玉蟾岩（蛤蟆洞）遗址，那里曾是古人居住的洞穴，出土的打制石器具有从旧石器时代向新石器时代过渡的特征，时间在距今 1 万年以上。就是在这处遗址，发现了迄今获知年代最早的陶器。出土的陶器质地极为疏松，羼加有粗大的砂粒，呈黑褐色，粗糙的表面似乎有绳纹。经过复原的有敞口尖圜底的釜形器，虽然它的外貌极为粗糙，但却是制陶术这一远古伟大发明时代最

玉蟾岩出土陶器

磁山文化陶釜
和陶支脚

早的物证。

玉蟾岩的陶器出现了两千年以后，华北和西北的新石器时代早期遗址，如磁山文化、裴李岗文化和老官台文化中都有陶器出土。河北省武安县的磁山遗址，经放射性碳素年代测定距现在约为 8000 年。出土的陶器比玉蟾岩陶器有很大进步，也都是手制的，火候还较低，烧成温度最高的仅有 900 多摄氏度。但器形已有碗、钵、罐、杯和钵下附三足的鼎、小口带双耳的壶等。比较特殊的是一些形状像靴子的陶支脚。有些器皿上有简单的装饰花纹，如浅而细的绳纹、划纹、剔刺纹或窝篦纹。后来又在河南省新郑县的裴李岗村发现了同样粗陋手制的红色陶器，不过那里的器物中缺少靴形陶支脚和陶盂，这是与磁山的发现有些不同的。类似裴李岗的史前文化遗址，又不断地在河南省境内的许多县市发现过，说明这类史前文化在地理分布的范围。老官台遗址在陕西华县，与它性质相同的还有临潼白家庄遗址，那里放射性碳素测定的年代是距今 7330—7050 年。出土的陶器有圜底钵、三足钵、圈足碗、三足筒形罐等，虽然老官台文化的陶器，总体看来也还是颇为粗陋的，但是已经出现了最原始的彩陶，有的钵碗类器皿的口沿施有一周红彩，或者在钵内绘出对称的简单几何纹饰，这就昭示着一种更具有美感的陶器装饰艺术已经诞生。

不仅在华北和西北广阔的原野上，在河网密布的江南水乡，也发现有史前人类制造的粗陋的手制陶器，时间最早的是浙江省余姚县河姆渡村附近的河姆渡文化遗址，它比磁山文化晚约 1000 年，其时代距现在约 7000 年。那里的陶器主要是一种手制的夹炭黑陶，器壁很粗厚，造型也不够规整。烧制时温度不足而火候较低，胎质颇疏松，吸水性强而硬度不足。这些都显示了制陶工艺初期阶段的原始性。制出的多是釜、罐等容器和炊煮用器，也有钵、盘等食器以及许多方形或圆柱形的陶支脚，还有纺线用的纺轮。值得称道的是，这里的史前居民比之磁山或裴李岗的更懂得装饰器物，除了把陶器的外表打磨光滑或拍印上绳纹以外，还有的用刻划出的纹样来加以装饰，多是对动物或植物形象的模写，构成各种图案，线条生动而富有粗犷的原始美感。植物纹样多模拟自植物枝叶，有的也许摹自稻穗的形态。动物纹样中有颇为写实的作品，特别突出的是在一个陶方钵侧壁刻出的一头猪，头、尾、四肢乃至背上的鬃毛都刻得很细致，只是身躯上以图案式的纹样表示细部。它那瞪目而伸拱着长嘴的形态，也颇为生动传神。从这些模拟自植物和动物的图像中，带给人们河姆渡文化的居民已经进入以种植和畜养牲畜为主的定居生活的信息。

玉蟾岩、磁山、裴李岗、老官台和河姆渡出土的陶器，使我们可以了解到迄今所知在中国的南方和北方各地时代最古老的陶器的外貌，并且可以观察到它的制作方法，测定它的烧成火候，继而获得了有关这些原始的制陶工艺的概括的知识。但是有关烧造这些陶器的具体过程，那是没有办法去观察了。不过这还可以通过民族学的调查材料，得到旁证。

在云南省居住的少数民族中，直到 20 世纪 50 年代，有的还保留着颇为古老的烧制陶器的方法，其中工艺最为原始的是居住在西盟科来寨子的佤族。佤族妇女在南卡江的附近，把挖出的陶土用背筐运回寨子，用筛子筛出土中的粗砂粒，然后倒在木头制

河姆渡文化
猪纹陶钵

成的臼里加水捣合，和好的泥用湿布盖好备用。陶坯是在室内制作，没有固定的地点。先把湿泥分成块，分别用木拍子打成一段一段的圆柱形。然后用一个篾筐，上面放上用棉花、茅草、破布缠绕的垫子，再铺盖一块麻布，用来作为制坯时的“垫子”，把圆柱形的泥块放在上面，用木拍来拍打，先使泥块的上部向下缩而扩大，再用拍柄插在泥块中央成孔洞，不断向周围按压，直到外径符合想做的器形的要求时，在外面套上一个篾圈使其固定，然后用手伸进中央的空腔处向周围与下底按压，大致成型后用左手持一石球从里面顶住器壁，右手持木拍来拍打外表，直到使器壁厚薄大致均匀为止。把这样制成的器坯搬到室外晒晾一会儿，在阳光下晾五六分钟，

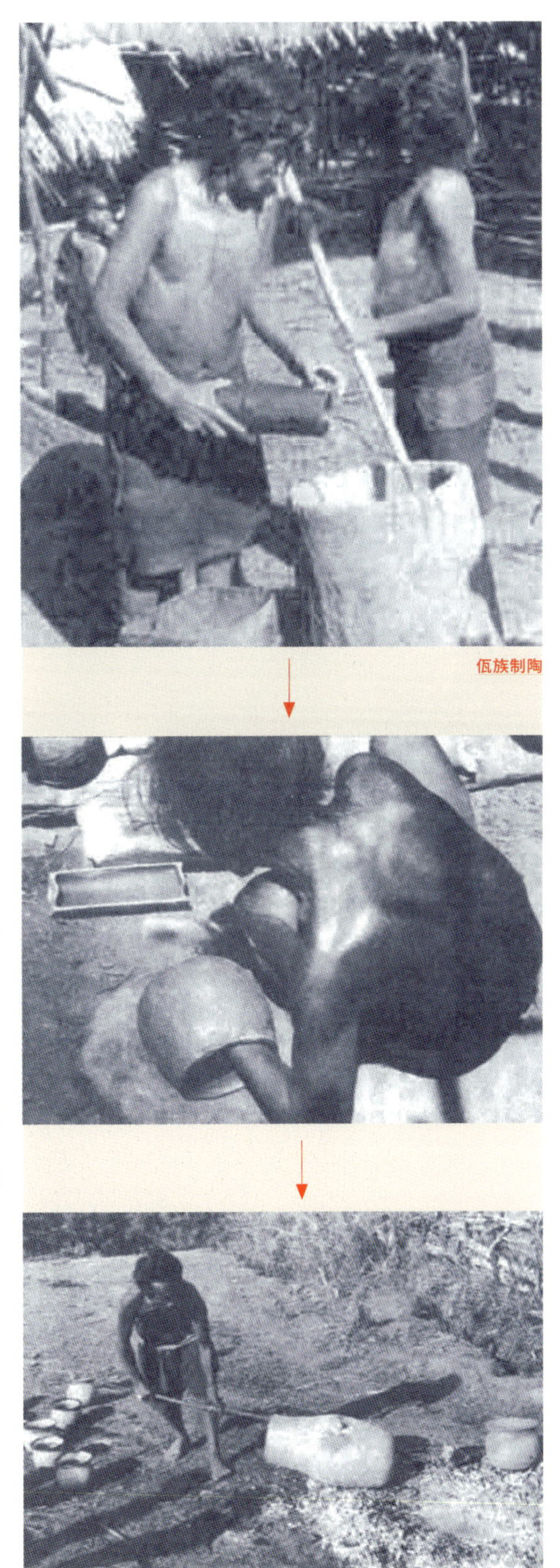

佤族制陶

佤族制陶

再搬回室内，放在垫子上制作口沿。也是同样靠用手捏按和用木拍来拍打，最后用木拍将全器外表拍打一遍，使拍上刻的纹饰清晰地拍印在器表，再以手指蘸水顺口沿涂抹光滑，于是陶坯就制好了。当放在阳光下将陶坯晾干以后，就可以进行烧制了。佤族还不懂得使用陶窑，只是最原始的露天堆烧。把已经晾干的陶坯堆放在一块平地上，周围堆架起柴草，上面也盖上些木柴，然后从下面用茅草点燃木柴。过了半天的时间，木柴全部烧尽，于是把烧好的陶器用木棍从炽热的灰烬中挑出来，就算烧成了。为了使其坚固耐用和减低渗水性，又常趁热涂上一种树胶（当地佤族语称为“斯然”），主要施于器物的口缘部位和装水、酒用的缸子的内壁。科来寨子佤族制陶全靠以手来捏拍，又是堆柴而烧，全然不懂得使用陶轮等器械，更没有修造陶窑的技术，确实保存了制陶工艺的最原始的形态，为我们复原史前人类手制陶器的情景，提供了极为珍贵的参考资料。

令人感兴趣的是，在距西盟佤族自治县东南约百余公里，西双版纳傣族自治州首府景洪附近，有两处傣族村寨——曼斗和曼弄枫，也保留有颇为古老的制陶工艺，与科来寨子的佤族制陶相比，还是有着明显的进步，表现在以下几个方面：首先是有专为制陶设立的制陶场和窑场，为了防止发生火灾殃及村寨，所以设在远离居住区的村寨的一角。其次是已经使用了可以慢速旋转的“陶轮”，利用它转动时产生的惯性力量来修整器坯。第三是烧制时有固定的窑场，铺设窑床，围盖柴草以后还在外表涂泥封闭，构成简陋的薄壳窑体，从而较为成功地控制烧成温度和窑内气氛。上述三方面的改进，表明在制陶工艺发展的道路上又达到了一个新的里程碑。傣族使用的陶轮轮体是木头制成的圆盘，它的面径比底径长，所以像是一个倒截圆锥体。在底面中心开一个方孔，上面不通透，再从下面插入一根竹管。陶轮的底座只是一根底部削尖的圆木桩，将它楔入地上挖出的小圆坑中，牢固不动后，上端套入轮体下的竹管之中。用手或脚趾拨动轮体，它就会随之旋转。制作器坯的工作开始了，傣族妇女面对陶轮坐在地上，先在轮面上撒一些草木灰，以防陶泥与轮面粘连，再放上泥团，一面用手拍打，一面熟练地用赤裸的左脚拇趾拨动轮盘，使它沿顺时针方向慢慢旋转。随着轮盘的旋转，拍制出圆饼形的器底，再用搓好的泥条一圈又一圈地向上盘塑器壁，整抹内壁，拍压出口沿，最后用粗麻布蘸水抹光，使口沿平滑。取下器坯晾半干后，再修整器型，抹光外表，并拍打出纹饰，定型后再晾干、装窑、焙烧。

从西盟到西双版纳短短的行程，使我们观察到原始制陶工艺从仅用手制发展到慢轮泥条盘塑法的具体操作形象，但是在史前时期，人们从手制陶器发展到慢轮泥条盘塑制陶法，却是经历了漫长艰辛的历程。在西安市半坡村的史前居住遗址和氏族公共墓地的发掘中，获得的大量陶器。其中只有少数小型的器物完全靠用手捏塑，绝大多数器皿采用了泥条盘塑的工艺，形体特别大的瓮类容器，又采用泥圈垒筑的方法，先分别制出底、腹、颈等部分的泥圈，然后把它们叠塑成整体。仔细观察，可以在一些陶器的上腹和口沿部分看到清晰的轮旋纹，那是经过慢轮修整以后留下的痕迹。在晾坯时器下的衬垫物，又在器底上留下了席纹和布痕。据放射性碳素测定年代，仰韶文化半坡类型大约距现在 6800—6000 年。与磁山文化相比，要迟 1200—2000 年。这或可反映出在史前制陶中，由手制发展到慢轮泥条盘塑法，至少经过长达千年以上的漫长岁月，那是人们通过不断的探索和实践经验的积累，花费了无数心血，洒下了多少汗水，才取得的成果。

当人们熟练地掌握了慢轮泥条盘筑的工艺技巧以后，制出的陶器质量显著地提高，器形日趋规整，器类日渐增多了。同时还可以把一部分精力转向提高陶器外观的精美，从而探寻新的装饰

傣族以陶轮制陶器

半坡出土
鱼纹彩陶盆

手段。除了在器坯上拍印或刻划一些装饰花纹以外，出现了在器坯上绘彩然后焙烧的彩陶工艺。仰韶文化半坡类型的原始艺术家，已经掌握这种新的工艺技巧，在红色的陶器上装饰了黑色的纹样。纹样的题材，选自当时捕捉的主要对象——鱼。于是体态灵动的游鱼的侧影，经常出现在半坡人的红陶器皿上。这些距今六千多年的作品，陶色橙红，鱼纹乌黑，既明快醒目，又和谐淡雅，抒发出恬静的质朴的美感。绘于大陶盆内壁的鱼纹，非常写实而体态生动，鳍尾具备，鳞甲分明，轮廓线劲健流畅。当盆内满储清水时，随着水波微漾，墨黑的鱼儿似乎脱壁而出，浮游于水中，极富生趣。在写实的基础上，远古的艺术家捕捉住鱼儿体态的特征：圆睁的双目，近似三角形的头，修长而上下对称的身躯以及分叉的鱼尾，于是由具体而抽象，从形似转神似，日益创新，出现了富于变化的多种鱼纹图案。在组合构图方面，时而单鱼独游，时而双鱼合体，时而三鱼并列，时而二鱼对顶，离合散聚，变化自然。后来，甚至把鱼体部分抽象成近似几何纹样的图案，装饰趣味更加浓郁。同时，装饰的部位也逐渐从陶器的内壁移到外壁，形成环绕陶盆肩腹的装饰花纹带。半坡的鱼纹所以能够如此生动而富于变化，

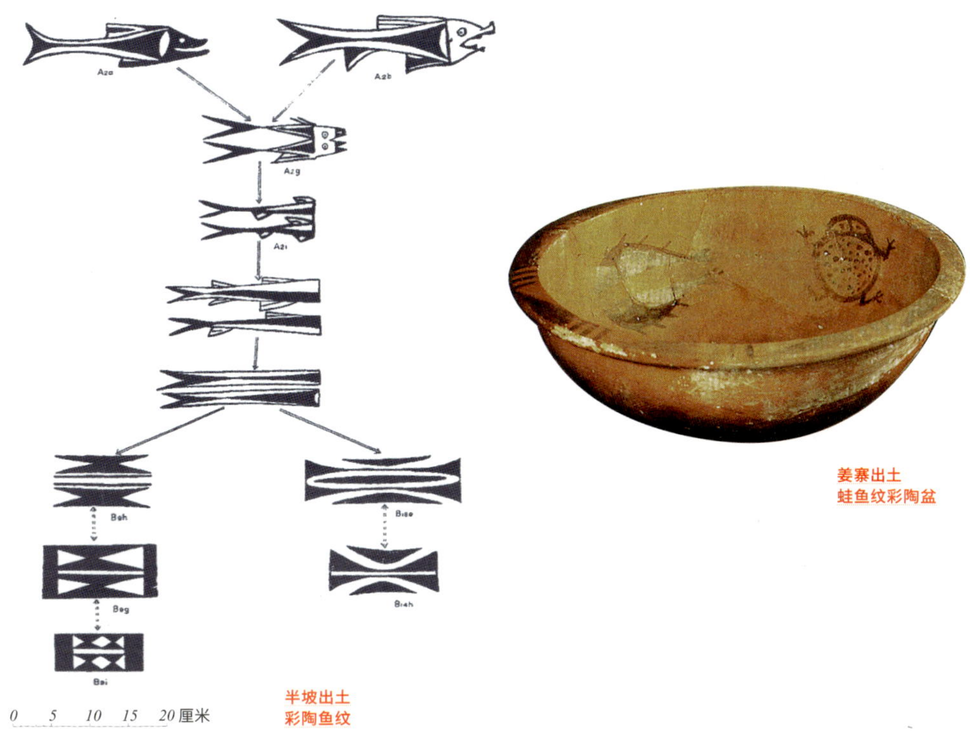

半坡出土
彩陶鱼纹

姜寨出土
蛙鱼纹彩陶盆

正是当时生活在这处原始村寨的居民，在常年从事捕鱼劳动中凝聚出的艺术结晶。和半坡同属仰韶文化半坡类型的原始村寨遗址的发掘中，同样可以获得绘有鱼纹的彩陶，例如在临潼县的姜寨村和宝鸡市北首岭两处遗址都是如此。在那两处遗址出土的彩陶中，特别值得一谈的有两件精品。一件是姜寨出土的陶盆，在里壁和两组黑色的小鱼相对应的是两只蹒跚地向盆沿缓缓爬动的大蛙，缩头大腹，有着长满圆斑的脊背，它们和上下浮游的灵巧的小鱼形成鲜明的对比，饶有风趣。另一件是北首岭出土的细颈陶壶，在圆鼓的壶腹上面，一侧游动着一条大鱼，它不是侧影，而是俯瞰。在另外一侧立着一只尖喙长尾的大鸟，用尖喙猛啄鱼尾，于是那鱼疼痛难忍地扭曲着身躯，这场鸟鱼争斗象征着什么？是值得观者玩味的。

北首岭出土
鸟鱼纹彩陶壶

彩陶装饰图案中出现的动物形象，除了大量的鱼和少量的蛙、鸟外，四足的走兽很是缺少，唯一的例子是发现于半坡村一件陶盆内壁的鹿纹。墨绘的小鹿用笔简练，仅具粗略的外形，但姿态仍颇生动。摹自植物的彩陶图案还不明显，但有的全器综观应是表示盛开的鲜花，半坡出土的一件彩陶壶正侧面看上去是四重相叠的折屈三角纹，但如自上向下鸟瞰，就会看出这件壶的整个图形是一朵盛开的八瓣花朵，圆圆的壶口正是花的心房，口唇上的条纹，是向四周伸出的花蕊。上腹的折屈三角纹正是围绕花蕊怒放的八个花瓣。至于一些器物的外貌，还颇为具体地保持着所模仿的植物的形体，如几乎与真正的葫芦一样的陶制葫芦形瓶，类似以葫芦制的瓢状容器的陶钵等都是如

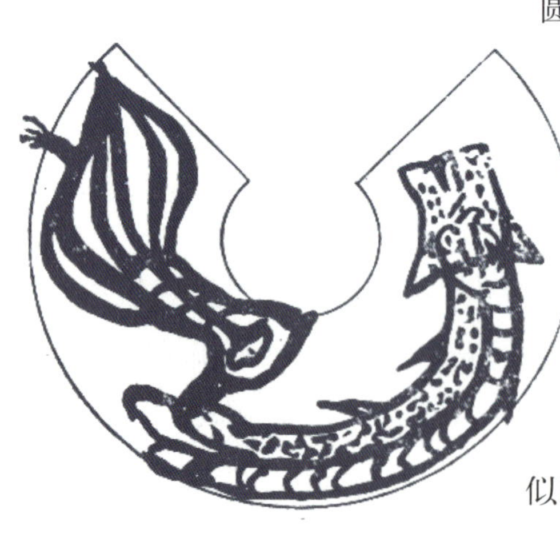

半坡出土
鹿纹彩陶盆

此。还应该提到的是，半坡人已经脱离了平地堆柴焙烧的原始阶段，懂得掏筑结构简单的陶窑，在圆形窑室的前方设有较长的穹形筒状火膛，燃烧的火焰从火膛经火道进入窑室。也有的火膛呈袋状，与圆形窑室基本垂直。窑室的容积不大，仅能烧制数件陶器，即使陶器的形体是较小的，一次最多也只能烧 10 来件。虽然容积还很有限，但以窑烧陶可以较好地掌握火候和控制窑内气氛，提高成品的质量。

制造这些较为精致陶器的半坡人，同时也制造了磨制的石斧、石铲、石锛等劳动工具，还有打制的石刀，以及木制的掘土棒等工具，从事原始的农业生产。大量以兽骨为原料磨制的骨箭镞、鱼钩、鱼镖，以及网坠、陶球和石球，又表明狩猎和捕鱼都是当时经济生活中不可缺少的重要内容。这时的半坡人已经构筑了周围由宽深各五六米的濠沟环护的原始村寨，村寨的中心，是一座可能为氏

姜寨出土
陶葫芦瓶

族公共活动场所的方形大房子，在它的北面，面朝大房子呈现扇面状分布着几十座较小的圆形房子，大约是氏族成员的住所，在这些住房附近挖有许多储物等用的窖穴，以及畜养牲畜的栏圈。在濠沟的东面，是烧陶的窑场。濠沟的北面，发现了170多座墓葬，那里原来是氏族的公共墓地。墓地葬的不是成年的死者，而是夭折的幼儿，当时是葬于瓮棺而埋在居室附近的。可以看出，6000年前这里是生机勃勃的母系氏族公社的住地。比半坡遗址保存得更好的姜寨遗址，使我们看到了另一处由濠沟环护的原始村寨，居住区的中心是一处面积较大的广场，广场四周地势稍高，在东、西、南等方向各分布着一组建筑群，北方则分布有两组。在每组建筑群中，都以一座大型建筑为主，在它的附近错落分布着几十座或二十几座较小的住屋，合起来房屋的总数超过100座，所有房屋的门都朝向中心广场。在住屋的附近，也设有许多窖穴，以及埋葬幼儿的瓮棺葬。烧陶的窑场，同样设在护沟的外面，以防偶然失火而殃及住屋。氏族公共墓地，在沟外东北和东南方向处，共发现3片。据研究，认为这里可能是几个氏族集聚的部落居址，形象地体现着氏族制度所特有的那种团结向心的精神，也意味着人类更加靠近了文明的门槛，而他们向前迈进的步伐，也一天比一天快起来了。

半坡类型
姜寨遗址
村寨复原图

天涯处处有芳草

庙底沟类型彩陶盆

当鱼类各种生动的姿态被半坡的史前艺术家凝固在彩陶上，流行于关中地区的西半部以后不久，生活在他们东边的另外一群仰韶文化的史前艺术家，创制了又一类风格独特的美丽的彩陶，所用装饰纹样选取的题材不以水生动物为主，而是着眼于摹写覆盖着无垠大地的植物界，气味芬香、色泽艳丽而形貌诱人喜爱的花朵，成为他们所最中意的题材，于是构图美丽的花卉图案，被采用来作为史前彩陶外壁的装饰花纹带。这类彩陶的标本，考古学家最早是从河南省陕县庙底沟仰韶文化遗址的发掘中获得的，后来又不断从陕西省华县泉护村、华阴县西关堡、邠县下孟村等处，以及甘肃省秦安县大地湾、山西省芮城县西王村等处寻到了它们的踪迹。描绘在陶器上的花朵图案大致有两种，可以看出是分别取材于蔷薇科和菊科植物的花朵，其中又以前一种更普遍，传布的地域也更广。那是使用阴阳纹结合的技法，来表现蔷薇科的覆瓦状花冠，突出它中心呈旋转的部分，以连续交错的构图，把花冠、蕾、叶和茎蔓结合成富于变化的多方连续图案。后一种是把菊科的合瓣花冠构成的盘状花序，使用阳纹间用双钩的技法表现出来，这种花卉图案不如蔷薇那样普遍，发现的标本数量较少。除了盛开的鲜花以外，另一类常见的题材摹自翱翔天空的飞鸟，特别是从华县泉护村获得的彩陶器上，飞鸟的形象复杂多变，都是以黑彩绘成，线条简练，造型生动，它们有的低头啄食，有的伫立枝头，有的振翅欲飞，有的当空翱翔，神貌各异，极富生趣。同时，还可以看出从写实的摹绘，逐步向抽象图案化演变的轨迹。除了彩陶上的图像外，还发现了一些以鸟类为题材的陶塑艺术品。在华县曾获得过一件陶质猫头鹰面形残片，小小的尖喙两侧塑出一对圆睁的大眼睛，周围雕刻羽毛状纹，造型生动，又富有图案趣味。

庙底沟类型
鸟纹彩陶盆

比猫头鹰形象更引人注目的是一头苍鹰，它出土于华县太平庄的一座墓葬里，是一件塑成鹰的形状的黑色陶鼎。鹰首微昂，钩喙利目，凶劲有力，那座坟墓里埋葬的是一位成年妇女，从墓坑选择的位置到里面放置的随葬物品，都显示着与别的坟墓不同的特点，说明死者生前在原始氏族中有特殊的地位，所以这一器表黝黑发亮的鹰鼎，似乎是当时母系氏族社会中权威的象征，而不是寻常的艺术品。

除了鲜花和飞鸟以外，这里也偶然能够看到缩头鼓腹、满背斑纹的大蛙的身影，但是它们的位置从内壁移到外壁，而且图案化的意味更加浓厚。含有上述彩陶的古代遗址，在考古学上称为仰韶文化庙底沟类型，与前面提到的半坡类型，大约是仰韶文化在其长期发展过程中形成的平行发展的两支。可能它们形成的时间有早晚的差距，其中庙底沟一支要迟得多，后来在发展中二者也在地理分布上形成交错，加上文化上的联系、影响和扩散，因此它们之间的关系颇为复杂。如果说从庙底沟和姜寨的彩陶盆上看到极为相似的硕腹蛙纹，已向我们传递出它们之间曾存在某种程度的关联的信息。那么姜寨发掘中获得的一件漂亮的葫芦形彩陶瓶，则促使人们进一步思考它们之间的关系到底应密切到什么程度。在那件陶瓶上出现了由四组呈方块状的图案化了的鸟纹，

姜寨出土
鱼鸟纹彩陶瓶

华县出土陶鸮面

华县出土陶鹰鼎

中间夹有两条颇为写实的大鱼，还有一些变体的呈对角三角状纹的鱼纹图案，它们紧密地组合在一起，形成一幅完整的装饰图案。这或许象征着以描绘鱼形为主的史前艺术家和以描绘鸟形为主的史前艺术家们分别所属的原始氏族之间产生了极不寻常的联系。这又使我们联想起前面提到的北首岭陶壶上的鱼和鸟，那里的鸟不是踡缩在一起呈方块状的图案化，而是傲然伫立；而鱼则不像姜寨陶瓶上那样怡然自得，而是在鸟喙下扭曲着不断挣扎。在河南省临汝县阎村发现的一幅绘在陶缸外壁的彩画，画面高37厘米，宽44厘米，可算是目前在中国发现的史前陶器上画幅最大的作品。画面的左侧伫立着一只高大的白鹳．圆睁着大眼睛，挺胸伸颈，高傲地昂起头来，在长喙上衔着一条鱼，鱼体僵直下垂，已经丧失了挣扎的力量，是那高傲的鸟儿的俘虏。在鸟、鱼的右边，立放着一柄石斧，斧柄上有缠扎的织物或细绳以便于把握，它大约是权威和力量的象征。这幅生动的史前绘画，带给人们的信息自然与前述的两件彩陶又有所不同，表示出了不同的原始氏族之间不平等的关系。不过它们的时代相距很远，北首岭的陶壶比阎村的陶缸要早好几百年，而且还有地域的不同，它们之间是否有联系，尚待今后研究。不过它们所反映出的史前艺术家创作时遵循的思想意识是相同的，使用的艺术语言也是相近似的。

近似于庙底沟的装饰着美丽的蔷薇花纹样的彩陶的踪影，又可以在东边的河南省洛阳、郑州一带的仰韶文化遗址里寻到，不过那里彩陶器表敷有白色或黄色陶衣的多了起来，彩纹除了用单

闫村出土鹳鱼
石斧图彩绘陶缸

独色彩绘制以外，并且出现有双色兼用的，如红色与黑色，或是红色与棕色二者并用。而且时代越迟，敷有白色陶衣的彩陶数量越多，并且出现了具有特色的新纹样。郑州市东北的大河村遗址是一处重要的遗址，那里彩陶具有特色的纹样，有光芒四射的太阳纹、六角星形纹、同心圆纹、锯齿形纹，以及类似眼睫毛的纹饰和横置的类似字母“S”的特殊花纹，这些装饰纹样构成了自成一系的有特色的彩陶。它们的时代约距现在6000—5000年前。

大河村出土彩陶罐

仰韶文化的彩陶又可以在河南省北部和河北省南部寻到，它们装饰着的纹样同样显露出了自己的性格，在花瓣之间出现了许多卷曲的螺旋状须蔓，还有繁密的平行的细波纹线夹杂其间。在另一些陶钵的口沿下面，绘出了简练的向两侧卷曲的纹样，类似蝴蝶那卷曲的蝶须一般。

美丽的花朵以及鱼和鸟，引导着我们走遍了仰韶文化原始村寨遍布的黄河中游的黄土地带。这一史前文化覆盖了陕西省的关中地区、河南省的大部分地区、山西省南部、河北省南部，甚至远及甘青交界、河套地区、河北省北部，边缘可以延及湖北省的西北部，地域相当广阔。最令人感兴趣的，是彩陶中以美丽的花卉为特征的庙底沟类型文化的分布中心区域，正是在一座著名的大山附近，它就是被列为“五岳”之一的华山，在中国古代文字中，“华”即“花”字，据说华山是因远望其五峰如华（花）而得名，用现在习惯用的字，即为“花山”。而在仰韶文化的时代，它的下面生活的为数众多的庙底沟类型的居民，正以花卉图案彩陶为其文化的特征之一，也许当时就被视为“花族”，即“华族”，那么传说华山因似花而得名更可能是因为华族最初所居之地而得名。美丽的花卉图案的彩陶在一切原始文化中是独一无二的，是土生土长的，华族及其文化正是在中华大地土生土长的，可以说仰韶文化的半坡和庙底沟两类型是华族或华夏族（汉族）及其文化发生和最初形成的阶段。

在广袤的中华大地上，仰韶文化分布的地域虽然广阔，但毕竟是有限的局部范围，那么在其余地区是否也可寻到史前文化的遗迹呢?

还是让描绘在陶器上美丽的花朵引导我们去继续探寻吧！

今天黄河经河南省流入山东省，然后直奔渤海湾，但历史上它走过一条更靠南的路，那条废道是进入江苏省，经徐州，过淮阴，奔向黄海。就在废黄河道以北直到山东的鲁中南及东南丘陵地区，分布着大汶口文化的遗址。那里也发现了花卉图案的彩陶，非常酷似庙底沟那以蔷薇花所构成的图案中的一种。另外一些彩陶图案中，出现有八角状星形图案，它又与郑州、洛阳地区的仰韶彩陶图案颇为近似，也施加有白色或红色陶衣，并且双色兼用。上面介绍的情况，似乎表明那里的史前文化和与之西邻的仰韶文化有着联系和交往。不过那里使用的彩陶的器形，除了盆、钵和罐以外，还有仰韶文化中没有出现过的觚形器和有高足的“豆”，并且逐渐把装饰的花纹带改成以黑色波折线间以斜方格纹为主，或是只有简朴的红色圆点纹。但是作为这一考古学文化特征的陶器，开始是各种形式的三足的“鼎”，鼎体有的像釜，有的似钵，也有的如盆或罐，都在下部安有三只足。后来又流行另一种体态特殊的三足的陶器——“鬶”，开始出现时鬶体像个罐子，口部有微微伸突的“流”，后面安了把手——鋬，下部装了三只实心的足。后来它的面貌大为改观，三只足变成了肥大的空心的袋足，而鬶口上的流向前高高突伸，使它的造型极像是一只伸着长喙的鸟。这种体态漂亮的陶器，也有用白陶制成的，更加具有特色。可以与之相媲美的另一种精致的陶器，是磨光的高柄黑陶杯。此外在大汶口文化的陶器中，还有大镂孔台座或折腹的豆、单把杯、盉和背壶。据放射性碳素测定，这种文化存在于距现在6200—4300年之间。大汶口文化的史前居民，和与他们西邻的仰韶文化的史前居民一样，用他们艰辛劳动的汗水，共同浇灌着即将萌发的中华文明的种子，同时他们之间也有着一定的联系和文化上的互相影响，我们

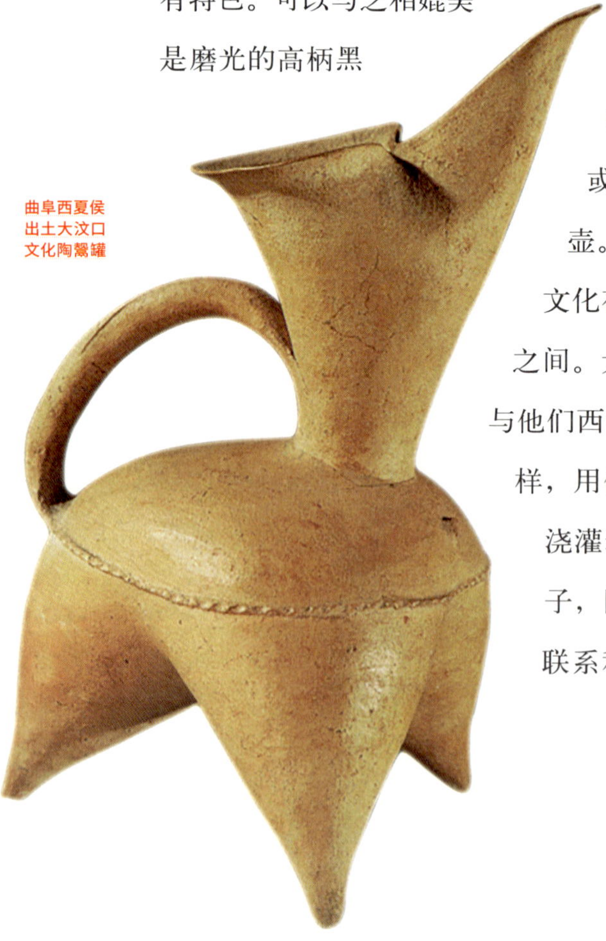

曲阜西夏侯出土大汶口文化陶鬶罐

前面提到的美丽的蔷薇纹彩陶，正是带来了这样的信息。蔷薇纹彩陶还曾出现在湖北省宜都县红花套和枝江县关庙山的考古发掘工地，又给我们带来了新的启示，表明那里的史前文化与仰韶文化的联系。

在红花套和关庙山的史前文化遗址，属于大溪文化。这一史前文化的分布范围，主要在今四川省的东部和与之毗邻的湖北省西部，并且向东南扩展，达到湖北省中部和湖南省北部的洞庭湖周围。据放射性碳素测定，它的年代约在距今5000—4600年。那里的陶器以红陶为主，也有灰陶、黑陶和少量的白陶，都是手制的。彩陶中除了那些表明与仰韶文化有联系的例子以外，都具有与其他文化完全不同的特征。装饰图案的特点是一些横列的绞索状纹样，还有平行带纹中夹横人字形纹、菱形格纹、谷穗纹、齿状纹等，以一种长筒形的彩陶瓶最有特色。还有一些独特的薄胎的彩陶，厚度几乎同禽类的蛋壳相仿佛，颇为精美。另有一些空心的红陶球，直径不过3厘米左右，球面穿有六个分布

关庙山出土
彩陶筒形瓶

均匀的小透孔，然后以戳刺成的圆点纹形成连接各孔间的直线，构成八个面积相等的等边三角形，再在每个三角形内刻划出三个内角的平分线，使它们交会于三角形的中心点，再形成三个边边相邻的等腰三角形。如以其中的一个透孔为中心，则可形成以其为花心向四方伸出的四个菱形的花瓣。从总体来看，是颇为严谨的几何构图，对称、均匀又富于变化。对于大溪文化的史前艺术家能如此娴熟准确地对球体进行几何分割，真是令今人惊叹！

蜘蛛山出土
彩陶罐

在彩陶的导引下，还可以把我们的目光从南转向中华大地的东北，那里被一种彩陶和细石器共存的史前文化覆盖着，被称为红山文化，北起内蒙古自治区昭乌达盟的乌尔吉木伦河流域，南到辽宁省的朝阳、凌源乃至河北省北部，东至内蒙古自治区的哲里木盟和辽宁的锦州地区，都发现有红山文化的遗址。那里的彩陶的装饰图案，线条粗犷，图案也较为简单，多是平行线、三角形和弧曲的平行线条结合而成的各种三角形、

菱形、鳞形或圆涡形图案，显得古拙浑厚。配合形体较大而稳重的器型，具有别处不曾出现的豪放气魄。

史前的彩陶引导着我们从以晋、陕、豫三省接邻地区为中心的中原出发，漫游了包括涉及江苏、山东、四川、湖北、湖南、河北、内蒙古、辽宁等省区的许多地方，这还没有包括在上一节中已经讲过的南方的河姆渡文化覆盖的区域，以及下面即将要谈到的西北地区。由此可见，与伟大的黄河哺育的仰韶文化约略同时或稍迟，中国广阔的疆土上活跃着许多文化面貌各有特色的史前居民，在不同的地区劳动生产、繁衍生息，可算是天涯处处有芳草，后来中华文明的出现，正是在汇聚了他们的智慧和汗水升华而成的结晶。

在黄河中游曾经盛开的彩陶艺术之花，经过庙底沟类型的繁荣，后来走向衰落。但是在这条著名大河的上游，彩陶艺术之花却日吐芳香，出现了色彩瑰丽的马家窑文化。它覆盖了东从泾河和渭河上游，西至黄河上游的龙丰峡附近，北入宁夏回族自治区清水河流域，南达四川岷江流域汶川县地区，地域颇为广阔。其中最早的是石岭下类型，那里的彩陶上也有鸟的图像，它们和这一文化所特有的回旋变化的圆涡图案结合在一起，鸟的高冠、圆睛、长喙和飘忽的毛羽，都一起随着整个圆涡急速地不停回旋飞舞，灵动、活泼，表现出无限生趣，也许反映着人们的生活节奏日渐加快，意味着由母系氏族社会加速向父系氏族社会转变的时期。硕腹的蛙来到这里以后，也和鸟一样，更加图案化了，它伏在那里，变成浑圆旋转的图案的中心，身躯已呈正圆形，伸出上下弧曲的纤细的四肢。虽然如此，还是可以看出它们都是从仰韶文化庙底沟类型的蛙纹和鸟纹演化而来的。至于南区沟盛行的花的图案，也在延续地使用着。但是也更加图案化和简单化了。接下去马家窑文化按马家窑类型—半山类型—马厂类型连续不断地发展和演进，延续了大约 1100 年，距现在 5000—3900 年。彩陶制作得更加具有特色，多是体态丰硕的大型的陶壶和陶罐，有的墓葬里随葬的彩陶多得惊人，例如青海省乐都县柳湾的发掘中，共发现了 1700 多座坟墓，以马厂类型的墓为主，出土的随葬陶器 1 万余件，彩陶壶、罐便有 8000 多件。仅以其中的 564 号墓为例，出土的 91 件陶器中，86 件是彩陶，占出土总数的 95% 以上。彩陶中又有 74 件是壶，它们的装饰图案华丽多变，从中找不到两件是完全雷同的作品，真令人钦佩当时的史前艺术家的丰富的想象力和精湛的艺术才华。也正是在柳湾，还发现了一件造型颇为奇特的拟人形彩陶壶，它的出现又把我们引向远古原始巫术的神秘世界。

马家窑文化
彩陶中的蛙纹

天水师赵刊村
出土蛙纹彩陶钵

青海柳湾
马家窑文化
墓葬出土彩陶

大地啊！养育万物的慈母

柳湾的拟人形彩陶壶，高近 34 厘米，壶体上除彩绘图案以外，史前的艺术家还贴塑出一个裸体的人像，并在人像各凸出部位周围用黑彩勾勒，以使形象更加突出。人像的头部塑在壶颈上，贴塑出眉目等五官，呈现出一张披发张口的面孔。身躯安置在壶的上腹，贴塑出两臂和两腿，双手刻画细致，双足则颇为粗略。在躯体上突出堆塑了凸起的乳房，还用黑彩在双乳上描出乳头，又在两腿间夸张地塑绘出女性生殖器官的形象。作者的构思是巧妙的，把裸体女像塑在陶壶上，人体和壶体结合成一体，于是圆鼓的壶腹恰好象征着妇女的凸腹。全像塑制的手法拙稚，但形体逼真，又带有几分神秘的色彩。在柳湾获得的马厂类型的彩陶壶中，还有另外两件拟人形的作品，但造型远没有前一件生动，只是在

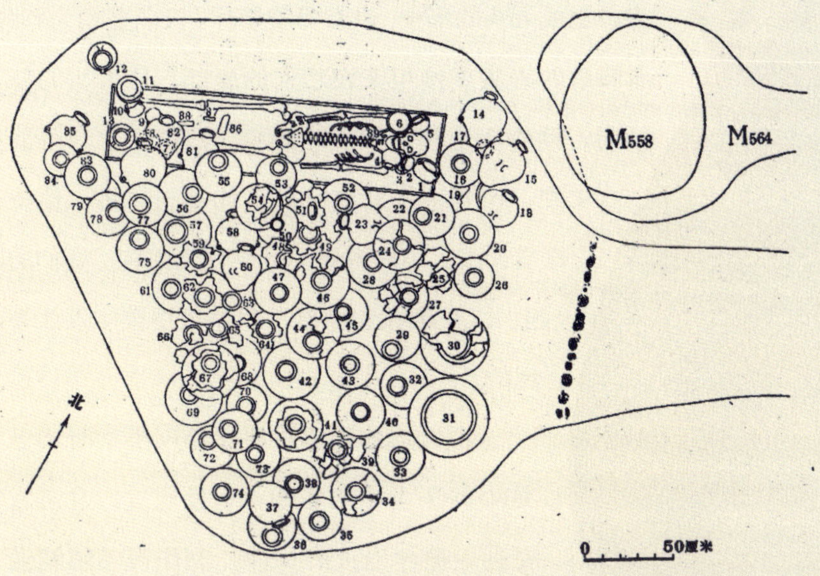

青海柳湾出土
人形彩陶壶

壶口塑成人头的形象，没有另塑躯体，仅以壶颈为脖颈，而圆鼓的壶腹直接用来表示人的腹部。从人头的特征看，两件全是模拟妇女的面容，其中一件塑得面相丰腴，像是正张开口欲讲话的神态；另一件塑得修眉大眼，小口秀颈，显得较为窈窕。她们的两眼，以及鼻孔和嘴巴，都是采用镂空手法来表现的。

甘肃秦安出土
人首彩陶瓶

拟人形的陶器，在比马厂类型时代更早的石岭下类型的器物中也发现过，甘肃省秦安县寺嘴坪出土的一件，制作得不够精致，壶上缺乏彩绘，仅施有橙黄色的陶衣，头像的雕塑手法简拙，头发仅用一周堆塑的泥条来表示，鼻子贴塑成上翘的三角状，嘴是镂空的，两耳穿有系垂饰物的耳孔。眼睛的塑法较特殊，在镂空的小圆孔外面，围贴一圈凸起的泥条作为眼眶，因此眼睛在脸面上特别引人注意，使这个人面带有一种拙稚而古怪的色彩。看来这类拟人形的陶器，也和美丽的蔷薇花图案一样，是承继自仰韶文化的庙底沟类型的因素，因为在秦安县大地湾遗址，出土过塑有人头的彩陶瓶。陶瓶制作得较精致，瓶体打磨光滑，自腹部以上施有浅淡的红色陶衣，并用黑彩绘出漂亮的蔷薇花图案。人头像塑在瓶口处，头顶中央开有圆孔，就是实用的瓶口。头像塑制精细，脑后和左右两侧披下的长发刻得很清晰，鼻子凸起，双目和口部用镂空手法表现，在两耳上都有垂系耳饰的小穿孔：陶瓶整体作橄榄形状，鼓腹细颈，上接人头瓶口，因此呈现在人们面前的正是一位身孕沉重、目光凝聚的披发妇人。不过，也许这种人形陶器出现的时间还会更早些，因为陕西洛南出土的一件看来早于庙底沟类型文化。

那么这从仰韶文化庙底沟类型延续到马家窑文化，流行于黄河中上游地区诸原始文化类型的与陶壶（或瓶）体结合的女性人体造型艺术品，象征着什么含意，有什么用途呢？看来应该同原始的宗教或称为“巫术”有关。原始的巫术留下的痕迹，在仰韶文化遗留下来的艺术品中早以为人们所注意。最突出的是半坡类型彩陶中那些神秘的至今还不能完全了解其真正含意的人面形图案，它们已在西安市半坡、临潼县姜寨、宝鸡市北首岭等处的遗址中多次被发现。这些神秘的人面图案，常常画作口衔双鱼的形象，有时在头额的两侧也簪插有双鱼，顶上戴着三角形的高冠饰，作风粗犷，古朴而具有浓郁的神秘色彩，应是反映着一种原始的信仰，过去有人认为它属于图腾崇拜，也有人认为它是人格化的独立神灵——鱼神，还有人认为它是戴着鱼形帽子的巫师的形象……但

半坡出土人面纹鱼纹彩陶盆

是，不论怎样说，它总是与原始的巫术有关，恐怕主要反映了人们企望丰产的愿望，不然为什么把这种图案与张开的渔网绘在同一件盆壁上呢？那只能认为是原始的巫术展开了翅膀，为了祈求鱼儿会经常被网获，取得渔业捕捞的丰产。在北首岭，除了画有鱼纹和神秘的人面图案的彩陶外，还发现了一件精致的船形壶，陶壶的中心绘出了张开的渔网，而壶的轮廓模拟成船的形象，象征着一只正在张网捕鱼的独木舟。当原始农业在社会经济中占有主要的位置以后，人们祈望丰产的巫术也随之转移到这方面来。从考古发掘中获得的资料，可以知道仰韶文化居民种植的农作物主要是粟（小米），因为这类作物宜于黄土地带生长，耕作简单，成熟期短，而且易于保存。还曾发现过类似稻谷的痕迹。另一些粮食的炭化了的遗迹，种属尚难肯定，曾被认为是高粱。此外，在半坡遗址发现过储存于小陶罐中的菜籽，可能是芥菜或白菜的，说明已有了初级园艺。与农业生产有关的农具也大量被发现，主要是石器，如斧、锛、锄、铲之类。至于收割用的工具，主要是两侧带缺口的打制的石刀和陶刀。还有许多加工谷物的磨盘、磨棒和杵石等。由于从事原始农业，人们进一步掌握了植物萌发的规律。每到春季禾苗从大地里萌发，生机勃勃的绿色的夏天过去以后，迎来了

北首岭出土
陶船形壶

金黄色的收获季节，给人们带来了丰收和欢乐。对于刚刚迈入农耕经济门槛的新石器时代的原始人来说，还只能凭经验知道嫩绿的禾苗从地里生长，随后发育、成熟，而不明其间的科学道理，仅能朦胧地意识到可以与人类本身的生育繁衍来类比，得出的结论乃是：大地和人类中具有生殖功能的妇女一样，由于怀孕而产生出谷物。为了使来年获得新的丰收，他们只有求助原始的巫术，相信只要采取相应的办法和手段，就有可能按照自己的意愿或循着人们的企望去影响自然。与这种企望丰产的巫术相联系，出现了模拟着妇女形象的“储种罐”，圆鼓的壶、罐类容器的腹部，用以象征孕期母体的鼓腹，将谷物的种子储在其间，以与人类孕育相比拟，相信这样就会给种子注入神奇的魔力，保证来年播种会获得丰收。从仰韶文化庙底沟类型到马家窑文化马厂类型的各种拟人形的鼓腹陶容器，很可能就是这种原始巫术的产物。

谈到企望丰产的马家窑文化的人体艺术品，还应提到自青海省大通县上孙家寨出土的舞蹈图案彩陶盆，那也是一件经常引起人们赞叹的史前艺术杰作。在陶盆内壁周围绕有黑彩绘出的三组手牵着手的女性，每组五人。史前艺术家只用极简练的线条，就勾画出了那些赤裸的形体，她们的发辫随着舞蹈动作而摇摆，侧

上孙家寨出土
舞蹈纹彩陶盆

着头，身躯微微侧摆，每人身后还都拖着一条翘起的尖尾，静中孕育着动态，似乎就要扭摆身躯开始那急骤的舞步。那条尾巴可能模拟着兽尾，也可能是鸟尾，但舞蹈的目的应是为了企望丰产，例如像非洲刚果的一些土著氏族的类似的舞蹈，在那类舞蹈中，赤裸的姑娘们模拟着群鸟发情时的姿态，因为她们虔信这种巫术的舞蹈可以导致土地孕育而获丰收。在甘肃武威磨咀子发现的另一件构图近同的舞蹈图案彩陶盆，所绘的女舞蹈者的形体更具图案化，特别强调她们圆鼓的丰臀，自然也寓意着丰产。

有着大规模的祈求丰收的集体舞蹈仪式，也意味着当时可能已有举行巫术的场所。在甘肃大地湾遗址发掘出的一处长方形的大房子，室内地面是抹平的白灰面，迎门灶台后的地面上有大幅的地画，用黑彩绘出，现存画面约120×110平方厘米。画面上方现存两个高举左臂、扭着头、双腿交叉的舞者，下垂的右手还拿着一支棒状物品。从残迹观察所画舞蹈者原来至少在三人以上。人像下方的另一个黑色边框中，似乎画有两个动物，有人看了认为是青蛙，也有人认为是鲵鱼。看来是一群人面对那两个不明物体集体舞蹈，推测应与原始巫术有关，而这座大房子就是举行巫术的专门场所。与

大地湾地画

丰产巫术有关的这种与陶壶（或瓶）体结合的女性人体造型艺术品，还有集体舞蹈和绘有地画专为举行巫术的场所，看来是黄河中上游地区诸史前文化的特色之一。而远在中国东北的辽西地区的红山文化中，企望丰收的巫术则反映在另一类有关妇女的造型艺术品上，那就是更逼真地刻画出大地母亲的形象的裸体妇女塑像，也就是象征大地的所谓“地母”神，甚至建造了专门的“神庙”。

急促的鼓声打破夜幕笼罩着的寂静原野，山顶的一块平台上燃起了篝火。熊熊的火光映照出绕成环形的舞蹈者的身影，赤裸的躯体上涂绘着白、红等彩色图案，随着急促的鼓声踏着狂热的舞步，姑娘们还不断地用力甩动那披散的长发。舞蹈者环绕的中央火堆旁，端坐着氏族中几位最有权力的母亲，她们中年岁最长的一位，手中捧着一个陶土烧制的小偶像，那是一尊丰臀凸腹、双乳突出、性器官明显的女神，它的形象也正是一旁端坐的赤裸着躯体的母亲们的写照……数千年前演出的这神秘的一幕，是史前人类正在进行着企求丰收的巫术。那尊陶塑神像，正是我们刚刚提到过的象征大地的“地母”神，她除了作为丰产化身的神祇外，也有人认为她是母系氏族公社时期部落的守护神。直到今天，保存着母系氏族公社残余的一些少数民族，还保留着崇拜女神的习俗，最突出的例子是云南省永宁的纳西族对干木女神的崇拜。纳西族认为干女山是女神所变的，那座山由石灰岩构成，山顶上一层层的岩石层，远望很像纳西妇女的包头，因此被认为是干木女神的包头。岩头的几棵青松，是包头上的玉珠。山脚的山梁和峡谷，排列整齐，上细下粗，被认为是女神所穿的百褶裙。上者波村上边的一条峡谷，被认为是女神的生殖器官，它两侧的山梁则是女神的双腿。每年七月二十五日，纳西族在山前举行隆重的祭礼，以祈求五谷丰收和人口兴旺。纳西族还供奉主宰生育的女神“那蹄”，她的形象用糌粑塑成，腹部放一个鸡蛋，呈现出乳房大、肚腹凸、阴部突出的妇女形象，以求子孙繁衍，人丁兴旺。引人注意的是，纳西族对女神的崇拜，不论是祭干木还是祭那蹄的仪式中，对妇女的性器官都予以突出的反映，这正与史前人类对地母神像造型中突出性器官的做法相吻合。过去只在旧石器时代晚期欧洲各地的遗址中，发现过模拟自人间怀孕的母亲的地母雕像，从比利牛斯山到顿河河谷都有发现，常用质地较软的石灰石、泥灰岩等石料或猛犸象的骨头刻成。为了获得最大的神异的效果，史前的艺术家尽力突出妇女性器官的特征，并把两乳、肚腹和臀部雕得分外隆凸丰满，以更显示着她是丰产的化身。那些雕像中最著名的作品，如在奥地利维林多夫发现的石灰石雕像，曾被一些西方美术史家誉为“维林多夫的维纳斯”。这种对丰饶的膜拜，到农业出现后的新石器时代，可能变得空前重要了。地母的形象也常用黏土来塑制。那么在中国境内的史前遗存中，是否也能寻到类似的雕像呢？一贯被有些人视为在古代缺乏裸体艺术品的中国史前时期，这种对地母的崇拜和原始巫术又是用什么方式来表现的呢？

20 世纪 60 年代初，终于在红山文化的遗存中采寻到这类裸体女像的模糊的倩影。在内蒙古自治区赤峰县西水泉遗址的发掘中获得一件泥质褐陶小型人像的残躯，可惜头部已经残缺，但是胸部突凸的一双乳房，明显地表露出女性的特征。根据这一塑技粗糙而且残损过甚的陶塑，自然谁也不能肯定远古的女神形象已被寻到，但她的出现预示着红山文化中会有新的更引人注目的发现。到了 20 世纪 80 年代，红山文化遗存中确实不断有惊人的发现。1982 年辽宁省喀喇沁左翼蒙古族自治县东山嘴祭祀遗址的发掘中，获得了两件较完整的小型妇女裸体塑像和一些较大塑像的残片，人们由此看到了中国境内远古女神的形体特征。又过了一年，开始对辽宁省凌源和建平两县交界处的牛河梁遗址的发掘，发现了保存相当完整的近似真人大小的妇女头像及肢体的残片，并且发现了形体更大的塑像残迹，似乎这里是当时的“女神庙”的遗址。可以相信，进一步的发掘工作，将会把人们引向一个至今尚未认识的远古女神统治的世界。

东山嘴遗址在大凌河西岸，坐落在一处呈弧形的黄土山梁正中的缓平突起的台地上。通过考古发掘，揭露出的史前遗迹有先后构筑的房屋基址、方形石框基址、石圈形基址等，在方形石框基址中还发现成组的立石，可以判明这是一处史前祭祀遗址。经放射性碳素年代测定，方形石框基址为距今 5000 年左右。就在石圈形基址东侧和东北侧的黄土层中，各发现了一件泥质红陶的小型裸体妇女塑像。两件都是全身赤裸，体态丰腴。其中一件塑制得较精致，表面打磨得很光滑，似曾施加红色的陶衣。左臂横

红山文化
陶裸体女像

曲于身前，手抚上腹。臀部肥大隆凸，肚腹显得圆鼓异常。腹下有表现性器官的明显记号。双腿稍向前曲，但两足已残损，头部及右臂已缺失。第二件陶像的体态不如前一件丰腴，制作也较逊色，表面未经磨光。姿态与前一件一样，左手抚上腹，凸腹丰臀，上体微向前倾，两腿稍曲，双足亦残，与前一件同样缺失了头部及右臂。除了两件小陶像外，还发现一些陶像的残片，推测原像完好时应为真人的二分之一左右。残片中可以看出的有胸腹部，上面贴附交叉于腹部前的手臂；有下体，是盘膝趺坐的形状，右腿盘压在左腿之上。臂、手、腹、足都赤裸，当是属于形体较大的另一些裸体塑像。

牛河梁的发现更为引人注目。这处“神庙”的主体部分虽然尚未发掘，但是已经获得的迹象说明，这里曾经奉祀成组的多尊体态大小不同的女神塑像。从已发现的塑像残片中鼻子和耳朵等器官的残件尺寸推算，塑像中最高的可达真人体高的三倍；更多的稍小些，约与一般人的体高相仿佛。残片有肩、臂、手及乳房等部位，从形态特征观察，都应是属于坐姿的裸体女像。最令人注意的是发现了一件大致完好的彩塑头像，以及一些可能属于这一塑像的别的部位的残片。头像约与真人的头部大小相近似，宽额尖颏，颧骨高耸，耳小目大，眼角微挑，眼窝内嵌入淡青色圆饼

红山文化
“女神”头像

牛河梁红山
文化神庙遗址

状玉片作睛。嘴角上翘，咧唇作微笑状。面涂红彩，出土时仍颇艳丽。面像塑制精细，生动地显示出蒙古人种妇女的特征。综观这里出土的塑像残片，可以看出当时塑制的技法相当熟练，塑时先构成包扎有谷草等植物的木支架，然后用泥分层包塑，表层敷用细泥，并仔细打磨压光，最后施加彩绘和装嵌玉睛等，完成全像的塑制。

生活在5000年前的红山文化的史前艺术家确实是才华横溢的，他们相当准确地掌握了人体各部位的比例关系，有意识地突出要描述的要点，用简练而粗犷的手法塑造出凸腹丰臀的孕妇形象。我们从侧面观察一下东山嘴那件体态较肥硕的小陶像，就可以看出那前体和后身的两条外轮廓线，真是既准确又简练，还富有艺术上夸张变形的情趣，其对人体各种球形块面的配合协调关系的处理，与今天的艺术家相比恐怕也并不逊色。他们不仅能塑制不及10厘米的小像，也有能力塑制形体相当大的作品，甚至能够胜任三倍于人体的大像的塑造。他们能准确地捕捉住当时人的颜面特征，使其生动地再现于作品之上。他们还朦胧地认识到“传神写照，正在阿睹中”的道理，将莹碧的玉片嵌入眼窝使目光炯然，赋予作品以神韵。这些赤裸身躯的远古女神泥塑，向我们揭示出隐藏在原始宗教或巫术后面的史前人类的审美观念。史前的艺术家不仅是简单地达到满足原始巫术的需要，也不仅是对实物的刻板的模写，而是尽自己的技艺给作品输入神韵和美感，显示出抽象思维的能力。面对这些远古的妇女全裸体雕塑作品，那种认为中国古代缺乏裸体形态的人体造型艺术品的说法自然不攻自破。她们的出现，一扫多年来中国社会中传统意识在造型艺术领域树起的藩篱。作为丰产化身的地母神，也正是对千万伟大的史前女性的光辉造型，赤裸的凸腹丰臀的躯体和突出性器官的特征，正是堂堂正正显示着母亲们对人类繁衍、社会发展的无与伦比的贡献。也正是在女神庙附近的墓葬里，还出土有众多红山文化的玉器，有珠、环、佩饰，还有盘屈身躯的玉龙和展翅的玉凤。

远古的女神的形象，自然使人联想起中国古代关于人类起源的传说。西方基督教的说法认为人类是上帝（自然是男性）造出来的。而在中国古史中关于神造出人类的故事传说则不同，认为人类是由一位女神所创造的，她的名字叫“女娲”。据说“天地初开，女娲抟黄土为人，力不暇供，乃引绳横泥中，举以为人”。于是这位女神以黄土造出的人类，遍布于九州大地。那么红山文化的远古女神的塑像，会不会与古史传说中这位创造人类的女娲有关呢？这也是值得探讨的问题。如果从另一个角度去看，女神造人和大地母亲的神话看来是同源的，同样是当时人间至高无上的母权的反映，根源是母系氏族只知其母而不论其父的社会现实，年长的老祖母是统领氏族的权威。这可以从众多的考古发现得到证明，前面曾提到过华县太平庄那座显得地位特殊的妇女墓葬，墓中曾出土了看来是权威的象征的黑色的鹰鼎。在比之时代更早的华县元君庙仰韶文化墓地中，女性单人墓及母子合葬墓的随葬陶器数量，一般多于男性单人墓及合葬墓，明显地反映出当时女

大汶口
第 10 号墓

性的社会地位一般高于男子。特别引人注目的是一些少女死后，不但得到成年人享有的葬仪，有的更享有结构特殊的墓穴和颇为丰厚的随葬品。例如第 429 号墓，墓穴内铺砌有红烧土块，内葬两位少女，一位仅 6—7 岁，另一位 10—15 岁，后者的前额涂着大片红色颜料，在她的耳旁、头顶处放有多达 785 颗制工精细的骨珠，此外墓中还有骨针和多件陶器。另外一位大约是迁葬于与她母亲、妹妹合穴的少女，头上戴有骨笄，颈部戴有多达 1147 颗骨珠串成的珠饰。上列现象，都是母系氏族制度的反映。

在大汶口文化的墓葬中，也发现有随葬大量物品的女性的坟墓，例如大汶口第 10 号墓。墓穴规模很大，里面有原木叠构的木椁作为葬具，内葬一位老年妇人。她的头部和颈部佩戴着三串石质装饰品，共用 77 件绿松石片、管状石珠和方石片串联组成。此外，她戴有玉臂环、玉指环，腹部置有精致的玉铲，并且有象牙雕筒2件、骨雕筒1件、象牙梳1件，以及包括洁净的白陶、漆亮的黑陶、精美的彩陶和红陶的各种陶器90多件，还有猪头、兽骨及鳄鱼鳞板等随葬品。其埋葬的时代已是大汶口文化的晚期，当时社会上的贫富分化已颇为明显，因此10号墓所表现出显示豪富的成分远远胜于显示权威的意义。而同时的另一些墓葬中存在的现象，已经表露出女性权势的衰微，甚至是男性权威已确立无疑了。因为在至少有4座墓葬中，埋葬的死者是男女各一，男子在左边，随葬的物品都放在他的侧边，女子在右边，但缺少随葬品，明显地说明安葬时是以男子为主。其中第35号墓中葬有三个人，在女子身边还有一个幼童。三个人是同时埋葬的，那么他们为什么正巧会在同时死去呢？因此有的研究者推测当男子死亡时，那位妇女被杀而殉于墓中，她的身份是死者的妻妾。上述现象，被认为是大汶口文化中晚期已由母系氏族公社过渡到父系氏族公社。于是随着社会的进步，远古的女神庙赖以建立的社会基石崩溃了，在其废墟上升起了新的男性生殖崇拜的象征——陶祖，陕西省长安县客省庄和华县泉护村等处都有发现，那些遗址已属龙山文化的范畴，意味着远古的先民已经步入了新石器时代的又一发展阶段，或者可以称之为“龙山时代”。

大汶口
第35号墓

催促巨龙升腾的鼓声

“九嶷山上白云飞，帝子乘风下翠微。斑竹一枝千滴泪，红霞万朵百重衣。”毛泽东主席的这几句诗引用了古史传说中帝舜和他的两个妃子的故事。传说帝尧禅让帝位于舜，并将二女娥皇、女英嫁帝舜为妃。当帝舜践位三十九年时南巡，死于苍梧之野，葬于江南九嶷。二妃闻讯悲痛异常，泪滴竹上，染竹呈血斑。后来二妃死后成湘水之神，称湘妃。因此后人称这种产于湘地的斑竹为“湘妃竹”。尧舜之后继之出现了古史传说中的夏朝。根据传说，尧和舜的时代实行的是“选贤与能”的禅让制度，属于原始社会末期的军事民主制；夏朝则成为世袭的家天下，是为中国历史上的第一个阶级社会，当时已步入了文明的门槛。据古本《竹书纪年》等史籍推算，夏朝应在公元前21—前16世纪。如果尧舜的时代存在，自然其下限当在公元前 21 世纪。仅有古籍中零散的传闻资料，尚难于勾画出尧舜时代的具体面貌。现今通过田野考古发掘的收获，却提供了一些极令人感兴趣的线索。

人们发现，有许多新石器时代末期的文化的年代，经放射性碳素测定，恰好与传说中尧舜的时代相近似，其中首先发现的是在山东半岛分布的龙山文化，这已是距今多半个世纪以前的事，考古学家在山东省历城县龙山镇的城子崖遗址进行了发掘，从而确认了中国新石器时代末期存在着一个以黑陶为特征的“龙山文化”。随着田野考古工作的深入发展，使人们认识到除了在山东分布的龙山文化以外，在中国的广阔的地区还分布着许多与它时代大致相同、社会发展阶段也相同的原始文化，考古学家对它们进行了分别命名。在黄河中游，开始是庙底沟二期文化，后来分别出现了河南龙山文化（或称后岗二期文化）、陕西龙山文化（或称客省庄二期文化）以及与上述两类有区别的在山西省襄汾县陶寺发掘的龙山文化遗存。在山东省境内，又发现了稍晚于典型的龙山文化的岳石文化。在江苏省南部和浙江省北部，分布着良渚文化。此外，在辽东半岛、河北省北部、内蒙古自治区河套地区、陕西省北部、湖南省北部和江西省北部等地，也发现了许多属于这一时代的古文化遗存。据放射性碳素测定年代，上面列举的文化的年代大体在公元前 26—前 21 世纪之间，这一时期就可以称为“龙山时代”。它刚好比传说中的夏朝早，而与尧舜的时代相近似，看来随着对龙山时代考古研究的逐步深入，也许会揭示出古史传说中尧舜时代之谜的谜底。

根据现在对龙山时代诸文化的了解，已经可以看到这一时期的生产水平和工艺技术比以前有了明显的进展。在居住条件方面，龙山时代有了一定的改进，开始用夯土筑房基，用土坯砌墙，并用石灰抹地面和墙壁。人们聚居的居住点不断扩大，原始的环壕聚落早已无法满足社会发展的需要，开始修筑具有一定规模的城堡。人们改进了饮用水的供应条件，学会了打井，不仅开凿了土井，而且出现了木质的井壁。河南省汤阴县白营发现的木结构水井深达11米，浙江省嘉善县新港发现的良渚文化木井筒是原生木段剖开、挖空后再用榫卯固定拼合而成。这些水井除为人们提供生活用水外，也可能提供烧窑用水以及用于小块农田的灌溉。龙山时代工艺技术方面突出的表现，可以举出的例子有精致的黑陶器、细密的纺织品和精琢的玉器，甚至可能已萌发出最原始的文字，在丁公遗址的灰陶盆底上刻出的符号被称为“丁公陶文”。

胶县三里河出土龙山文化黑陶杯

龙山时代已经普遍使用陶轮制造陶器，因此器皿的形体匀称、厚薄均等。特别是山东地区那具有特征的薄壁黑陶最为精美，发现的多为高柄杯，陶质细腻，表面漆黑发亮，壁厚仅有0.5—2毫米，最薄的只有0.3毫米的，类似禽蛋的薄壳，故此习称为“蛋壳陶”。

这样制工精致的陶器是前所未见的，而且在以后也不复有如此的陶制精品出现。

纺织品的进步，主要是南方良渚文化居民的成绩，以前仰韶文化的麻布每平方厘米的经纬线一般只有 6×9 至 21×15 根，而良渚文化中最细的麻布已是 2×30 根。不仅如此，还发现有密度达 47×47 的丝织物，说明中国养蚕制丝的历史可以上溯到古老的龙山时代。

精琢的玉器在龙山时代诸文化中常有发现，但是也以南方的良渚文化的产品最为突出。许多墓葬里放有数量相当可观的玉器，在浙江省、江苏省和上海市都有发现，近年来最引人注目的有江苏省吴县的草鞋山和张陵山、武进县寺墩和上海市青浦县的福泉山等处的发现，有的墓内尸骨上放置有数量超过 20 件甚至更多的各种玉器，有璧、琮、穿孔斧、镯，以及各式佩饰、坠饰和珠饰，其中最具特色的是琮和璧，仅在寺墩 3 号墓中，那位年轻的

江苏寺墩良渚文化玉殓葬

男性死者身躯上几乎从头到脚都放置有各种玉器，内有璧 24 件和琮 32 件，质料属透闪石软玉，分别呈现出碧青、斑绿、乳白、红褐等色泽。最大的玉璧直径 26.2 厘米，中心有直径 3.6 厘米的圆孔。最高的玉琮达 36.1 厘米，分 13 节，而节数最多的是 15 节，但高度略矮，为 33.5 厘米。玉琮均经精琢细磨，并细致抛光，饰有兽面纹样，显示出一双巨目和口鼻。那里出土的雕刻最精美的玉琮，出自第 4 号墓，玉色乳白而呈现翠绿及赭红斑纹，琮体分为两节，各节环绕四组兽面图案纹样，线条匀称精密，雕工极为细致。显示出远古的艺术家掌握了颇为熟练的雕玉技能。曾在一件玉璧上遗有石英等砂粒，推测这种硬度大于透闪石的石英粒，就是当时人们借以琢磨玉器的解玉砂。张陵山还出土了一件玉蝉，用阴线刻划出了蝉的头、身和翅，可以说它是年代最为古老的动物形象玉雕作品。制作上述的精致的玉器，在生产水平低下的龙山时代是极为耗时费力的，它们集中放置在少数墓葬中，只能解释为死者生前享有比他人更大的权势和财富，才能如此地占有他人劳动和心血的结晶，从一个侧面反映出当时社会上贫富分化的剧烈和人世间各人身份不平等的严酷现实。比上述诸墓

良渚文化
瑶山遗址

反山出土
玉钺局部

地所葬死者身份更为显贵的人物的良渚文化墓地，发现于浙江省余杭的瑶山、反山、汇观山等遗址，墓葬是建造在原来的祭坛上或是工程浩大的坟山上，瑶山的祭坛上葬有两排计 12 座墓，反山的坟山上也已发掘了其中的 11 座墓。这些墓中身份高的死者，都随葬有数量众多的玉器，其中显示身份地位的标志物品是玉钺，并在钺柄上下两端安装有玉冠饰和玉端饰，柄身上还嵌饰有众多小玉粒，挂饰琮式管和龙纹管等玉饰。其中出土于反山 12 号墓的玉钺，在钺体弧刃上下两角各有线雕图像，上角是“神徽”，刻出的神人头戴饰有羽毛的冠，下跨骑一兽，巨目阔嘴，利爪前伏，

反山出土玉钺

似是猛虎；下角雕一只巨喙神鸟。这种制工精致的玉钺，正是军事权力的象征物，也是权威的象征。玉钺与多件礼天的玉琮伴同随葬，或许表明死者当时集军事首长与通天的巫师于一身，更表明其身份之显赫。在这座反山12墓中，出土的玉器达647件之多（其中还没有计算众多的小玉粒和玉片），其中还包括被誉为“琮王”的大玉琮，高8.8厘米，中孔径17.1厘米，重3.5千克。可见当时随着社会财富分化和人们社会地位的变化，上层人士对玉制品的占有和追求不断扩大，也极大地刺激了制玉工艺的发展，大量精致的玉器成为良渚文化的文化特征。此外，龙山时代的玉器在各地也多有发现，如钺、瑗、琮、臂环、管饰等，其中制工特别精致的如湖南澧县孙家岗出土的镂雕龙形和凤形玉佩，还有山东临朐朱封大墓出土的玉簪饰，镂雕精细，还嵌有绿松石珠。

山西省襄汾县陶寺遗址的出土品也颇值得注意，它们也是出土于墓葬之中。不过陶寺的发现中，玉器还不是值得令人重视的主要之点，最值得重视的是通过那里的考古发现，似乎令人隐约听到远古时那催促巨龙升腾的阵阵鼓声。

陶寺出土鼍鼓

反山出土玉琮

澧县孙家岗出土
龙形、凤形玉珮

的的确确，在距今4000多年以前，在现今陶寺地方曾轰鸣过震天动地的鼓声。发出隆隆鼓声的不是一般的鼓，而是原始的“鼍鼓”，这种用鼍（又称鼍龙、猪婆龙，即今扬子鳄）皮蒙制的大鼓，直到殷周时期一直被视为庄重的礼器。陶寺的鼍鼓是在一些大型的墓葬中发现的，形似竖桶的木质鼓腔，有的高度超过1米，外壁施有彩绘，以粉红或赭红为底色，上面用白、黄、黑、蓝等色描绘出回形纹、云纹等图案，在图案带上下还有条带状的边框，虽然出土时已残损不清，但是可以想见原来完好时多么彩艳美观。鼓腔上狭下阔，蒙在上面的鳄鱼皮鼓面已朽，其上的鳄鱼骨板已散落在鼓腔之中，与鼍鼓放置在一起的有打制的大型石磬，以及一种形状特殊的类似长颈葫芦的大型陶器，推测可能是古代文献中记载的“土鼓”。除了这组珍贵的乐器以外，这类大墓中还放置着数量多达100—200件的其他随葬品，有精美的彩绘木器，如案、几、俎、匣、盘、斗、豆和仓形器等。还有玉、石制造的钺、瑗，成组的石斧、石锛、石镞，以及成套的彩绘陶器。葬入时又放置有整猪，现在仅发现它的完整的骨架。所葬的死者都是男性，尸体放置在铺垫着朱砂的木棺之中。以这类大墓与其他的坟墓相比，差别是明显的。陶寺发现的中型墓葬，也有木棺和一定数量的随葬品，例如陶器（彩绘的极少）、玉石器，猪的下颌骨，有的还有少量彩绘木器。至于小型的墓葬，没有木质葬具，除个别墓中有少数随葬品（也只是1件陶器，或是几件骨笄等小件物品或半副猪下颌骨）外，其余的都空无一物。据1982年以前发掘的700余座墓统计，大型墓只占总数的1.3%，中型墓约占2.4%，小型墓占87%以上。这种情况不仅说明当时私有制已经确立，部落成员之间贫富极为悬殊，更说明人们的社会地位之间产生了极不平等的严酷的现实，出现了极少数人凌驾于绝大多数人之上的格局，那些人成为部落中的显贵，掌握着重要的与鬼神相通的祭祀特权，所以墓中才放有前面讲到的鼍鼓、石磬等礼器。至于同时放置在墓内的安有涂饰红彩木柄的精美的玉钺，则是他们作为军事首长的权威的象征。看来那时已步入阶级社会的阶梯，国家的雏形也已产生。大墓中出土的彩绘陶器中，最引人注目的是蟠伏着巨龙图案的陶盘。一件直径约37厘米的泥质褐陶大盘的内壁，精心地用红、黑两彩绘出一条盘曲的长龙，这种神奇的动物，后来被视为中华民族的象征，也是古老的中国文明的象征。陶寺陶盘上的图像，则是目前所知的时代最早的巨龙完整的形象。

陶寺出土石磬

陶盘所绘的巨龙，遍体覆盖着朱墨相间的大片鳞甲，蟠伏在深沉而墨黑的大地

上，在环曲的静止的体内凝聚着力量，随时待机奋发腾飞。它侧偏着头，似乎侧耳聆听那震撼大地的鼍鼓轰鸣，它知道那是在催促它跃升腾空，但是用偏在上面的右目上视，却还无法透过浓重夜幕望及苍穹，难以辨明升腾的目标和方位。盼望着有能刺透夜幕的光辉，为它升腾提供最后的条件。这一时刻终于盼到了，大地开始闪现出点点火光，越烧越旺，那是炼铜炉火的光焰。跳动的火焰使深沉的大地活跃起来，驱散浓重的夜幕，鼓声更加轰响，巨龙骤然舒展身躯，跃升腾飞，直冲天宇。那将意味着龙山时代的终结，古代中国正式跨过文明的门槛。

在中华大地上，人们何时开始点燃炼铜的炉火，至今还是未解之谜。但是目前所能知道年代最早的人工铜制品，是陕西临潼姜寨遗址出土的铜片，是含锌25.6的黄铜，应是距今6100—5600年间的遗物。此后在马家窑文化、龙山文化及齐家文化的遗址发掘中，也获得过一些小件的铜制品，经检验其中有红铜、黄铜，也有青铜，除个别容器残片外，主要都是一些小刀、锥、指环等物，这些分散发现的小刀等，作为工具还不足以改变社会生产面貌，作为兵器根本无实战价值，只是表明中国古代真正步入青铜时代门槛以前，人们很早已对金属铜有了初步认识。但是这些零星出现的早期小件铜制品，正如大地上初现的报春的小花，预示着群芳竞放的青铜文化的春天为期不远了。

陶寺出土
龙纹彩绘陶盘

第二章

青铜的光辉

商周文明

87—143

中国的“赫准斯托斯”

安阳妇好墓铜偶方彝

从古代希腊盲诗人荷马的著名史诗《伊利亚特》中，人们可以读到奥林匹斯诸神中那位跛足的冶铸之神赫准斯托斯，如何为英雄阿喀琉斯制作甲胄与盾牌的生动描述，特别是那面青铜盾牌上的装饰图案，更是巧夺天工，令人掩卷难忘。那么在东方的古老的中华大地上，有谁可以和地中海畔的跛足神祇的冶铸技艺相媲美呢？答案其实是出乎意料的简单，就是那无数终日忙碌于矿坑和炼炉旁的衣不蔽体的工奴，灿烂的中国青铜工艺之花，正是经由这些没有留下名字的劳动者血汗的灌溉，才得以萌发，现出芳香和异彩。

1976 年，在河南省安阳市发现了商王武丁的法定配偶之一的妇好的坟墓，那是迄今为止在殷墟发掘的唯一的一座没有被盗扰过的殷商王族的墓葬。墓中出土的各种青铜器多达 460 多件，估计总重量超过 1625 千克。依据用途，这批铜器包括有各种礼器、乐器、兵器和工具，仅礼器就达 210 件，至少在 190 件上铸有铭文，其中有体重超过 100 千克的两件大方鼎和一套三联甗，还有重 71 千克的偶方彝。像三联甗和偶方彝这样造型特殊的青铜礼器，过去还没有被发现和著录过。这许多器型硕大而沉重的青铜铸品，制工精美，都装饰着繁缛的纹饰。它们的出土，真像为人们开放了一座地下的青铜艺术陈列馆，得以欣赏古代青铜工艺之花的绚丽多彩，从而窥知中国的赫准斯托斯们——那些无名的冶铜工奴的创造力和工艺成就。他们遭受着非人的待遇，按照奴隶主贵族

安阳妇好墓铜三联甗

安阳妇好墓
铜鸮尊

指定的纹样和器型，铸造出这些令后世惊奇的工艺珍品。但是耗尽他们毕生心血和精力所创造的一切，都不归他们所有，因为连他们本人也是主人的财产，是会说话的工具。文化和艺术是被奴隶主垄断了的，那才是当时雄踞艺坛的权威。但是这些无名的工奴，在铸造的时候会不会在作品里也偶然反映着他们向往自由的思想火花呢？请看妇好墓里获得一对青铜鸮尊的造型，它们的体高近 50 厘米，重达 16—17 千克。

呈现在面前的是一对硕大的青铜鸮，蹲踞在那里，微昂着头，高翘着嘴巴，一双圆睁着的小眼睛傲然睨视，颇有目空一切之感。支撑着它那沉重的身躯的是一双粗壮的脚爪，和触地直立的尾羽，形成了三个支撑点，所以使它显得极为稳重、有力，与别的大型殷商青铜器一样，让人们看到后感到威严，甚至形成一种无形的压力。不过当你转到它的背后，就能看到另一情景，原来在那只大鸮的尾后，在它那硕大的躯体下还压着另一只小鸮。这只小鸮圆瞪着双眼，紧闭尖喙，展开双翅，正使出全部气力，企图掀掉那傲慢地蹲踞在它身上的压迫者。它的双目中，仿佛闪烁着反抗的光芒，现出对自由的向往，如果一旦掀去身上的重负，它一定会舒展双翼，一飞冲天。这一大一小、一静一动的两只鸮，形成鲜明的对照，无名的冶铸工奴把它们统一在同一

安阳妇好墓铜鸮尊尾后的小鸮

件作品上，集浑厚、稳重、鲜明、生动于一器，在殷代青铜艺术品中别树一帜，确为不可多得的艺术瑰宝。尤其是那只希图奋飞的小鸮，或许透露出铸器工奴向往自由的心声。

在当时的社会里，奴隶主的重压下，工奴向往自由的心声是极难透露出来的，正如暗夜中的一星火花。在冶铜炉前令人难耐的烈焰烘烤下，这一星心灵的火花，也许会使奴隶们忆起他们祖辈生活在原始氏族公社的自由岁月。那时人们是怀着寻求更富裕而幸福的生活的希望，才开始点燃最早的冶铜的炉火，正是它照亮了步入文明的门槛的通道。但是历史不是一首抒情诗，而是严酷的，甚至可以说是冷酷无情的。于是随着冶铜炉火的越烧越旺，生产的发展促进了社会的进步，人与人之间的关系随之发生变化，人们常用的语言中不断出现了“王”“臣民”，乃至“主人”和“奴隶”这些令人生厌的难听词汇。贫富分化悬殊了，原来的氏族和部落首领成了高踞于社会之上的贵族，而原来和他们地位平等的氏族成员逐渐沦为被统治的臣民。为了获得更多的财富，不断靠暴力去掠夺……阶级产生了，国家出现了。

在中国的古史传说中，从把帝位让给贤者的尧、舜生活的时代，变成把帝位传给自己的儿子的家天下。这始于那位治水的英雄——禹，创立了古史传说中第一个王朝——夏朝。据说共传了14世17王，约延续400多年，据史学家估计约在公元前22—前17世纪。但是由于年代过于久远，有关的古史传说的记述过于简略，又没有明确地可以指明为夏代的遗物保留下来，以致近代有

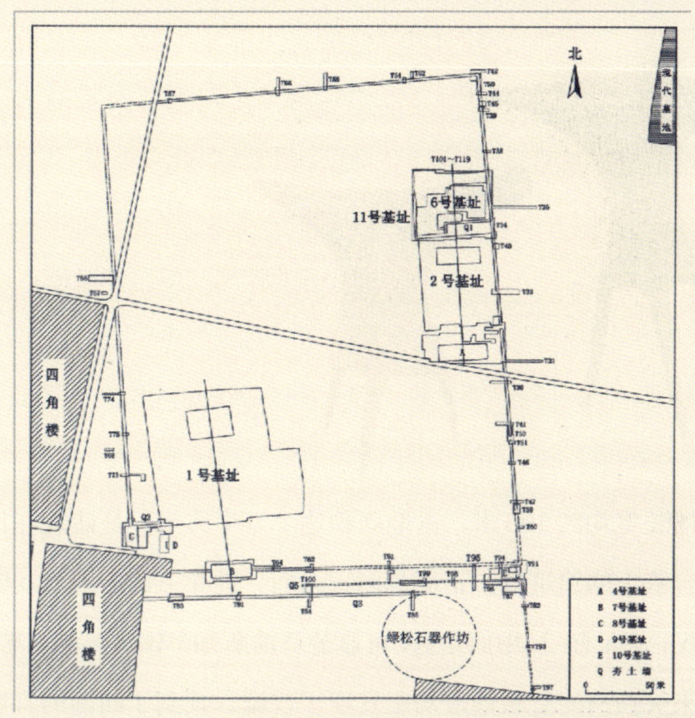

偃师二里头遗址平面图

些学者怀疑禹是否实有其人，进而怀疑历史上是否真存在过这一王朝。长期以来，夏代成为中国古史研究中的一个难解之谜。

到了20世纪50年代，为了获取解谜的钥匙，对主要是传说中夏人活动的豫西和晋南地区进行了一系列探寻和发掘，发现了比商文化时代早而比河南龙山文化迟的一个新的考古学文化，以河南省偃师县二里头遗址为典型代表，被命名为“二里头文化”，为解决夏朝之谜提供了极为重要的线索。随着发掘规模的扩大，人们日益对“二里头文化”的内涵有了更为清楚的了解。在二里头遗址，先是发掘出两处规模宏伟的宫殿基址，其中的一号宫殿

二里头文化
铜爵

基址长宽均约100米，占地面积达1万平方米，是建筑在巨大夯土台基上的建筑群，正面是面阔八间、进深三间的殿堂，四周有廊庑，前面有门，中间是庭，可算是目前所知中国最早的宫殿建筑。后来又在两处宫殿遗址周围发现了宫城，找到了四面的宫城城墙和一些城门，可知宫城的总面积约10.8万平方米。也发现了宫城中更多的宫殿遗址，以及宫城周围的道路网。还发现了随葬品丰富的贵族墓葬，以及制造铜器、骨器和绿松石器的作坊遗址。随着今后考古工作的新进展，一座中国早期都城的全貌即将清晰地呈现在世人面前。

二里头遗址出土的遗物中，最引人注意的是青铜器和玉器。这里出土的青铜器，是目前中国已知年代较早的制品，除了刀、锥、鱼钩等小件工具外，已经有了制工较精而具有专用功能的酒具、兵器和乐器。饮酒的爵、斝、盉等器是迄今发现年代最早的使用复合范铸成的容器，其合金成分为铜占92%，锡占7%，属锡青铜。

兵器有戈、镞、钺和戚，开创了中国古代青铜兵器的独特形制。同时还发现有嵌镶绿松石图案的圆形铜饰片和以许多不同形状的绿松石片贴嵌排列成兽面图案的铜饰牌，工艺极为精湛，表明当时的青铜工艺已经达到相当高的水平，可以肯定二里头文化时期早已迈入了青铜时代。

出土的玉器的制工也令人赞叹，包括圭、璋、琮、刀、钺、戈和柄形器等装饰品和礼器，它们造型美观，纹饰精美，雕琢出的图案线条清晰流畅，表明人们掌握了开料、锯割、琢磨、抛光等一系列技巧。此外，更获得了大量陶器，以及一些漆器、卜骨等物品，还发现一条用2000余片绿松石拼镶成的长龙。对于二里头文化的认识，目前学术界看法虽有不同，但较多主张这就是被探寻已久的夏文化，至少我们目前总可以肯定在二里头文化时期，古代中国早已迈入青铜时代，并且已经出现了具有相当文明水准的古代国家。

二里头文化嵌绿松石铜牌

二里头文化绿松石龙

巨鼎和大钺

商铜司母戊大鼎

陈列在北京中国国家博物馆中的重达875千克的司母戊鼎，是现知最大最重的商代青铜器。鼎体方形，附有两个直立的巨耳，下面是四只粗壮的鼎足，全高232厘米。鼎体腹边周绕兽面纹，中间是素平的白地，显得浑厚庄重。直立的耳廓上的纹饰，是两只猛虎中间夹着一个瞪目张口的人头，具有浓郁的神秘色彩。在腹壁内有铭文三字，为“司母戊”（“司”字或释为“后”字），据考证，这个巨大的青铜铸器是商王文丁为祭祀母戊而制作的，“母戊”是他母亲的庙号。鼎本来是用来煮肉等用的食具，但是随着阶级的出现，

安阳殷墟遗址

王公贵族使用的鼎制作得越为精美，形体的大小也随着拥有者的身份而不同，逐渐具有显示权威和身份的象征作用。

这件巨大的方鼎是在河南省安阳市洹河岸边的武官村出土的。那里附近的小屯村一带，正是商朝晚期的都城殷的所在地，习惯称为“殷墟”。在黄色的耕土层下面，分布着那个距今约3000多年前都城建筑的废墟，有巨大的宫殿基址、生产作坊的遗迹，以及庞大的陵墓群和祭祀坑。它们久已被世人所遗忘，只是由于极偶然的原因，才在清朝末年又引起人们的注意。原来农民把从地下发现的商代甲骨作为“龙骨”卖给药店。清末学者王懿荣首先在中药的龙骨中发现上面有契刻文字，引起注意，寻其源流，导致了这一古代王都重新为世人所发现。但是真正的科学考古发掘1928年才开始，到抗日战争爆发时，中央研究院历史语言研究所考古组已先后进行了15次发掘。20世纪50年代，中华人民共和国成立后，殷墟发掘工作迅速恢复。通过多年的调查与发掘，大体弄清了殷墟的范围和布局，在洹河南岸的小屯村东北地为商代宫殿、宗庙区，在其周围还分布着手工业作坊、一般居址和平民墓地等。至于当时的王陵区，分布在洹河北岸的侯家庄与武官村北地，这正是当年司母戊大鼎被发现于武官村的原因。总合起来看，东起郭家湾，西至北辛庄，东西长约 6 公里，南起苗圃北地，东北至三家庄，南北宽约 5 公里的范围内，都有商代遗迹分布，所以殷墟的总面积达 30 平方公里，可见商代后期王都的规模之大。近来又在近旁的洹河北岸，又发现了一座埋藏于地下 2.5 米的商代城址，平面近方形，边长 2100—2200 米。由于它略早于殷墟，有人认为洹北商城是盘庚所迁的殷都遗址，而后商王武丁又迁于殷墟，所以殷墟发现的主体遗存均属商王武丁至帝辛（纣王）时期。

但是，据历史记载，在迁都到殷以前，商王朝已存在了近 300 多年，经过了 9 代 19 王。这一王朝是由汤所建立的，但在他以前商族已颇为兴旺，传说其始祖名契，是他母亲因吞食玄鸟（燕子）的卵而怀孕所生，后来繁衍成一个历史悠久的部落，传到汤时已经历了 14 代。趁夏朝国势日弱，而夏桀又过于暴虐荒淫，遭到诸侯和百姓的反对，汤用武力推翻了夏朝，建立了新的王朝——商，控制了黄河中下游的广大地区，连远处西方的氐羌部落，也都臣服于商。不过商代前期的都城并不固定，屡次迁徙，据说亳、嚣（隞）、相、邢、奄等地先后做过商的都城，它们大约都在今河南省和山东省境内，直到盘庚搬迁到殷，都城才固定下来。

对于商代早期的遗址，本是不清楚的。自 20 世纪 50 年代以来，首先在河南省郑州市发现了一处商代前期的城址，到 80 年代又在河南省偃师县尸乡沟发现了另一处保存完好的商代早期城址。尸乡沟商城建于洛河北岸稍稍隆起的高地上，面积近 200 万平方米，整体略呈“厨刀形”，南部较窄形似“刀柄”，四面筑有夯土城墙，墙宽都超过 16 米，有的地方宽达 24—25 米。发现了 5 座城门，经过发掘的 3 座都是单门道。在大城西南部是一座小城，其中有若干条纵横交错的大道和三处大面积夯土基址组成的建筑群。在小城内南部居中的一处宫殿建筑群，外面筑有 1.9—2.15 米宽的宫墙。在宫城内已发现 5 座建筑基址。其中的第 4 号宫殿建筑基址，整体东西全长 51 米，南北宽约 32 米，占地面积

偃师商城遗址

约1632平方米，它是一座建在夯土台基上的正殿为主体，东、西、南三面有庑的封闭式宫殿建筑群，还发现了附属于建筑群的水井和排水沟等设施。在宫殿建筑群西南还有一处由围墙围护的建筑群，墙内有6排，每排16—18座建筑，可能是仓储库房的遗址。此外，城中还有其他大、中型建筑基址，以及民居和手工业作坊的遗址。将来随着田野考古发掘的深入开展，这座重要的古城全貌，会更加真实而清晰地展现于世人面前。那么它到底是当时哪座都城呢？有些学者认为是商汤的都城“西亳”。另一些学者把它与商朝初年“伊尹放太甲”的故事联系在一起，认为是汤的孙子太甲被放逐所居的“桐宫”，是早商时期商王的离宫所在，而郑州的商城才是成汤所居的亳都，但是另一些学者把郑州商城说成是仲丁所迁的嚣（隞）都遗址。且不论学者间那些艰深的学术争论，偃师商城被发现的重要性，在于向人们揭示了一座商代前期城址的完整概貌，它又坐落在二里头遗址近旁，是在原夏王朝畿铺之内，实际成为夏、商王朝更替的界标，正是显现在中国古代文明轨迹上的一点闪烁异彩的光斑。

20世纪50年代以来的考古发现，又揭示出除以郑州、安阳为中心的地区外，在山东、江苏、山西、湖北、湖南、安徽、江西、陕西、四川等省境内，以及北京市附近的许多重要的殷商文化遗存。它们远离殷商帝国的政治中心，也超出了传统认为是殷商帝国的势力范围，大约是当时与商王朝有联系的方国遗存。

发现的城址中，最引人注目的是远处江淮地区的湖北省黄陂县盘龙城发现的商代城址。盘龙城址是一座商代早期的古城，部分城垣在现在地面上还保持1—3米的高度。城内有大型的建筑群，经过发掘的宫殿遗址可以复原成一座四周有回廊、中央为四室的四阿重屋的高台寝殿建筑，古城可能就是围绕这座殿堂的宫城。那里还发掘了4座手工业作坊、3个祭祀坑，以及39座墓葬，等级高的墓葬有椁有棺，还有的有殉葬人。

祭祀遗迹也有些重要的发现，规模最为宏大的是远在西南的四川广汉三星堆大型祭祀坑。那里有一座古蜀人的城址，在遗址南面先后发现了两座大型祭祀坑，在坑中埋葬了大量的象牙，更有数量众多的青铜器、金器、玉器，以及石器、陶器等多达1700余件。出土的青铜器有的器形与中原地区相同，但大量青铜器具

四川三星堆
祭祀坑第一号坑

有地区特色，例如高大的太阳神树、纵目的铜人面像等，特别是其中有高达 260.8 厘米的青铜立姿人像，很可能是当年主持祭祀的巫师的写照。这一考古发现，打破了人们过去认为中国青铜时代缺乏人像雕塑品的旧看法。

江苏徐州铜山丘湾的祭祀遗迹，揭示的是另一幅图景。在大约 75 平方米的范围内，中心是四块大石，围绕着它们埋着 20 具人骨、2 个人头骨和 12 具狗骨。这些人都是俯身屈膝的姿态，两只手被反绑在背后，既有男子也有女性，既有青年也有壮年，看来他们都是杀人祭社的牺牲品。当时居住这里的东夷人保持着这种现在看来是颇为野蛮残忍的习俗，他们把活人杀死来进行社祀，中心的大石是被祭祀的社主。

四川三星堆
铜纵目人头像

各地的墓葬发现众多，有的墓葬中保留着以奴隶殉葬的习俗，例如山东省青州市（原益都县）苏阜屯的大型奴隶殉葬墓的发掘，正揭示出当时社会这样残忍的图景。其中第一号墓是一座有四个墓道的大型木椁墓，里面共有48个被杀死殉葬的奴隶，大部分被放在南墓道靠近墓室的地方，分为三层，下层是排列比较整齐的全躯奴隶，中层则是被砍下的人头。第二号墓在墓室四角各放一个人头，并随葬一柄戈和一个盾牌。这样规模的大墓和殉葬这样多的奴隶，表明所葬死者是当地的统治者诸侯、方伯一类人物，其地理位置和古代文献中的薄姑相近，或许这些大墓就是殷末薄姑氏君主的陵墓。这两座墓都遭过盗掘，但是还残留有一些铜器、陶器和

四川三星堆
铜人立像

玉石器。值得注意的是保留下来两件罕见的大铜钺，大的一件长32.5厘米，宽34.5厘米；小的一件长31.7厘米，宽35.7厘米，钺身饰有巨大的镂空人面形，圆目巨口，狰狞可怕。在那大的一件的两耳下，各铸有“亚醜”铭文。看来这两件带有吓人纹饰的大铜钺，正是墓主人权威的象征。另一些也相当于方国统治者的墓葬中，没有以人殉葬的现象，主要是以数量众多的青铜器和精致的玉器，显示其身份的显赫，例如江西新干大洋洲商墓。在那座大墓里，出土的青铜器多达486件，玉器75件，还有数量近千颗的小玉珠和玉管，以及356件陶器和原始瓷器。只可惜墓中的木质棺椁均已朽毁无存。青铜器的形貌大致与中原商代青铜器相同，但也显示出一些地域特色，喜用猛虎的形象作为纹饰和附件，还有一只形态威猛的青铜伏虎。青铜器中罕见的还有双面人头像。在青铜器中，也有一件长36.5厘米的大铜钺。

山东青州亚醜大铜钺

江西大洋洲
铜双面神人像

江西大洋洲
铜伏虎

类似这种象征着权威的青铜大钺，不仅在山东、江西的商墓中有出土，在其他地区商代的大型王公贵族的陵墓中同样经常可以寻到，例如在盘龙城附近的李家嘴二号墓中，也放有长达 41 厘米的铜钺，在钺体中央有一个大圆孔，两侧和上端饰有夔纹。墓内还放有许多青铜的容器、兵器和工具，各种玉饰和 3 个殉葬的奴隶，可能是当地最高的奴隶主贵族的坟墓。在殷商王朝统治的中心地区发现的青铜大钺，首推安阳殷墟妇好墓中出土的一对，一件略微大一些，长 35.9 厘米，刃宽约 37.3 厘米，重达 9 千克。钺体两面靠肩处有双虎相拥人头图案，人头居中，圆脸尖颔，鼻大口小，两侧各有一只猛虎，巨目张口，拥向人头，同司母戊大鼎耳上图像近似，同样散发着神秘的色彩。另一件青铜钺稍小些，长 39.3 厘米，刃宽 38.5 厘米，重 8.5 千克，钺体的装饰图案是一头双身的龙纹。两件钺上都铸有“妇好”铭文。由于她生前曾是统领大军出征的统帅，这一双大钺正是权威的象征。

江西大洋洲铜钺

安阳妇好墓大铜钺

战车轰鸣

安阳妇好墓铜戈

在殷出土的甲骨卜辞中，有关妇好的多达170—180条以上，记录了她参与国家政务、主持祭祀和从事征战的情况。据甲骨卜辞，她曾领兵征伐过夷、土方、羌、巴方等方国部落，转战四方，一次统兵数最多达13000人，这在当时是相当庞大的。正因为她是当时著名的女统帅，所以墓中除了铜钺以外，还放置了大量的青铜兵器，有91件青铜戈、37件又两束锈在一起的青铜箭镞以及零散的37件镞，还有5件用于系马辔的弓形器（弭）。说明当时用于格斗的兵器主要是戈，而远射的兵器是弓箭。

提起铜戈，它是中国青铜时代具有浓厚民族风格的特殊兵器，除了东方一些受中国古文化影响的民族外，在西方古代文化中是寻不到它的踪迹的。或者推测它是由镰类工具演化而成，形体呈长条形，垂直安柄（称为“柲”）。它上下两侧有利刃，前端有尖锋，主要用于向后勾杀，所以又称 “勾兵”，但同时也可以向前推杀和侧挥啄击。最早的青铜戈出现于二里头文化中，到商代则成为每个战士必须装备的标准兵器，所以今天汉字中与战争有关的字，多还带有它的形象，如“战”“伐”“戮”“戡”“戍”“戎”等。除了铜戈以外，商代另一种主要的格斗兵器是长矛。它也是商王的警卫部队装备的兵器，所以在安阳的一座王陵（1004 号大墓）的墓道中放置有成束的青铜矛，每束 10 支，也许表明当时军队中最基层的作战单位由 10 个战士组成，相当今日军队中的一个班。

安阳郭家庄
商墓铜矛

至于防护装具，在 1004 号大墓中发现有上面画着虎纹的长方形大盾牌，以及头上戴的青铜胄和身上披的皮甲。铜胄铸制得颇为精美，那座墓中至少出土了 140 顶以上。形状大体近似，只是装饰花纹不同，一般高在 20 厘米以上，重 2—3 千克。合范铸造，范缝正当胄体中线处而形成纵伸的一条脊棱，把全胄均匀地分成两半，装饰花纹正以脊棱为中线向左右对称展开。如果是兽面纹，则在额头中线处凸起扁圆形的兽鼻，巨大的眼睛和眉毛在鼻上向左右伸展，几

安阳 1004 大墓
铜胄

乎与侧面的两只耳朵相接连。圆鼻的下缘就是铜胄的前沿，相当于嘴的部位则露出戴胄战士的面孔。胄体的左右和后部向下伸延，正好保护住战士的耳部和颈后。戴上它以后，不但可以较好地保护头部，更加显得威严雄武。在铜胄顶心都竖装有插缨的铜管，可以插饰华美的缨饰。胄上的兽纹，有的是猛虎，还有的是牛形，在眉上加有两只向左右分别上翘的尖角。也有的胄上只铸出两只巨大的眼睛，瞪视前方，也颇为威武。更有些不铸眼睛，而是装饰两朵凸起的大圆葵纹。可以想见头戴虎纹的铜胄，衣被绘彩皮甲，手执画有猛虎图纹的巨大盾牌以及闪着金属光泽的长柄铜矛，殷王的警卫部队是极为雄武壮观的，足以起到威慑百姓和压服奴隶的作用。不过殷商王朝武库中最值得炫耀的军事装备，还是驾有骏马的战车。

据古代传说，车轮转动的道理，是古代的圣人看到风吹蓬草滚旋转飞因而悟出的，又把发明用人力推拉的车子的荣誉归于华夏族的始祖黄帝。但是从考古发现来考查，史前居民既然已经懂得用轮转的道理来制作陶器，自然有可能用同样的道理制造运输工具，不必去从风吹蓬草寻求灵感。总之车子的发明是颇为久远了，但懂得利用畜力驾车，则时间较迟，而且也应与畜牧经济的繁荣联系密切。古史传说认为驾马拉车的发明是夏禹时的臣子奚仲的功劳，他当时担任了“车正”的官职。目前虽在二里头遗址和偃师商城都发现过车轨遗痕，但车的轨距极窄，仅宽1.2米左右，还不能弄清是否有驾车的牲畜。所以目前所知我国古代遗址中所发掘出的马车，最早的还是商代晚期的遗物，至少已有确凿的实物证据，表明到了商代晚期，也就是迁都于殷以后，商殷王朝开始拥有了战车部队，并且日益发展成为军队的重要兵种。

战车的使用，改变了古代战场的面貌，骏马的速度配合巨大车体的冲击力，使原始的步行的战士无法抵御。同时以战车为依托的车上战士，加上铜胄、皮甲和盾牌的掩护，可以更大地发挥远射兵器与格斗兵器的杀伤效能。还可以利用车体运载成组的功效不同的兵器和更多的供发射的箭，这都是步行的战士无力负荷的。高速机动加上巨大的冲击力再加上兵器的杀伤效能，使得战车兵成为战场的主宰。商殷王朝晚期就利用它去征伐四方，在战车轰鸣中获得了新的土地、财富和大批会说话的工具——奴隶。这时期战车的形貌，可以从河南省安阳殷墟的发现看得很清楚。目前已发掘出的埋有完整的车子和马匹的车马坑，已超过 20 座。这些车都是木质的，车箱方形（舆），车门开在后面，下面是横置的车轴，两侧各安一个巨大的木制车轮，轮径常达 136 厘米，上有 16—20 根辐条。轮毂伸出很长，可能是为了增加稳定性，轴头安有青铜铸造的“軎”和插固车軎的“辖”。从车箱下部中线处向前伸扬出一根独辕（辀），在辕的前端横置一条木“衡”，在衡的左右两侧对称地缚着两个“轭”，用来驾马。从已发掘出土的车子来看，可以看清驾马的数量都是两匹马，一左一右。只有抗战前发掘的小屯宫殿区的一座原来发表时称前驾四马，后来的正式报告中又改为二马，但从图上看还似乎像是四匹马。不管如何，看来晚商时期的木车前一般是驾两匹马，如果有驾四匹马的也是极罕见的。在上述已发现的车马坑中，有多座坑内同时放置着兵器，说明那些车是可供作战的战车。没有放置兵器的马车，或许是代步的乘车。但是从它们的结构来观察，这两类车并没有什么明显的区别，说明当时的马车既可用于出行，同样也用于作战或狩猎。除了安阳殷墟外，还在陕西西安老牛坡、山东滕州前掌大等地的商代墓地，也发掘到随葬的车马坑，埋葬的也是前驾双马的木车，车子的结构和特征也都与殷墟出土的木车相同。

凭借着精锐的青铜兵器和轰鸣的战车，有时甚至还使用战象，商殷王朝不断扩大其统治范围，攫取四方财富，也散布着商殷文明的影响。商王和贵族的贪婪是没有止境的，一次成功的征服，只会激起筹划发动另一次新的远征的贪欲。陈列于他们的宫室和殿堂中那些青铜礼器上的主要装饰图案，是瞪目张口的兽面纹，或许就是他们那丑恶的灵魂的真实写照，张开巨口，企望吞噬世间的一切。

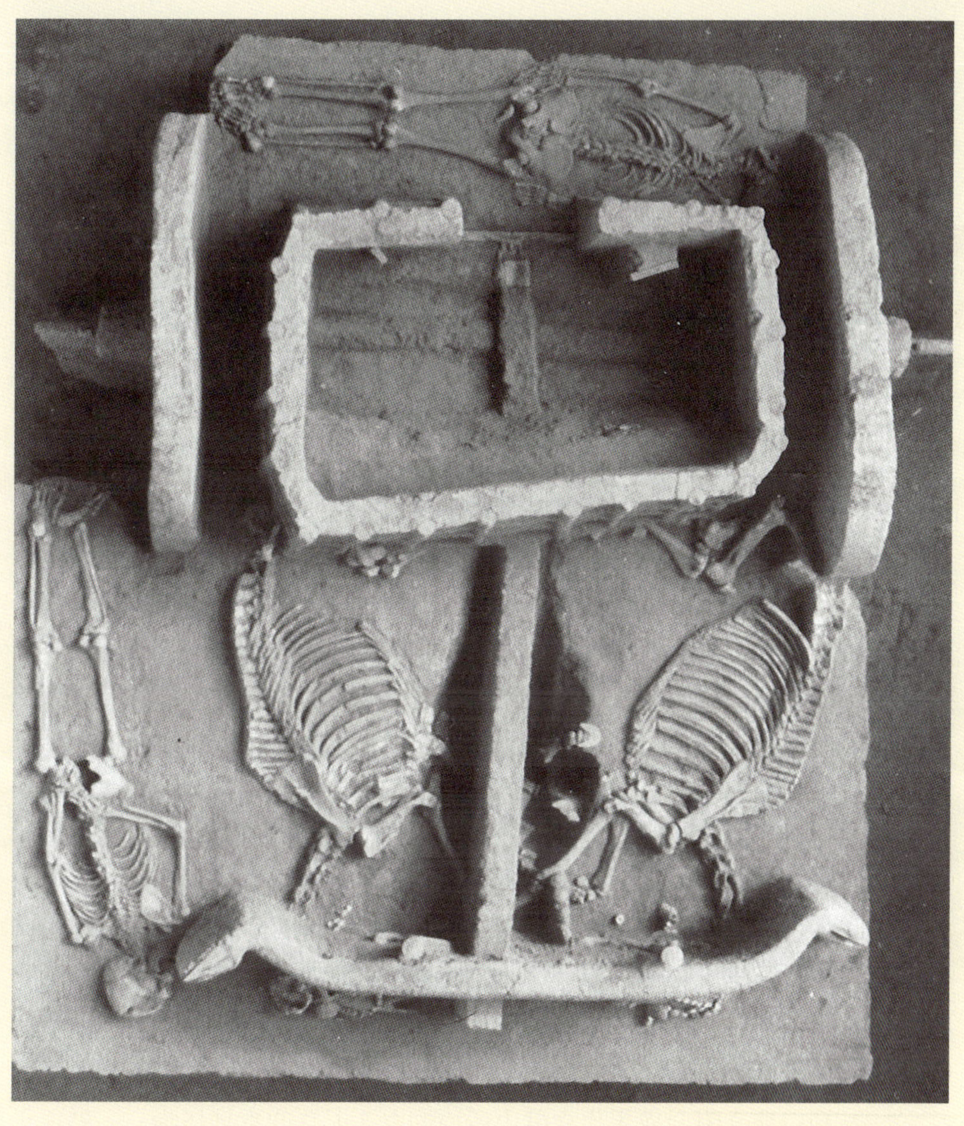

安阳郭家庄
出土马车

尊严的礼器

兽面图案，又把我们的注意力集中到商殷时期工艺技术的最高体现——青铜器。因为按照商王和贵族的旨意铸成的那些器型硕大而沉重的青铜器皿上，无时无刻不显现着兽面纹的面容：粗卷的眉毛，圆瞪的双目，竖直的鼻子，下面是一张巨口，耳朵很小，因为是正视的图形，其身躯很小，有时只能看清在头下两侧伸出的前肢和利爪，不过爪子的形体细小，更反衬出那颗头是那么巨大而权威。早在宋代，金石学家初见兽面纹时，误认为它只有头而没有身体，所以将它附会成古代文献中所说的有头无身的贪婪怪物——饕餮。不过他们没有看仔细，殷商青铜器的兽纹本是有身躯的，所以并不是什么饕餮。当现在看到这种现实的自然界找不到的怪兽，常常会唤起人们沉重、压抑、神秘和恐怖的感觉，又似乎体现了这些器物的主人过去具有着令人畏惧的权威。这样的艺术效果也许正是商王和贵族所希望达到的，和他们那贪婪、威严而有强烈的统治欲望的灵魂产生共鸣，因此神秘的兽面纹自然成为他们所最欣赏的标准题材，被装饰在当时表明社会地位和身份的各种青铜“礼器”上。提起礼器，在当时是极受重视的，因为“礼”是商王和贵族用以维护他们的统治和调整内部关系的一套规章制度，并用以“明贵贱，辨等列”。而在进行政治宗教等性质的活动时使用的器皿，习惯称为礼器。礼器的形制、大小和数量，则标示出持有者的身份和地位，可以用为区别贵族内部等级的标志物。即使持有者死了，也要把它们带进坟墓中去，为的是到阴间世界中仍能维持他生前的身份和地位。因此我们今天发掘的殷商墓葬中，能够获得数量众多的精美的青铜器皿。目前发现青铜礼器数量和品种最多的一座，仍然是前面已经提过的殷墟妇好墓。

妇好墓中出土的青铜礼器共 210 件，其中有 190 件铸有铭文，按它们的用途可以分为四类，即炊煮器、食器、酒器和水器。数量最少的是食器，只有簋一种；其次是水器，有盂、罐、盘三种；炊煮器较多，有鼎、甗、汽柱甑形器等；酒器的数量最多，有偶方彝、方彝、尊、觥、壶、瓿、卣、罍、缶、斝、盉、觯、觚、爵、斗等 15 种，数量占礼器总数的 74 %，其中铜觚有 53 件、铜爵有 40 件。如以一觚一爵为一套，则至少有 40 套之多。这不能不引起人们的注意，对照古史有关殷人好饮酒的记载，由此看来确属实有其事。

传说在夏禹时，帝女令仪狄作酒而美，禹饮而甘之，遂疏远了仪狄，并禁绝旨酒，还预言："后世必有以酒亡其国者。"关于禹禁酒的记述似乎并不可靠，但在夏代已能制酒确是事实，前面已经讲过二里头文化的青铜容器被最早发现的器类，正是用于饮酒的爵杯。进入商代，饮酒之风大盛，也许反映出当时农业生产有所发展，因此能有大量的黍、稷被用于酿酒，酒的品种也有所增加。随着商王贵族饮酒之风愈来愈严重，甚至到商殷王朝晚期发展到不可收拾的地步。青铜酒器的铸造日趋发展，礼器也形成注重酒器的组合，而一套酒器最基本的组成是觚和爵。于是我们今天可以从殷墓中所放成套的觚、爵的数量，来推断墓内死者生前的身份。只随葬一套青铜觚、爵的，是小贵族的坟墓。随葬的青铜觚、爵有两套或三套，墓主生前可能是中等贵族，这样的墓都有稍大的墓室和棺椁，较多的铜器和殉葬人。觚、爵的数量多到 5 套，墓内死者的地位则属高级贵族之列。至于像妇好墓中放置了多达 40 套青铜觚、爵，则因为她是殷王的配偶的缘故。

觚和爵都是饮酒之器，器型固定，形体也不能过大，因此上面的图案花纹带的位置也相对固定，无法作更多的突破和发挥。但是那些大型的盛酒器，特别是方彝、尊、觥、卣、罍等，由于形体硕大，有装饰纹样作不同安排变化的余地，甚至连形体的外轮廓也可以突破。在保持容积不变的基础上，工奴们进行外观的创新，因此出现了许多出人意外的艺术精品。妇好墓中那顶盖呈殿堂屋顶状的造型浑厚的偶方彝和那对硕大的鸮尊，前面已介绍过。还有另一些富于幻想的奇异形象，例如司母辛铭四足觥，就是造型怪异的奇兽，有着似马的头，却长着一对向后扭曲的巨大羊角。两只前腿长而下有兽蹄，两只后腿短而具有禽鸟的脚爪，且在其上侧还浮凸出带羽的翅膀。在奇兽的背上还伏着一条头生双角的龙，龙背中脊凸起呈扉棱状，形成觥盖的脊棱。这样的奇兽恐怕只能在梦境中才能寻到。再如另一对妇好铭圈足觥，更将外形设计成鸟兽合体的怪异造型，从前面看，是一头跃起的猛虎；从后面看，又是一只昂头振翅的鸱鸮。至于形体较大的壶、卣一类容器，更是遍体布满繁缛的纹饰，由许多组兽面、夔龙、怪鸟、蝉等主纹，下衬云雷等纹填充，再加上凸起的扉棱、兽面，组合成构图复杂、气魄浑厚的装饰图案。那对高 64—64.4 厘米、重达 31—35 千克的司𡚸母方壶，正是其中颇具代表性的杰作。除了工艺复杂的装饰花纹外，

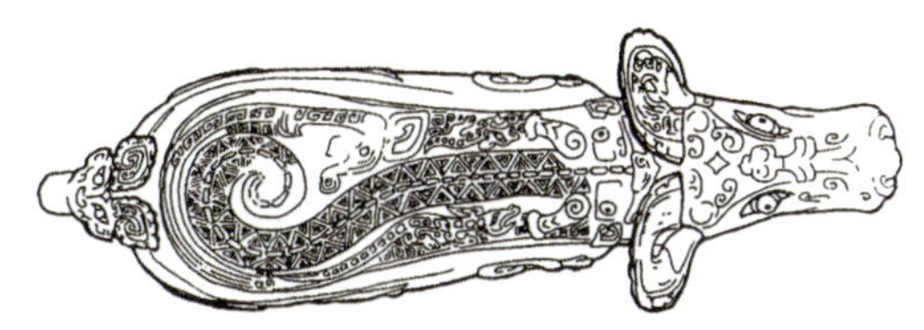

安阳妇好墓
铜司母辛四足觥

安阳妇好墓
铜司𡚸母

在一些大器的附件方面也有颇为精巧的设计。例如一对龙头提梁卣，卣盖中央的盖纽铸成伫立的小鸟，又在盖面上设有活动环带，由一只盘卷的夔和一只小鸟构成。鸟尾卷成小环，与提梁内侧的小环相勾套，当把卣盖打开时，就可以悬垂于梁，构思颇为巧妙。

除了妇好墓的青铜艺术品外，在殷墟和其他各地出土过数量众多的商殷时期的青铜器，其中包括许多造型奇异的艺术品，诸如四羊方尊、龙纹觥、人面盉、人面方鼎、鸮尊、羊尊、小臣艅犀尊、虎食人卣等，有的造型写实，有的气势宏伟，有的神奇怪异，有的恐怖狰狞。在一些青铜器上也出现有关于人的艺术造型，但那类作品多带有浓郁的神秘色彩，诸如头长龙角的人面盉，四面各铸出一个扁圆的人面纹方鼎，等等。其中最令人神秘莫测的作品，当属著名的所谓“虎食人卣”。那件卣体塑造出一只蹲坐

商铜四羊尊

商铜小臣艅犀尊

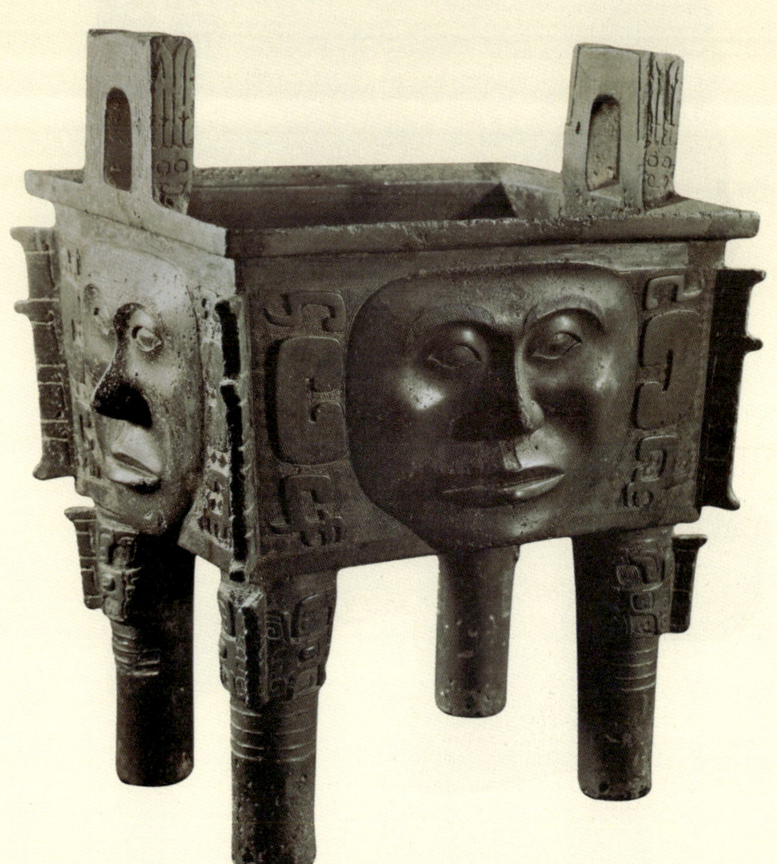

商铜人面纹鼎

商铜“虎食人”卣

状的老虎，张大嘴巴，用它的前爪抓抱着一个人。那人面对老虎，双手搂着虎胸，一双赤足还蹬踏在虎的后爪上，左偏着头伸入虎口之内。从人虎互抱的形态，人又无恐怖挣扎之状，似乎他们是在戏耍而不像是虎正在吃人。不过限于当时艺术水平，难于刻画人的面部表情，因此也不能肯定地排除作者的目的就是用此手法描述虎食人。对这件青铜器造型的解释，有的学者提出那个人是一位具有通天法力的巫师，而那只老虎，则是巫师通天的动物助手。这类青铜器是祭祀时盛酒的器具，因为巫师作法时要痛饮美酒，以把精神状态提高，那么这铜卣也可以说是巫师通天的法器。

到底这件散发着神秘色彩的青铜器的真实含义是什么？学者们自会去深入探讨，但是提起巫师，那在商殷时期确实是社会地位极高的重要人物，因为当时的人极崇信鬼神。以商王为例，他做什么事以前都要进行占卜，是否应该今日出兵作战，今天会不会下雨，打猎会不会有收获，该不该进行祭祀……都不厌其烦地用凿灼牛肩胛骨或乌龟的腹甲来看兆纹的办法占卜，还要把占卜的日期、事件及应验与否的结果都用文字契刻在旁边。为王占卜的人称为“贞人”。这些经过占卜的甲骨都要很好地储藏起来，可算是那时的档案馆。随着商殷都城沦为废墟，它们就被埋没在地下，数量极多。有时偶为农民发现，当作药材出卖，才导致安阳殷墟的重被发现，这在前面已经讲过了。正式发掘安阳殷墟以来，又不断有新的当年储藏甲骨的地点被发现，特别重要的有三批：1936 年在小屯村北 H127 出土刻辞甲骨 17096 片，1973 年在小屯南地发掘出土刻辞甲骨 5335 片，1991 年又在花园庄东地发掘出土 1583 片，其中刻辞甲骨 689 片。甲骨上当年用于记录的卜辞，为我们保留下商殷晚期使用的文字，其中许多是象形字，就是今天习称的“甲骨文”。已经发现单字 5000 多个，其中经学者分析研究已能释出的字有 1000 多个。它是迄今为学者公认的中国古代最早的文字，也是以文字记录传播中国古文明的开始，同时也开创了中国独特的民族书法艺术，对后来产生了深远的影响。

安阳甲骨出土情况

商刻辞龟甲

跳跃吧！玉兔

安阳妇好墓玉兔

巨大的青铜礼器，特别是兽面图案造型，弥漫着威严、神秘的气氛，让人沉闷畏惧，有点透不过气的压抑感。这正是按照商殷王朝贵族的审美标准指导下创制出来的，反映出刚刚踏进文明门槛时，那粗犷且还略带有野蛮而又深沉的时代精神，也表现出雄踞艺坛的贵族的权威。在这样的艺术标准的重重禁锢之下，广大工奴的艺术才能很难在青铜礼器的铸造中完全崭露出来。前面谈到的妇好墓青铜鸮尊尾压的小鸮造型，仅是暗夜中的一星火花而已。但是强压抑制不了工奴们心中的春天。“春色满园关不住，一枝红杏出墙来。”在礼制森严的青铜器领域有着不可逾越的藩篱，艺术的花朵转而从另一处狭窄的窗口伸了出来，那就是些小型玉石雕刻品。

两只毛色微黄的野兔在旷野中跃进，它们圆睁双目，长耳后抿，躬背翘尾，一面觅食一面警惕地四下观察，防备天上地下的天敌突然袭击。这一双生动传神的玉雕兔子，出土于妇好墓中，它的嘴下和尾后都钻有圆形小透孔，可以穿系，原来是悬在身上的佩饰。同样造型生动而富有情趣的小型玉雕艺术品，在妇好墓中数量颇为可观。其实在发掘妇好墓以前，殷墟不断有精美的玉雕零星出土。

在小屯村北清理过一座殷代房子的废墟。那是一座简陋的地穴式房子，里面残存有 600 多块圆锥形的石料和 200 多块残断的磨石，以及少数经过加工的玉料。发掘者认为这里是殷代晚期的一个为王室磨制玉石器的场所。房子里也发现了几件已经雕好的成品，包括一只昂首张目向前爬行的石鳖，一只半龟缩状的玉鳖和一双并联在一起的玉龟，以及石虎和石鸭各一只。它们的体长只有 3—6 厘米。对这几件小型玉石雕刻品，无名的工奴在选材方面下了很大功夫，利用原来玉石料上不同的色泽，雕出动物肢体的不同部分，达到传神的境界，也就是今天的玉工所谓的“俏色”作品。那件小石虎身体上的斑条纹，正是利用石料自然纹理雕成的。更为技艺精湛的作品是那玉石雕刻的鳖。请看玉鳖，是利用了一块褐色与肉红色相间的石材，精心设计而后雕成的，使鳖甲、脚爪和双目呈深褐色，而圆润的腹下却是肉红色。玉鳖的

安阳商代房址出土俏色玉鳖

色泽同样安排得很巧妙，背甲墨黑，但头、颈和腹部则是灰白色。当把这几件玉石的龟鳖放在一起，它们真是栩栩如生，别具奇趣，谁能不叹服3000年前无名工奴艺术家的精湛技艺呢！这一偶然的发现，打开了殷代艺术的一个过去不被人注意的窗口，原来在那些庄重、硕大、沉闷而又图案繁褥的青铜礼器之外，还有取自自然的美好题材，简直像一首词意清新的短诗。等到妇好墓被发掘出来以后，获得了更多的玉石雕刻品，总数超过600件之多，这更打开了人们的眼界。原来小屯地穴式房子里的那些生动的小型玉石雕刻品，并不是偶然的出现，而是有着雄厚的工艺基础。在这一处当时统治者的思想意识控制比较薄弱的角落，绽开了古代工艺美术的珍卉奇葩。

妇好墓出土的玉石雕刻品中，最引人注目的是有关动物造型的作品，其数量也很多，约在百件以上。除前述过的跳跃玉兔外，还有伏卧的昂头老牛，扬鼻嬉戏的稚象，抱膝蹲坐的小熊，张口露齿的猛虎，低首振翅的立鹤，高冠钩喙的鹦鹉，朝天傲视的蹲鸮，屈体腾跃的游鱼……生趣盎然，题材繁多，有走兽，有飞禽，还有水族和草虫，以及一些神话中的动物，总数不下20多种。这诸多题材的动物雕刻品，有扁体的也有立体造像。局限于当时琢玉工艺水平的限制，凡扁体的多是将玉料粗制成璧形，再切割成

玉兔雕琢过程示意图

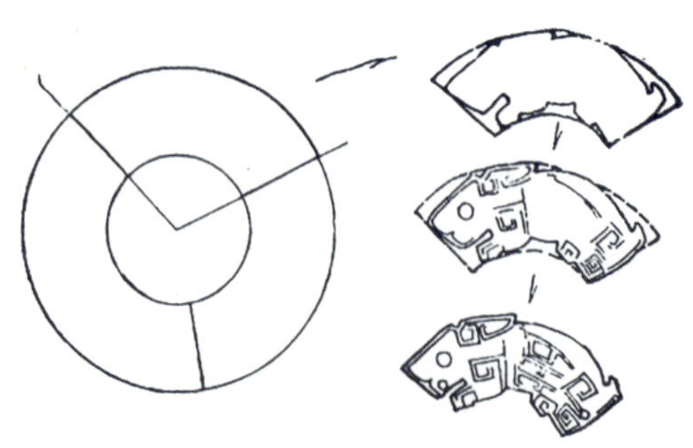

安阳妇好墓玉象

玦形玉坯，然后依不同题材再精琢轮廓和细部线刻，因此总的形体仍脱不开块状构图。至于立体造像，则多是先将玉料切割成立方体或圆柱体状的玉坯，然后修琢出要雕的动物的形体，再以线雕表现毛羽细部，因此其总的形体轮廓一般也脱不开立方体或圆柱体形状的构图。不过那些殷代玉雕作者尽力发挥他们的想象力，竟能在这些固定程式的形体轮廓基础上，针对不同题材，选用不同的表现手法，尽力突出特写刻画对象的形体特征，因而创造出许多生动的艺术品。例如那对扬鼻嬉戏的稚象，选用深褐色的玉料。雕时刀法圆润，粗壮的四足，浑圆的躯体，大耳下垂，小眼圆睁，向前伸出它那富有特征的长鼻子，但不是平直地伸出的，而是稍向上扬，鼻端又向下卷曲，使得线条并不呆滞，活画出一双体态浑圆的稚象，似乎还带着孩子般的调皮的样子，颇为讨人喜爱。对于一些鸟类，常常采用浮雕图案化的手法，特别是鹦鹉，可能是当时人们喜爱的题材。这座墓中发现多达 20 余件，多为扁体，特别突出了高冠、长尾和钩喙，富有图案装饰趣味。还有的把两只鹦鹉对尾琢在一起，构图均匀对称，确是出色的佩饰。

另一些鹦鹉，因选用了淡绿色的玉料，更富有生趣。甚至一些形体较小的玉鱼，也琢刻得颇为传神，把它们放在一起，真像是一群被网获的鱼，拼命屈体跳动的情景。

在这些玉、石雕刻品上，也时时呈现着技法的古拙之处，缺乏细部描绘，例如石蝉，仅只突出圆睁的大眼睛和一双蝉翼，虽然古朴传神，但在形象准确和技艺水平方面还存有很大局限性。特别是不少鸟兽毛羽的细部，常常用当时习用的云纹、回纹图案来代表，因此减弱了艺术感染力，但也倒是一种具有时代特征的表现手法。总之，这些玉雕表明那时对于玉料的开采和选用，已积累了丰富的经验，有了一定的要求，并且在开料和琢制技术方面具有一定的水平；钻孔、抛光等技术已为工奴们熟练地掌握，才能创造出这样古朴生动的小型雕刻艺术品。看过这些作品以

安阳妇好墓玉鱼

后，比看那些重大的青铜礼器群，给人们留下更为深刻的印象，因为它们扫除了殷代艺术通常的神秘沉闷的气氛，生趣盎然。如果把青铜重器比作《尚书·盘庚篇》那样对人们施加压力的枯燥说教，这些小型雕刻却像是《易经》里偶然透露出的描写生活情景的片断诗句，一切热爱自由和热爱生活的人们，是宁愿去搜寻那些短诗的。

安阳妇好墓玉戈

在妇好墓的玉、石雕刻中，也有些作品的风格与那些动物雕刻不同，使人看后感到沉闷压抑，那就是形体硕大的玉雕礼器和仪仗器，诸如圭、琮、璜、璧、戈等，它们才是当时玉雕的主流。礼玉中又以大型玉戈最为重要，妇好墓中放置的玉戈多达 39 件，最大的长度接近 40 厘米，其中有一件黄褐色玉戈，上面刻有铭文，是“卢方”送来的贡纳品。这种大玉戈是身份地位的象征物，在周边各地方国墓中也多有出现，例如盘龙城墓葬中出土的大玉戈，长达 93 厘米。

安阳妇好墓玉人

除了礼玉以外，妇好墓玉、石雕刻中另一些使人看后感到沉闷的作品，还有一些小型人像。在立体的小人像中，有一件裸体坐像，除了额上所束额带和腹前垂悬一块长条形的“蔽厀”外，身躯上赤条条的无其他衣饰。他老老实实地坐在

安阳商戴桎梏男女陶人像

那里，双手拄膝，目不斜视，全神贯注地等候主人的差遣，显得呆滞、沉闷，缺乏生气，与那些玉雕鸟兽活跃生动的造型，形成鲜明对比。另一人像与此相同，裸体拄膝端坐，身上遍刻几何状纹饰，或许是模拟文身的花纹。他们都是当时身份最低贱的人们的写照。还有些扁平玉片雕成的人形佩饰，作裸体女像，也应是奴婢的形象。上述裸体人像的生活原型，都是被驱使从事苦役、毫无人身自由的奴仆，自然其艺术形象不会给人以美感。表现奴隶悲惨境地的作品，还有过去在安阳发现的殷代小陶人像，有男有女，都戴着桎梏，男的将双手反梏在背后，女的将双手交叉梏在腹前。这些失去自由的人，或是商王四处伐获得的俘虏，也许等待他们的命运是无尽的苦役；也许等待他们的是更为悲惨的结局，被活生生地驱赶去作为祭祀或丧礼的牺牲。

在殷墟发掘中，不断发现有埋着祭祀时杀死的人牲的祭祀坑。到 1976 年，就在安阳的西北冈商王陵墓附近，经大规模揭露的 4700 平方米的面积内，共发现埋有祭祀的人牲的葬坑多达 191 座，这些坑排列有序，加上以前发现的共计超过 200 座，所埋人牲达 1330 人之多。这累累白骨揭示了商殷时期发生的一幕幕杀人祭祀的残酷场景。大部分死者是处死后掩埋在坑中的，他们多数被砍掉头颅，有的颈椎上有明显的砍痕。另一些是断肢、腰斩或肢解后抛置坑中的，以男性居多。但也有些青年女性或少年儿童的骨架作捆绑状态，看来是被活埋的。每个坑中埋人的数目多少不等，较多的是埋入砍头的无头骨架 8—10 具，俯身放置，交向叠压，不放任何物品。也有的是把砍下的人头与躯体同时埋入坑中。极个别的是在坑中放有器物，如第229坑中除一具幼年尸骨外，还有大铜鼎、小铜鼎、铜斗各1件，以及2件硬陶瓿。在遗骨的鉴定中，发现不少男性青壮年的腰椎骨质增生，牙齿咀嚼面磨损严重，还有的脊椎骨、肩胛骨、上肢骨和股骨有一些病变的反映。这些现象发生在青壮年身上，一定程度地反映了他们生前生活条件的恶劣和劳动的沉重。至于那些被迫害致死的奴隶们，常常连尸骨也被制成供人使用的器具。在郑州商城遗址，曾于紫荆山北的一个窖穴里出土许多骨料、骨制品和砺石等遗物，而骨料中除了牛、鹿等动物的肱骨外，占总数一半以上的竟然是人的肢骨。这又从另一个角度表现出商殷时期奴隶制的真实面貌。这些野蛮与残暴的压迫，必然在奴隶们心中播下仇恨的种子，孕育着反抗。最后，机会终于来了，为了对付周人的大军，殷王让奴隶补充进军队之中，结果奴隶临阵倒戈，加快了商殷王朝的覆亡。这也可以说是奴隶对商殷王朝的最佳报复方式，他们孕育在胸中那反抗的火种终于形成燎原之势。

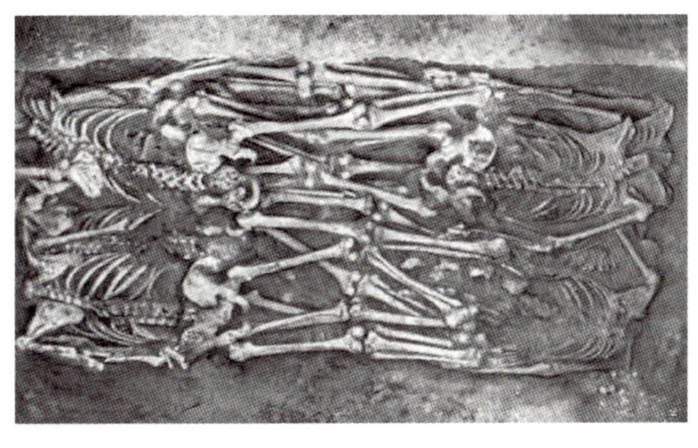

安阳商人牲坑

还是巨鼎和大钺

商王帝辛（纣）倾全国的兵力，经过旷日持久的搏战，终于获得了对东方战争的胜利，大军尚未返回，只是丰盛的战利品和大量战俘已返送回王都，于是帝辛沉湎于欢庆胜利的宴饮之中。不料灭亡的阴影已悄悄笼罩上空，一个更为强大的敌人从西方逼进，周人的大军渡过黄河，经过6天的行军，抵达商都以南70里的牧野。

周人始祖的传说，充满原始的神秘色彩。他们的始祖弃，是因为他母亲姜原在旷野看到有大人的足迹，试着用脚去踩踏，没想到因此而怀孕，于是生下了儿子。以后繁衍成一个兴旺的民族，生活在今天陕西、甘肃一带。那里的黄土高原适于种植黍、稷等农作物，周人亦很早就进入农业社会，传说帝舜时其始祖弃已是当时的农官，“号曰后稷”。到了商代，周虽为其属国，但势力日增，逐渐发展成商朝西方最强大的国家。当文王（昌）在位时已进行了进攻商朝的准备，到武王（发）继位后，更举行过在盟津大会诸侯的伐商军事演习。现在乘商朝统治集团内部分裂，帝辛陷于众叛亲离的困境，同时又沉浸在对东夷战争的胜利之中，突然发起对商王朝的袭击。这是武王继位后的第四年，据推算约当公元前 1027 年。

晨光微熹，寂静的原野上齐整地排列着一支数万人组成的大军，它的主力是由四匹骏马拖驾的木质单辕双轮战车。这正是武王发统领的周军，拥有兵车 300 乘，虎贲 3000 人，甲士 45000 人；还有周人的盟军，那是与其联合的一些方国部落，如庸、蜀、羌、濮等派来的军队。现在大军集结在牧野，静待聆听周武王的临阵誓言。武王来了，他左仗黄钺，右秉白旄，誓师礼开始，这誓辞就是历史上有名的《牧誓》。随后周军就与仓促来迎敌的商军在牧野展开战斗。商军拥有 17 万之众，不过因为主力征东夷未还，军中多是临时武装起来的奴隶或战俘，不仅缺乏训练，而且他们根本不愿意为商王卖命，心中希望的只是商王朝早日灭亡。因此一遇周军主力的冲击，商军即动摇混乱，奴隶们更是纷纷倒戈。一战之下，商军土崩瓦解，帝辛逃回商都后自焚于鹿台，商王朝遂为周王朝所取代，成为中国青铜时代的又一个新的王朝，继续发展了灿烂的青铜文化。

20 世纪 50 年代以来，考古学家加紧了对陕西省境内周人活

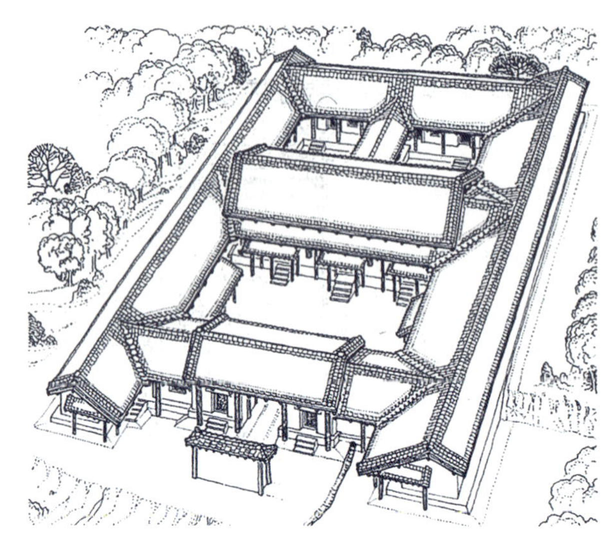

陕西凤雏西周建筑复原图

动的中心地区进行探寻和考察，并不断进行田野考古发掘，在西安附近的丰镐遗址和岐山、扶风的周原遗址都有重要的发现。在丰镐遗址的发掘中，根据获得的陶器等遗物，进行分期断代的研究，建立了西周考古学的标尺。而在周原的发掘，则开始揭示出西周早期的宫殿和宗庙的原貌，还获得了一大批珍贵的西周卜甲的碎片，其中契刻有文字的至少在200片以上。所谓周原，为周文王的祖父古公亶父营建的都邑，后来文王、武王迁都于丰、镐，但这里仍然是西周的重要政治中心。已发掘的大型西周建筑基址，一处在岐山县的凤雏村，另一处在扶风县的召陈村。凤雏的一组大型建筑坐落在一个面积达1500平方米的夯土台基上，台基高为1.3米。整座建筑坐北朝南，为以门道、前堂、过廊、后室为中轴，东西配置厢房，形成一个前后两进、东西对称的封闭性院落。作为整座建筑主体的前堂，是一座有七排柱子面阔六间、进深三间的殿堂，通长17.2米，宽6.1米。还发现有由陶水管套接或用卵石砌筑的排水管道。大量卜甲和卜骨碎片，就是在这组建筑的西厢房的一间房屋内发现的。依据已发掘的建筑基址，专家们进行过复原研究，推测出它的结构和外貌。

更多的关于西周时期的考古发现，是当时的坟墓和埋藏财物的窖藏，后者是在西周晚期的战乱中，奴隶主贵族们仓皇出逃时埋藏在地下的，主要是铸造精美的青铜器。它们的主人本想在战祸过后返回故居时再掘出享用，但却无缘重返，于是这些青铜器一直窖藏至今始重见天日。1960 年以后，发现的重要窖藏器有五六批，出土铜器数量最多的一次是扶风庄白发现的微史家族铜器窖藏，达 103 件，其中有 74 件上有铭文，包括了这个家族的折、丰、墙、㾓四代人的铸器。其中的墙盘最为重要，铭文长达 284 个字，是 20 世纪 50 年代以后出土青铜器中铭文最长的一件。由于铭文前半段历颂文、武、成、康、昭、穆诸王的业绩，后半段自叙历代家世，因此是研究西周历史的极重要的资料。

西周时期的坟墓，除了在周原及丰镐地区屡有重要发现外，特别值得注意的是西周时虢国、晋国和燕国的墓地，分别在河南

西周铜史墙盘

三门峡市、山西临汾地区天马—曲村和北京市房山琉璃河，都发现了成组的墓葬和随葬的车马坑，出土大量的青铜器，成组合的佩玉和葬玉。此外在甘肃省灵台白草坡、宝鸡市茹家庄和竹园沟、河南省洛阳庞家沟和下瑶村、北京昌平白浮，以及河南省的上蔡、襄县，山西省的洪洞、翼城、长子等地，乃至长江下游的江苏省丹徒烟墩山、安徽省屯溪等地，都不断发现西周墓葬，获得了大量的珍贵遗物，主要是青铜器，还有“原始瓷器”，以及漆器、玉器、陶器等。发掘墓葬时，也发现许多随葬的车马坑，以及埋于墓中的车、马和车马器。极大地丰富了人们对西周物质文明的认识。

西周初期的青铜器与商殷晚期的颇为近似，自己的性格并不突出，不过仔细区分，还是可以发现其间的差异。当我们注意到商殷时期随葬礼器中酒器的基本组合是爵和觚以后，却看到西周初期则是改为以另一种酒器——觯来取代觚，从而形成为爵和觯的组合。也许与西周初年曾厉行禁酒有关，又出现了由重酒器转而重食器的情

山西西周晋侯
墓地葬玉

况，以食器代替酒器。食器由鼎和簋组合而成。还逐渐出现在一座墓中放置三件以上的鼎，虽然或许形制不尽相同，但是它们的大小依次相递减，似乎开后来表明身份的“列鼎”制度之先河。就铜器的外形和纹饰特征来观察，也出现若干变化。例如青铜鼎，最常见而又富于特点的是一种口部呈桃圆形、敛颈、袋状腹的立耳柱足鼎，这种鼎自中腹以下略呈弛垂形状，而最肥大的部分极靠近底部。至于鼎上装饰的兽面纹，则不像商殷时那么威严规整，而是逐渐变得更富有图案趣味。与之相适应，商殷晚期常见的虎纹、龟纹等已极罕见，代替那些繁缛瑰丽的纹饰的，常是仅有几周简朴的弦纹，间或于中央加饰一个凸出的兽头；或者在窄条形的装饰花纹带中，使用简化了的兽面纹或夔纹。在一般纹饰趋于简化朴实的同时，只有鸟纹有了趋于华美的发展。商殷晚期常见的一种小鸟纹，这时演化成为回首、垂冠的大鸟纹，它还有着华美而卷曲的长尾，成为西周初期最盛行的装饰纹样之一，对鸟纹

西周铜鼎

的偏爱一直沿续到西周晚期。

西周的青铜器中，也有许多造型颇具特色的动物形象的艺术品。最令人感兴趣的一件要属从陕西省郡县李村出土的青铜驹尊，

西周铜大鸟纹簋

伴同出土的还有方彝、尊等青铜器。根据器铭知道那组铜器属于一位名叫盠的贵族，铸造于西周中期。青铜驹尊高约 32.4 厘米，塑造的是一匹站立着的马驹，体矮颈粗，四肢略短而双耳较大，这样的外貌真实地反映出当时马种的体质特征。它的前腿微向前曲，后足用力蹬地，挺胸耸耳，睁目闭口，活画出在跑动中突然受惊后，停下来警惕地张望的神情。它为什么受惊，是不是由于有人企图絷维它呢？这不禁使人联想起《诗经》中一首优美的恋诗："皎皎白驹，食我场苗。絷之维之，以永今朝。所谓伊人，于焉消遥。……"过去被认为是"大夫刺宣王"的这首《小雅 · 白驹》，其实乃是"中春通淫"——行"执驹"之礼时的恋诗，郭沫若先生的今译如下："小白马儿多么好，牧场上面吃嫩草。抓着它，拴着它，拴它一个大清早。好和我那人，一道去

西周铜驹尊

逍遥。……”在驹尊胸前那篇铭文中，有“王初执驹于㡧”，记录了周王亲自参加“执驹”之礼的事实。关于“执驹”，汉代的名儒郑玄曾做过解释：“执犹拘也，中春通淫之时，驹弱，血气未定。为其乘匹伤之。”站在人们面前的这匹青铜马驹，目光中闪现着稚气，平日不受絷绊地随着母亲嬉戏，今天忽见来人要抓住它，不胜惊诧，呆立不解，铸造驹尊的无名工奴正是抓住马驹这一刹那的神情，给后人留下了如此传神的古代造型艺术瑰宝。古人常说画狗马最难，画鬼魅最易，因为“狗马，人所知也，旦暮于前，不可类之，故难。鬼魅无形，无形者不可观，故易”。因此西周无名工奴的这一艺术创作，更加令人赞叹。

在西周的青铜器中，还有另一些造型颇具生趣的动物形象，例如虎尊、象尊、鸟尊等，象尊体型肥鼓，长鼻扬卷，但是腿有些过短，且双耳小而直伸，近似猪耳，因此造型颇觉滑稽。鸟尊和象尊都出自宝鸡茹家庄发掘的西周贵族強伯墓中。那座墓中出土的青铜器、玉石器、原始瓷器、陶器等多达1500件以上，仅鸟尊就有大小两件，还有两件造型相同但形体很小的三足鸟。鸟作立姿，圆睛钩喙，足爪粗大，长尾伸垂呈倒阶级状图案。除了两只正常形态的足爪外，又在身体后侧垂尾以前安有第三只足爪。不知是为了取得站立稳定的效果而增添的，还是与传说中的三足神鸟有关，因为在中国古代传说中，太阳的形象就是长有三只足的金色乌鸦，不论如何，三只足的鸟总是带有神奇色彩。其中形体最大的一件，全高23.7厘米，重3.5千克。也许与周人喜用

宝鸡茹家庄西周墓铜三足鸟尊

西周铜鸟盖盉

鸟纹有关，许多青铜器上都有立体鸟形装饰。长安花园村出土的鸟盖盉最有特色。那是一件四足盉，盉盖铸成伏卧的凤鸟造型，冠毛高耸，双目凝视，钩喙上昂，挺胸翘尾，双翼收拢。颈、胸饰鳞状羽毛纹，身、翼、尾上则饰长羽毛纹，活画出凤鸟的高傲姿态。

除了较为写实的作品以外，西周时期也有一些超于自然的神奇动物造型，长安张家坡井叔墓出土的青铜弄中牺尊是最突出的代表。兽形，头生龙角和双耳，身有双翼，四蹄足，背盖上以大鸟为盖纽，在它的头颈上立一虎，虎头正好自双角间伸出。颏下颈上又伏一龙，龙头直顶它的下颏。另有一条龙，曲体于它的后尻上，伸头直视盖顶的大鸟。全器还饰有饕餮纹、龙纹、夔纹、雷纹等图案，繁缛华丽，造型之奇，铸工之精，都为他器所不及，是西周铜器中难得的精品。另一些青铜器，有一些颇为奇特的造型，例如宝鸡竹园沟出土的強季尊，在通常的尊体下铸出四只低矮的扁形虎足，也显得颇为别致。

在众多的西周青铜器中，最突出的仍然是巨鼎和大钺。周武王在牧野之战前誓师时，不正是持着钺这种象征统帅权威的兵器吗！已发现的西周铜钺，有的铸制得颇为华美。河南洛阳庞家沟西周墓出土的铜钺，方体弧刃，刃尖翻翘。在钺体上有一颇大的圆穿，钺体两侧各伏一回首的独角兽（现一侧的兽已残），钺体与内之间有阑，这是在商殷的铜钺上看不到的。宝鸡竹园沟西周墓的铜钺，还带有人首状銎。另一些铜钺造型更为奇特，在灵台白草坡发现过，具有弯曲的条状弧刃。它们的出土，都显示墓内死者生前与军职有关。巨大的青铜鼎，虽然没有商殷的司母戊大

西周井叔墓
铜羿中牺尊

宝鸡竹园沟
西周墓铜钺

方鼎那样的大型重器，但是现已发现的西周青铜鼎中，重器也是相当可观。1973年在陕西省长安县新旺村北出土的大圆鼎，是西周早期所铸造，全鼎通高达85厘米，虽稍逊于司母戊鼎，但比妇好墓出土的所有32件青铜鼎（包括体高80—80.1厘米的两件司母辛大方鼎在内）的体高都高得多，是殷周青铜器中罕见的。可以想见，巨鼎和大钺于商殷和西周时期在青铜器群中的突出位置，并同样是象征统治者统治权威的性质。

灵台白草坡
西周墓铜钺

西周王朝在商殷以后呈现出的兴旺景象，到宣王时期已经衰微。此时的西周，内部矛盾重重，外部强敌压境。到宣王儿子幽王时，由于废太子事件导致申侯联合西夷犬戎进兵宗周。幽王的统治一触即溃，仓皇出逃，终于被犬戎杀死于骊山之下。周人据以兴起的大本营陕西的丰镐一带，遭到戎人的严重摧残破坏。

幽王的儿子宜臼，在一些贵族和诸侯的拥立下继承了王位，是为平王，把都城迁往洛邑，以今河南省洛阳地区为新的统治中心，史称“东周”。这时周王已失去了对诸侯国的控制，仅只保留着名义，实际只是局限于洛邑的一个小朝廷而已。中国历史进入了一个诸侯大国争霸的新时期，被称为“春秋时代”。象征着周王无上权威的巨鼎的光辉已经泯灭了，而那些硕大的青铜铸器本身也已成为野心家觊觎的目标，因此出现了流传于后世的“问鼎”的典故。那是发生于公元前 606 年的事情，时为东周的定王元年。楚王攻打陆浑之戎，因此到达洛水，在周王辖地内陈兵示威。周定王派遣王孙满慰劳楚王时，楚王问他周的九鼎的大小轻重。对于这一显露着觊觎王权的野心的无礼问题，王孙满在言辞方面做了针锋相对的回答，说“在德不在鼎”。指出：因夏朝昏乱，鼎迁到商朝。商纣暴虐，鼎又迁于周朝。德行如果美善光明，鼎虽然小，也是重的。如果奸邪昏乱，鼎虽然大，也是轻的。鼎在周是天赐的，“周德虽衰，天命未改。鼎之轻重，未可问也”。虽然用漂亮的词语击退了楚王的挑衅，但是东周王室的衰亡的确是无法挽回的，所以王孙满的话令人读后感到其中含有顿为浓厚的阿 Q 精神。

第三章

百花齐放

春秋战国文明

三国“季札赠剑”图像漆盘

“宝剑”之乡

《史记·吴太伯世家》记载了一则“季札赠剑”的故事。公元前544年，即吴王余祭四年，吴国的季札出使鲁国，向北经过徐君处。徐君看到季札所佩的剑极为喜爱，但不好开口去要。季札看出这一点，从心里想把剑赠给徐君，但因使命未完，不能缺少佩剑，所以暂时未能赠予，等完成任务后，返回途中再过徐地时，徐君已死了。于是季札去到徐君墓冢处，将宝剑系在冢树上，以赠徐君。他的从者很不以为然，说：“徐君已死了，这还算送谁呢？”季札说：“不然，当时我从心里已应许赠剑给徐君了，怎么能因为他死了就违心背约呢？”这个故事流传久远，一直为人所称颂，并常作为绘画的题材。安徽省马鞍山三国时期孙吴右军师左大司马当阳侯朱然墓中就有一件漆盘，其上所绘即为“季札赠剑”图像，极为传神，是一件三国艺术精品。徐君那样爱慕季札随身佩带的宝剑，正反映出当时吴国的铸剑技能受到中原各国的重视。

吴国铸剑水平的提高，也是和军事方面的需要联系在一起的。就在春秋时期中原地区主要依靠战车作战的时候，在南方的吴越地区却有着完全不同的情况。那里水网纵横，并且当时还处于地多林莽，尚待开发的阶段。奔驰在北方平原的巨大而沉重的战车，到了那里几乎没有用武之地，相反战船却是军队中不可缺少的重要装备。适应着这样的客观条件，吴、越的主力是步兵，迟至公元前 584 年，申公巫臣从晋国来到吴国，才帮助吴国组训了第一批战车部队。尽管如此，吴国军队的主力依然是步兵，即使又过了整整一个世纪以后也未改变。公元前 482 年，吴晋争先的黄池之会时，吴王夫差为了显示军威而排列的三个方阵，依然是由精锐的步兵所组成的。至于夫差的死对头越王勾践的军队，也是步兵。为了提高部队的战斗力，勾践采取的主要措施之一就是教练士兵提高击剑的本领。

兵器是随着军事上的需要而改进的，步兵所需要的是适于近战格斗的一手执握的短柄兵器，既锋利还应轻便，剑正具有这些特点，所以这种兵器在吴越有了很大发展。因此，当时吴越地区的铸剑水平远远超过中原诸国，出现了许多传奇式的铸剑大师，如欧冶子和干将夫妻，都是其中最著名的。尤其是干将、莫邪铸剑的故事，一直流传到今天。正是因为吴越青铜剑冶铸技术水平当时就为人们所称颂，才能化成那样神奇而又生动的传说。也正因为如此，春秋时期的吴越简直成为宝剑之乡了。这里出产的质精物美的青铜剑，极受中原各国的重视。所以《考工记》中才讲："吴越之剑，迁乎其地而弗能良。"20世纪50年代以来，在考古发掘中获得的吴越铜剑，更是提供了有力的实物例证。这些铜剑中，有几柄上面带有吴王或越王造剑的铭文，比较重要的如山西省原平出土的吴王光剑、湖北省襄阳和河南省辉县发现的两柄吴王夫差剑，以及安徽省淮南出土的吴王太子"姑发閒反"剑。出土的越王剑中，以湖北省江陵出土的两柄最值得注意，一柄是越王勾践剑，另一柄是越王州勾践剑。特别是那柄在望山一号墓中出土的越王勾践剑，发现时完好如新，锋刃锐利，制工精美。全剑长55.7厘米，剑柄上所缠丝绳——缑，还保留着清晰的痕迹。剑格（剑身与剑柄的分隔处）饰有花纹，而且嵌着蓝色琉璃，颇为华美。剑身满布

铜越王勾践剑

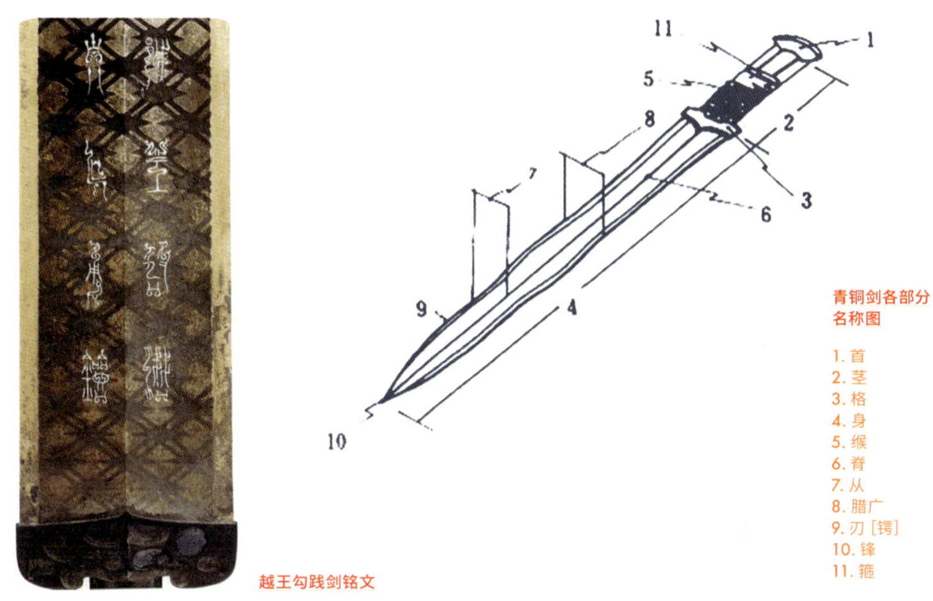

越王勾践剑铭文

青铜剑各部分名称图

1. 首
2. 茎
3. 格
4. 身
5. 緱
6. 脊
7. 从
8. 腊广
9. 刃［锷］
10. 锋
11. 箍

菱形的暗纹，衬出八个错金的鸟篆体铭文：“越王鸠浅自乍用鐱”，“鸠浅”就是那位卧薪尝胆终于灭吴的勾践。这把剑的刃部不是平直的，其最宽处约在距剑格三分之二处，然后呈弧线内收，至近剑锋处再次外凸然后再内收成尖锋。刃口的这种两度弧曲的外形，增加了剑体造型的变化和美感。但当时并不是装饰性的做法，而是保证最大地发挥兵器的功能。春秋时期剑以直刺功能为主，而不是主要用于斫击，这与后世是很不同的。因此勾践剑的形体特征，正显示着春秋晚期以来铜剑共有的特点。这把剑的铸造技术，代表了吴越工匠的最高水平。1987 年在日本举办的中国出土文物展览中，这把剑和东汉的银缕玉衣等都是展出的精品，当时郭沫若先生曾题诗：“越王勾践破吴剑，专赖民工字错金。银缕玉衣今又是，千秋不朽匠人心。”并指出“剑铭‘自乍’实赖民

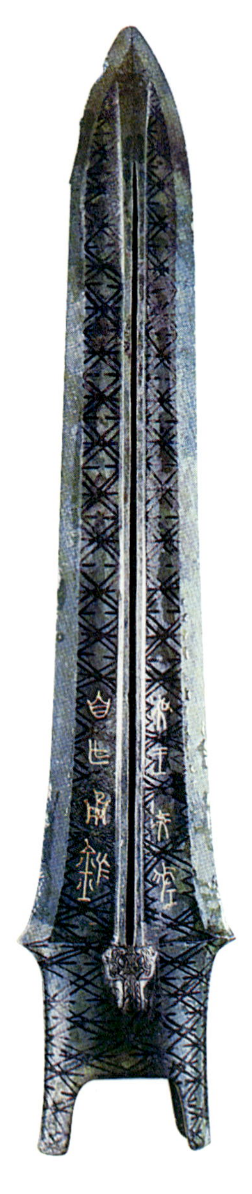

铜吴王夫差矛

工；衣被王躯，裁成匠手。创造历史者，并非英雄帝王，乃是人民工匠”。自然吴越精工制成的兵器，并不止剑一种，1983 年又在江陵发现一件吴王夫差矛，铸制工艺之精美，与越王勾践剑相同。矛长 29.5 厘米，尾部有銎，中空以纳矛柲（柄）。矛体有中脊，两旁铸出血槽，下端各有一个刻纹精细的兽首状鼻钮。矛体上同样饰有漂亮的菱格暗纹，衬出两行错金铭文，共八字，为“吴王夫差自乍用鈼”。这又是一个表明吴越地区精湛的青铜冶铸工艺的实物例证。

越王剑、吴王剑和吴王矛等精湛的青铜制品，给我们带来以下信息：曾经在西周初年被视为文化极端落后、人们还流行断发文身习俗的荆蛮之地，到春秋时期完全改变了面貌，已经具有超越中原地区的铜剑冶铸工艺。不但如此，至今还受到世界上各国将帅重视的中国古代兵法——《孙子兵法》十三篇，其作者正是在吴国任职的齐人孙武，历史上流传着他在吴王阖庐宫中以兵法部勒宫中美女布阵的故事。吴越地区进入先进的文明行列的例子，表明中国春秋战国时期，文明轨迹的光斑已是更加明亮地闪烁在全国各地，呈现众星争辉的新场面。对于春秋战国时期中国古代文明的全面发展，各国的经济文化发展概貌，以及学术方面诸子百家的争鸣，孔子创始的儒家学派的成长及对后世的影响等等，在这本小书中是无法容纳的。我们只能选取一些考古新发现，从侧面介绍一些闪烁在过去文明程度较落后的地区的光斑，以窥探中国古代文明在这一时期留下的轨迹。前面对宝剑之乡吴越地区的介绍，正是为了达到这样的目的。

也还应看到，吴越地区物质文明和工艺技术与中原地区等同步伐以后，在生活习俗方面也还会保留着较为原始、纯朴、自然的一面，与早已被森严的礼制禁锢起来的中原地区有所不同。例如表现古代越人的风格独特的裸体人像。最突出的例子，是1981年绍兴306号战国墓中出土铜屋内的一组裸体伎乐人像。这件铜屋与铜鼎、甗等及陶罐、陶豆等物，都放置在墓室南侧的壁龛之中。由于墓中随葬有至少3个鼎，有人推测应该是越国的卿大夫一类人的坟墓。铜房方形，顶上矗立着一只鸟柱，这些裸体人物神态安详地席地而坐，在屋内奏乐唱歌。男的击鼓、吹笙、弹琴（？），女的双手交置于腹前引吭高歌。这些裸身男女歌乐小铜像，不禁令人联想到马来亚沙捞越伊斑族长屋中节日的女乐。演奏各种乐器的妇女上身全裸，安详而欢乐。在那些带有原始的纯真的裸体歌乐者身上，丝毫看不到现今某些“文明人”追求的肉感和猥亵

绍兴战国墓
出土铜屋

绍兴战国
铜屋内人像

之情，表现出来的是质朴、健康而又蒙上原始的神秘色彩的美感，把观看者引回人类童年的纯真境地。虽然国别、民族和历史时期不同，但伊斑族长屋中的情景在上述意义上与绍兴出土铜屋中的情景是近似的。这组小铜人像，体高仅 3 厘米上下，形象虽小，但轮廓鲜明，眉目清晰，简洁地突出了裸体的特征，如突出的乳房和臀后明显的股沟，造型准确生动。男女裸体于顶上立有鸟柱的屋宇中奏乐唱歌，因此有人推测可能同越人“好鬼神”的习俗有关，甚至可能是图腾崇拜的一个场面，这自然有待进一步研究才能得出正确的结论，但说为越人遗留下的原始的古老习俗，是不会有问题的。或许仍然保留着史前文化的遗风，使这造型艺术品散发着原始的质朴、健康、生动而略显粗犷的美感。除此以外，也还发现过另一些可能与古代越人有关的人体造型艺术品，例如湖南省长沙市树木岭战国墓出土的一件青铜匕首。柄上站立的小人像赤裸上身。胸部乳房突出，腰部束短围裙，头顶梳圆形髻又垂脑后成一发辫，目大鼻长，双耳戴大耳坠，两手腕均套手镯，作伫立呆视前方的姿态。再如广东清远春秋墓中出土铜匕首柄部的小人像，全身赤裸，轮廓简单，仅简略地刻画出目、鼻、口、乳房及阴部，突出了女性特征，造型手法更为古拙。这些也都反映了当时越人保留的原始习俗的一个侧面。

湖南出土
铜人形柄匕首

《天问》的世界

吴王夫差矛和越王勾践剑，并不是在吴越的墓葬中出土的，它们全都发现于湖北省江陵一带的楚墓之中。那是因为越国灭掉吴国后，虽然一时繁荣，并未能持久。正如唐诗人李白《越中怀古》诗所咏："越王勾践破吴归，战士还家尽锦衣。宫女如花满春殿，只今惟有鹧鸪飞。"延至战国时期，越国最后被楚国所吞掉。于是"越王勾践破吴剑"也就被当作战利品而掳到楚国去了。这也就是江陵一带的楚墓里不断出土带有吴王、越王铭的青铜兵器的原因。同时，吴越精湛的铸剑技术，也就使得本来已有相当高水平的楚国铸剑工艺有了更进一步的发展。从湖北省江陵、湖南省长沙一带楚墓中获得的青铜剑数量众多，铸制精美，甚至有一座墓中竟放有 32 柄铜剑的例子，正说明了这一问题。而且铸造出剑脊和剑刃含锡量不同的复合剑，这种青铜剑的剑脊呈红色，因为其中含锡量较少（约 10%），因此比一般青铜质柔且韧，不容易折断；剑的刃部含锡量较多（约 20%），所以质脆而硬，使得刃口更加锋利，这种外坚内韧的复合剑，可提高杀伤力，在制剑技术上有明显的进步。于是，过去关于吴越的神奇的铸剑的传说，也随之转而落到楚国的头上。干将、莫邪就不是为越王铸剑而是为楚王铸剑了，并且出现了眉间尺为父报仇的动人情节，最后以同葬三头的“三王坟”作为整个故事的结尾。鲁迅先生曾摭拾了这一传说，写成了收入《故事新编》中的《铸剑》一篇，给这古老的传说赋入了新的深刻的寓意。

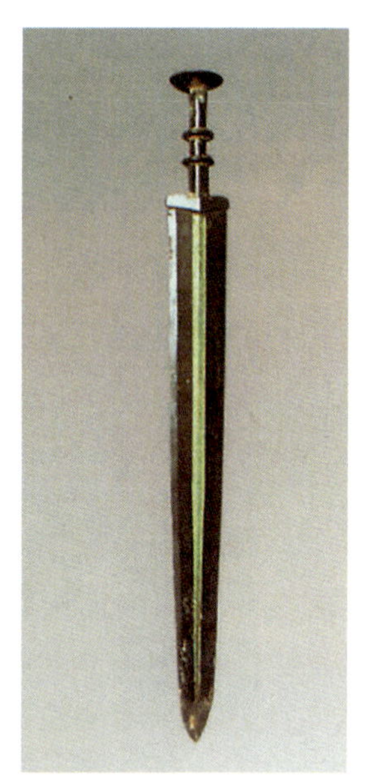
湖南长沙楚墓铜复合剑

此前楚在中原各国的心目中，只不过是缺乏文明的南方蛮夷，直到春秋时楚还并不隐讳地说“我蛮夷也”。《左传》中记公元前 606 年楚庄王观兵于周郊问鼎之事，仍对楚颇表贬意，借王孙满的话实为讥讽楚人无德。但是文明并不是任何人或族可以垄断的，从考古发掘来看，春秋战国时期楚国的文明完全可与中原各诸侯国相媲美，而且在物质文化和精神文化的许多方面，楚国远远走在各国的最前列。在楚国的墓葬中，制工精美的漆器和彩色绚丽的丝绸品，是其他诸侯国同时期墓葬中颇为缺乏的。

在湖南、湖北、河南等省发掘的楚墓中，多出土有精美漆器。不仅在大型墓葬中随葬漆器较多，中、小型墓中也多有出土，如

雨台山楚墓
漆蟠蛇卮

湖北江陵雨台山发掘的500余座中、小型楚墓中，漆木器出土总数接近千件。楚墓中随葬的漆器，主要是日常实用器，如饮食用的耳杯、盒、卮、樽、豆、俎等，日用的几、杖等，还有鼓、瑟、笙等乐器，以及专为随葬的造型奇特的明器，如带有长角的镇墓兽、虎座飞鸟、木鹿、木俑等。全部是木胎，以黑、红两色漆为底色，一般表面髹黑漆，器里用红漆，然后在黑色的器表面上再用金、黄、红、

包山楚墓
彩绘漆奁

赭等色漆绘出纹饰。雨台山楚墓出土漆器中最漂亮的两件，是下有高座的鸳鸯豆和遍体布满蟠蛇的卮。在器体表面绘有精美漆画的作品，则属包山楚墓出土的漆奁，周绕奁盖外侧绘有一周漆画，虽然画面仅高 5.2 厘米，但绘出众多车马、人物、树木及犬、雁，姿态生动，富有情趣。楚墓漆器中最具神秘色彩的是各种镇墓兽，有的巨目长舌，有的双身而上插枝叉的鹿角，形态奇异，人们大

信阳楚墓
漆木镇墓兽

约想用它们去吓走企图侵犯墓室的邪魅，其怪异造型也显示出楚人的艺术想象力。

楚墓中发现的丝绸制品，以江陵的马山一号墓最重要，那座墓简直可以称之为地下的古代丝绸宝库。连墓内随葬的木俑，身上也披裹丝绸的衣服。墓中出土的丝织品，按不同的织造方法和组织结构，可以分为绢、绨、纱、罗、绮、锦、绦、组八大类。以锦为例，出土的锦都是平纹地经线提花织物，可分二色锦和三色锦两大类，前一类包括塔形纹锦、凤鸟凫几何纹锦、凤鸟菱形纹锦、条纹锦、小菱形纹锦和十字菱形纹锦；后一类包括大菱形纹锦、几何纹锦和舞人动物纹锦。舞人动物纹锦，一个完整的花纹循环由上下七组小图案组成，各组图案分别由成对的舞人、

雨台山楚墓
漆镇墓兽

图 3—16

龙、凤、神兽及各种几何纹样构成，华美而富于变化。此外还有 21 件刺绣品，除 1 件以罗为地外都是以绢为地，以棕、红棕、深棕、深红、朱红、橘红、浅黄、金黄、土黄、黄绿、绿黄、钴蓝等色绣线，用锁绣针法绣成。刺绣的花纹均取材于龙、虎和凤鸟的形象，但形态各异，

马山楚墓棺内
锦袍和绣衾

马山楚墓
披裹锦衣木俑

马山楚墓
凤花绣黄绢面绵袍

马山楚墓
龙凤虎纹绣

富于变化，其中绣罗单衣上还绣有极为生动的虎纹。另外两件绣衾，是目前发现的尺寸最大的古代绣品中的两件，一件绣有蟠龙飞凤纹，长、宽各有190厘米；另一件绣有对凤对龙纹，长达220厘米，宽207厘米。如此众多的丝织品和刺绣品，充分展现了楚地先进的丝绸工艺，以及刺绣技艺的高水平。

马山楚墓
龙凤虎纹绣

楚国的漆器和丝绸工艺的影响是极为深远的，这可以从湖北云梦出土

马山楚墓凤纹绣

曾侯乙墓铜编钟出土情况

的秦汉漆器以及湖南长沙马王堆西汉墓出土的西汉漆器和丝绸制品，看到它们与楚国的工艺技术的继承和发展关系。至于楚墓中出土的青铜器和玉器的精美程度，又不比别国的逊色。特别是各地的一些大型的楚墓中，如河南省淅川下寺墓地、湖北省江陵望山墓地、河南省信阳长台关墓地等，更是出土有大量精美的文物。河南淮阳马鞍冢楚墓的车马坑中出土的带有青铜车舆护甲的木质战车，也是少有的考古新发现。出土的错金银龙首辕头，也是极为精致的工艺品。甚至从与楚国关系密切的著名的湖北随县出土的曾侯乙墓中，也可以看到浓厚的楚文化的风格和影响。由65件青铜钟、镈组成的编钟中，形体最大的是楚国的赠品带有铭刻的楚惠王所作的大铜镈。至于曾侯棺上漆画的神怪等画像，看来也可能是楚文化影响下的产物。

曾侯乙墓编钟中楚王所赠铜镈

比楚国在物质文明对中国古代文明贡献更大的，是文学艺术方面的成就。这首先使人想到伟大的爱国诗人屈原，由于他投汨罗江而

曾侯乙墓漆棺

死，至今人们还在端午时用富于传奇色彩的龙舟竞渡来纪念他。在他的诗篇里，充满忧国忧民的忧虑，也蕴含着遭到打击排斥的悲愤，表达了对楚国的深厚的激情。另一方面，出生于邻近巫峡的秭归，自幼领受奇妙的自然风光和流传楚地的神话传说，加上诗人的浪漫主义的创作风格，于是常常把读者引向那古老而神奇的传说世界。《九歌》是由民间祭神的巫歌，经整理升华而成，当时可能还有伴乐和舞蹈。诗人使天神（东皇太一）、云神（云中君）、爱神（湘君、湘夫人）、命运之神（大司命、少司命）、日神（东君）、河神（河伯）、山林的精灵（山鬼）以及为国捐躯的战士（国殇），都获得了不朽的艺术生命，对他们的描绘充满了浓厚的浪漫情调。

最把人引入神奇世界的是《天问》。通篇提出了百余个问题，谈及天象、古史和神话传说，据说那是屈原被放逐后，看到庙堂中的壁画，见到画出天地山川神灵，及古代贤圣、怪物等，因而发出的问题，以抒发积在心中的愤懑之情。诗人所看到的楚国庙

信阳楚墓
锦瑟漆画局部

信阳楚墓
锦瑟漆画局部

信阳楚墓
锦瑟漆画局部

堂的壁画虽然早已无存，今天从考古发掘中获得的楚国的绘画资料，不论是漆器上的画像还是帛画，都充满了神秘的色彩，同样具有浓郁的浪漫情调。信阳长台关一号楚墓中锦瑟上的彩画，虽然有所残失，但保留的部分仍有许多神奇的画面。其中有长衣宽袖的神人立在盘曲的长蛇身上，面对着一个高昂身体挺立着的巨龙，长蛇的头又盘附在龙身上。还可以看到另一个神人，一手牵着一条长龙，双龙的尾部交叉在一起，右边又有一头鳞身的怪兽，俯身衔住左边的龙交叉伸过来的尾梢，而在那怪兽腹下又有一只仰头狂吠的小狗。还有张弓欲射的勇士，一个鸟头怪物在他面前急速逃遁。另一个赤裸的妇人，正在逃避那双手执蛇的神怪……。也许这就是楚人想象出的鬼神世界，或许可以从一个侧面反映出《天问》中所描绘的内容。

20 世纪 40 年代，曾经从长沙的楚墓中被盗掘出一件帛书。在长 47 厘米、宽 38.7 厘米的帛上，墨书了 900 余字，还在四周彩绘出 12 个奇异的神怪形象，有的体生三头，有的形似巨鸟，还有的口中衔蛇，又有的在一双鸟体上共承着一排四个头，神奇古怪，各不相同。每个神怪旁边都有题名，可以辨识清楚的如“事司春”“姑分长”等，已考订与《尔雅·释天》的十二月名相合，所附文字系记十二个月的宜忌。但也有人认为它们是“大傩”的十二神兽。至于帛书的内容和性质，学者见解不一，但它很可能是战国时期数术性质的佚书。令人感兴趣的是，1973 年又对这座被盗掘过的楚墓进行了科学清理，竟然又从墓中发现了一幅精美的帛画。它平放在椁盖板下的隔板上，画的上缘里附一条细竹条，居中系有棕色丝绳，原来是悬挂着的，下葬后才放入椁内，看来是丧葬仪式中的旌幡一类物品。画面中心是一位侧体直立的男子，束发高冠，长衣及地，腰间佩剑，手握缰绳，驾驭一条长龙。那条龙昂颈翘尾，身体全形呈舟状。男子正立在龙体形成的舟中，头上还悬有华盖。翘起的龙尾上，还立有一只面朝后的白鹭。龙体之下，又有一条遨游的大鱼。画中人物衣带飘飞，长龙昂首奋进，形成乘龙在空中飞行的态势。以之与 1946 年在长沙陈家大山一座楚墓中获得的另一幅帛画相比，可以看出其构思是相同的。但那幅画上所绘的是女像，显得神态更端庄肃穆，拱手缓步徐行，在其前方有一龙和一凤凌空飞舞，作为她前进的向导。帛画修复中龙足不清，过去被人认为是一足的“夔”，代表恶灵，是代表善灵的凤鸟与恶灵相斗，不确，有关的研究者已做过更正。这两幅帛画，都是描绘墓内死者在仙禽神兽的导引下，灵魂得以升天的葬仪用艺术品，反映出楚人的鬼神观念及对死后的企望。这两幅帛画在当时并不是专门的艺术创作，但描绘的匠师确是全神贯注地进行制作的。画得工整认真，墨线的勾勒颇为准确流畅，施色除平涂外，也出现渲染的萌发，不过因为作品功能性的限制，装饰色彩较为浓厚。它们可以说是目前获得的中国古代最早的单幅绘画作品，确是美术史研究中不可缺少的重要资料。

长沙楚墓
乘龙男子帛画

长沙楚墓龙凤
女子帛画

中原新风

周王东迁后，早已无力管控诸侯。中国古代历史进入诸侯争霸的春秋时期，中原大地最强大的诸侯当属晋国，管控地域以今山西省为中心。在山西太原金胜村发掘的一座春秋时期晋国上卿的大型墓葬，吸引了人们的注意。那是一座大型的木椁墓，在用木枋搭叠的巨大椁室内，中央安放了木制的三重套棺，但发掘时棺椁均已朽毁，棺内所葬死者尸骨也已朽毁，从尚存的头骨和牙齿，尚能鉴定是一位约 70 岁的老年男子。在墓里还葬有四位随葬者的棺木。据考证，墓内所葬死者可能是春秋晚期晋国正卿赵简子（赵鞅）。在棺内和椁室内放置了数量众多的随葬物品。清理出土的遗物总数超过 3 千件，其中占比例最高的是各类青铜器，占总数的 40.9%，

太原晋赵卿墓
车马坑局部

总重量达 1193 千克。究其原因，还是因为死者要将显示他生前身份地位和权威的礼、乐器和兵器全都带到另一个死后的世界去。除了这些器物，还要带去生前的车马，所以在墓室的东北侧，还修建了一座车马坑，清理出 44 匹马和 15 辆木车。墓内随葬铜器礼器中，仅铜鼎就有 27 件，还有壶、甗、

太原晋赵卿墓
出土情况

太原晋赵卿墓铜镈出土情况

鬲、豆、尊、鉴、盘、匜等。乐器有两套青铜编镈，一套 19 件，另一套 14 件，还有石质编磬 13 件。随葬的兵器数量众多，许多还放在死者身边，出土的铜戈多达 31 件，戟 9 件、矛 20 件、剑 6 件、钺 10 件，还有许多弓和箭，因弓与箭杆易朽，只残存一张弓和大量铜镞，铜镞多达 510 件。还有行军时营幕的铜顶，以及罕见的伏虎形铜灶。死后还要带走如此多的实战兵器和行军装备，充分反映了当时诸侯国间战争的频繁和激烈。

将春秋晋赵卿墓随葬铜器与西周时期的铜器相比，这些器物

太原赵卿墓铜镈

的造型特征，明显与西周时的器物有了很大区别，不但商代马槽形状的方鼎早已绝迹，就是西周流行一时的垂腹柱足圆鼎也已消失，这时鼎体变浅而且整体呈半球钵形，加上覆钵形的鼎盖，看来更像是加上三

太原赵卿墓
铜虎灶

太原赵卿墓
铜帐顶

太原赵卿墓
铜鼎

只蹄足的圆盒。壶体呈方形，垂腹，壶侧附饰颇大的立体的龙形耳，盖上周缘伸出饰有镂空花纹的莲瓣形饰，颇显华美。这种盖上加饰莲瓣纹的做法，看来是春秋时铜壶装饰的新风尚，让人联想起过去在河南新郑发现的著名的莲鹤方壶，那件壶盖上莲瓣纹中央，伫立着一只展翅伸颈的铜鹤，体姿生动，更富情趣。器物上的纹饰同样呈现出时代的新风貌，商殷以来占统治地位的以兽面纹为主，显示神秘威严的装饰基调，早已被废弃，就是西周时王室贵族所钟爱的有华美尾羽的大鸟纹（凤鸟纹），也不再流行。这时的青铜器表面，不论是鼎、壶、鉴、豆等，都布满繁缛细密的花纹，以卷曲的螭纹为主，有的更将牛头纹、凤纹与螭纹组合在一起，更显华美。铜壶的壶体上也铸满细密的螭纹。在赵卿墓的一件铜匜内壁，还有细密的针刻图纹，刻出众人参加射礼和投壶的情景，人物纤细而生动。这种写实的描绘贵族生活及战争场景的图像，到战国时期更加为人们所喜爱，成为青铜艺术装饰的一种新潮流。华美写实的新装饰图像流行，表明东

太原赵卿墓
铜有盖鼎

太原赵卿墓
铜方壶

河南新郑出土
铜鹤莲方壶

周时铜器装饰摆脱了商、西周的传统模式，也表明青铜艺术日渐走向人间化和生活化。

春秋时期兴起的青铜器铸造艺术新风，源于东周时期王室日渐衰微，失去对各地诸侯的控制力，形成群雄崛起，诸侯争霸，局势错综多变，促成各个地区政治、经济的空前发展，军事实力日渐增强。多元的政治、经济、军事环境，从而导致学术思想方面呈现百家争鸣的活跃情景，文化艺术领域同样出现百花齐放的繁荣景象。西周时期，以周王为顶峰的传统礼制已告崩溃，各地诸侯尽力使自己的权威不断膨胀，青铜礼器的铸造已不再集中于周王室，各诸侯国都形成自己的铸造中心，并且呈现出地区的特色，从形制到纹饰都突破了传统的藩篱，新的器类、奇特的造型不断出现，太原晋国赵卿墓出土的这些青铜器，就是在晋国境内铸制的，已经在山西侯马发现了一处规模宏大的铸造青铜器遗址。这处遗址从春秋中期偏晚到战国早期，生产时间延续近两个世纪之久，发掘清理出众多房屋、水井、灰坑、窑、窖穴等遗迹，还有熔炉、鼓风管等残件，特别是多达五万块铸制青铜器的陶范。通过这些考古收获，从而可以了解当时从选料、制范到合范、浇铸等制造青铜器各工序的工艺和制造水平。更可以看到当时精细的青铜铸造工艺，正是东周时中原青铜艺术新风的物质基础。

侯马铸铜遗址
陶人形范

侯马铸铜遗址
陶范

侯马铸铜遗址
陶范

伸向苍穹的“三叉”

中山王墓铜三叉

体态扁平而巨大的青铜三叉，朝天屹立，像是想用它那尖锷刺破苍穹的三座高峰。这种以前没有发现过的古代铜器，高达 1.43 米，是在河北省平山县战国时期中山国的王陵中获得的，仅仅在一座陵墓（六号墓）里就随葬有 6 件之多。把它们并列在一起，顿然呈现出庄严而肃穆的气氛，令人看后产生一种压抑感，似乎必须屈从于其权威之下。它们一方面显示着中山王的无上权威，另一方面也应是中山国的国家象征。这些硕大而沉重的铜器，通体平素，轮廓鲜明，浑厚有力，突出地显露着北方民族特有的粗犷而豪放的作风。这些都与前面曾叙述的南方的吴越与楚的风格大不相同，它们又引导我们观察到曾被人们认为缺乏文明的中原以北的地区，在中国古文明轨迹中闪烁的另一光斑。

中山王墓
铜夔龙耳方壶

建立中山国的民族是白狄，春秋时原称鲜虞，但其历史与文化在古代史籍中记述极为简略。这次在发掘中山国墓葬群时，出土了9000多件战国时期的文物。其中一号墓出土的3件青铜礼器：中山王嚳十四年制作的铁足大铜鼎（器铭496字）和夔龙耳方壶（器铭448字），以及带有王嚳十三年冶铸工人铭刻的妿蚉壶（器铭128字），器上契刻有字体清秀、文句典雅的长篇铭文。这些器铭，较详细地叙述了中山国的世系和事迹，以及与其有关的重大历史事件，例如中山参与公元前341年齐国伐燕的战役等，引起了许多学者的研究兴趣。由这3件带长篇铭文的青铜礼器，可以断定一号墓是中山王嚳的陵墓。另一座大墓（六号墓）的形制与一号墓相似，同样出土有升鼎九器，合于王的身份，也应是一座王陵。同时，还出土了一块长94厘米、

中山王墓
铜兆窆图

宽 48 厘米的铜板，上面用金银镶错出“兆窆图”，它放置在中山王䀠的椁室中，是中国至今见到的最古的一幅标明尺寸的古代建筑平面图，中山王陵墓正是按照图上规定的标准营建的。因此，这次平山出土的文物，可以为我们勾画出早已泯没的古中山国文化的粗略轮廓。

中山王墓铜钺

到了战国时期，中山国的统治者已经深深地接受了华夏文化，甚至崇尚儒学，在中山王陵墓里获得的那些和中原各国相同的青铜礼器，就是极好的物证。但是这种变化还没能抹掉原有民族艺术的风采，巨大的山形青铜三叉已经给我们带来了这样的信息。三叉的形象看来就是中山的象征。除了陈设于王庭前的显示威仪的重器外，还出土了一件表明王的威权的大铜钺，体长达 90 厘米，上面同样装饰着粗大的山形纹饰。除了巨大的山形三叉外，那些中山国铸造的青铜礼器，虽然其外貌看不出什么与中原诸国的不同之处，但是看起来总是令人感到作风粗犷而不细致，甚至看后产生一种不协调的感觉。以中山王䂂方壶为例，在壶肩的四棱处伏着四条夔龙，轮廓线刚劲有力，体态粗大厚重，再配上壶盖上那些粗重的立纽，简直像会把壶身压垮似的，极不协调。作为艺术品来看，则其作风不但显得粗糙，简直近于呆板了，由于失去了民族的特色，因而同样失去了艺术的感染力。如果排开这些庙堂之器，还是有不少具有白狄民族风格的艺术品可被搜寻出来，猛虎噬鹿器座正是其中最突出的作品。

空旷的原野上．一只小鹿踏上去河边饮水的小径，突然从林莽中腾跃出一只猛虎……柔弱的小鹿在虎口下争扎，无力地踢动着前肢，昂首哀鸣，这不是呼救，却似是抱怨万能的上帝竟给它安排了这样悲惨的结局。那只猛虎，圆睁的眼睛闪烁着得意的凶光，一只前爪按住猎获物的躯干，另一只向后猛蹬，把全部力量都集中在紧咬鹿臀的嘴部。那粗大有力的巨颚好像一下子就会把鹿身咬成两段，同时似乎还颇为得意地摆动着它那粗大的尾巴，以表示得到猎获物后愉快的心情。中山国的青铜手工艺匠人，正是捕捉住这矛盾集中的一刹那，铸造出了那件猛

中山王墓
错金银铜虎
噬鹿器座

虎噬鹿的青铜器座。贪婪的凶手和柔弱的牺牲，得意的凶残和临终的哀怨，求生的渴望和死亡的威胁，强劲的活力和死亡的挣扎，这些错综复杂的矛盾交织在一起，浇铸出这件具有时代特色的艺术珍品。

“兵戈乱浮云”的战国时代，整个中华大地都在动荡，弥漫着激烈的矛盾和抗争，社会制度在变化，经济结构在变化，意识形态在变化，反映到艺术作品上，自然产生出表现激烈矛盾和斗争的艺术品。制作这件猛虎噬鹿的无名工匠，当时虽然可能已经摆脱了随时任人宰割的奴隶身份，但仍旧处在社会的最底层。在战乱频繁的环境中，在重重的压迫下，终年从事艰苦的铸造工艺，他的作品必须按雇主意愿去完成，没有自由发挥其艺术才华的可能。那些用来标志统治者权威或身份的各类礼器，是严守规格的，只是在制造一些作为普通用途的物品时，才能获得一点有限的创作自由，于是那被禁锢的艺术才华才能脱颖而出，创作出如猛虎噬鹿这样的精品。作者的态度是鲜明的，看过这件艺术品以后，一般观众谁会去赞颂凶残的恶虎？总是会同情那在凶残的暴力下挣扎的弱鹿。其实那只小鹿昂首哀鸣的造型，所吐露的悲愤和不平，不也正是代表那无名工匠对压榨奴役他的现实社会发出的无言的控诉吗！

猛虎噬鹿这件工艺品，还采用了错金银的工艺技巧，使猛虎身上显现了斑斓毛纹，更为作品增添了几分光彩。类似的错金银工艺品，在中山王陵墓里获得了好几件，有昂首展翅的双翼神兽，有作为器座的牛和犀牛，等等。即使在这种细工的错金银工艺品上，也依旧显露着粗犷的风格，以它们和中原诸国同时期的错金银工艺品来比较，没有细密繁缛的感觉，而是粗放浑厚，质朴有力。特别是那伏地欲起的神兽，四肢微曲，四爪按地，双翼上展，伸颈回首，呈现出积聚力量准备腾身冲天飞去的态势，似乎它的躯体里蕴藏着无穷的力量。也许是制作它的匠师企图冲破现实生活中压迫他的网罗，因此把渴望自由的意愿注入他的作品中去，才会出现双翼神兽这样气韵生动的艺术品。相形之下，那另一对较小的神兽，以及作为器座用的牛和犀牛等作品，就显得造型呆板，毫无生趣了。

中山王墓
错金银铜牛

中山王墓
铜有翼神兽

中山王墓
错金银铜方案

谈到中山国墓群出土的青铜器，谁也不会忽略一件高度超过37厘米的方案。案座最下面是四只卧鹿承托的圆座，其上立着四只双体长龙，在回旋纠结的龙体之间，还有四只引颈展翅的凤鸟，结构复杂，富于变化。凤尾龙体在器中心聚结成球形，也就使全器有稳重之感。而外绕的龙体和四角昂起的龙头，又使器的外轮廓形成仰斗状。在龙头上各承托一组转角斗拱，再上承正方形的托框。远远望去，恰似在圆形的柱顶上，承托着一朵巨大的栌斗。看来制作它的工匠，是从当时的建筑结构方面得到启发，而运用于自己的创作之中。

另外还有几件值得称道的精细工艺品，如银首铜俑灯座和十五连盏铜灯。银首铜俑灯座由一个手执灯的铜人和上下错落的三个灯盏组成。作者别出心裁地在铜人颈上安装了银制的人头，并嵌上两只黑宝石制成的睛球。人像的衣纹、发式都刻画得精细异常，在衣纹中还填有彩漆。上下错落的三个灯盏里各置三钎，当全部点燃起来后，摇曳的灯光映照在银制的俑头上，双目的黑宝石闪烁着光采，会造成奇异气氛。十五连盏灯高 84.5 厘米，由 8 节灯柱榫接插合，下面是由三只双身虎承托的夔龙纹圆灯座承托，可随意拆卸。在层层对称伸出的灯盏枝上，装饰了一群攀枝嬉戏的猴子，树下还有两个赤裸上身的人持果饲猴。

中山王墓
铜银首人形灯

中山王墓
铜十五连盏灯

姿态多变灵巧的猴子，使铜灯本身那种稳重、对称的造型，增加了活跃、变化的情调。

不过，这几件器物过多地炫耀了工艺技巧。特别是龙凤纠结方座，制作它的匠师，表现了复杂的接范、铆合、焊接技术，虽然造型令人眼花缭乱，反而因此使它缺乏猛虎噬鹿那种浑厚感人的艺术魅力，使它降格为主要反映工艺技巧的作品。在铜器附件上的动物造型，倒还有保持浑厚风格的，例如青铜大盆中心立柱上的苍鹰。铸造者没有选取别的华美的飞鸟，而是选取了在辽阔北方草原上空翱翔的雄鹰，它平展双翅，微昂着头，双目闪光，半张着尖利的钩喙，似乎要向人们讲述它那搏击长空的经历。粗

中山王墓铜盆
立柱上飞鹰

大而有力的双足，趾爪紧握，又显示它的雄劲有力。这只作为器物附件的铜鹰，确也显示了北方民族粗犷而豪放的性格。

中山墓群里出土有数量众多的玉石雕刻品，不少是仅具大轮廓的龙、凤、夔，线条劲健有力，形象简明生动。有一种小型的方形玉饰，上刻交身双龙或是双体兽面纹饰。在仅有几平方厘米的面积内，雕刻的匠师利用龙身兽体那刚劲有力的线条和屈曲多力的体态，令人看后并不因其体小工细而感到纤细娇弱，仍然感到劲健多力，细小中透露着粗犷的风格。一些较大的玉石饰板，上面分格浮雕或透雕着图案化的龙蛇夔兽，也具有同样的风格。值得注意的是一些极小的玉人像，其高度多在 2—3 厘米之间，是一些头梳弯角形双髻的妇女和梳圆髻的儿童，身穿窄袖长衣，叉手直立。雕像用质朴的外形、鲜明的轮廓、有力的线条和简练

中山王墓小玉人

的刀法，表现出粗犷豪迈的风格，并没有纤细妩媚之态。可见民族艺术的特色，绝不受作品外形大小的禁锢，依然放射着应有的光彩。

总之，中山国墓群的考古发掘，使我们得以了解古代白狄创立的中山国的文化面貌。特别是这些具有独特风格的艺术品，不论体积有大小之分，工艺有精粗之别，质料有铜石之异，它们合在一起，就为人们合演了这样一曲北方民族豪情迸发的艺术之歌。

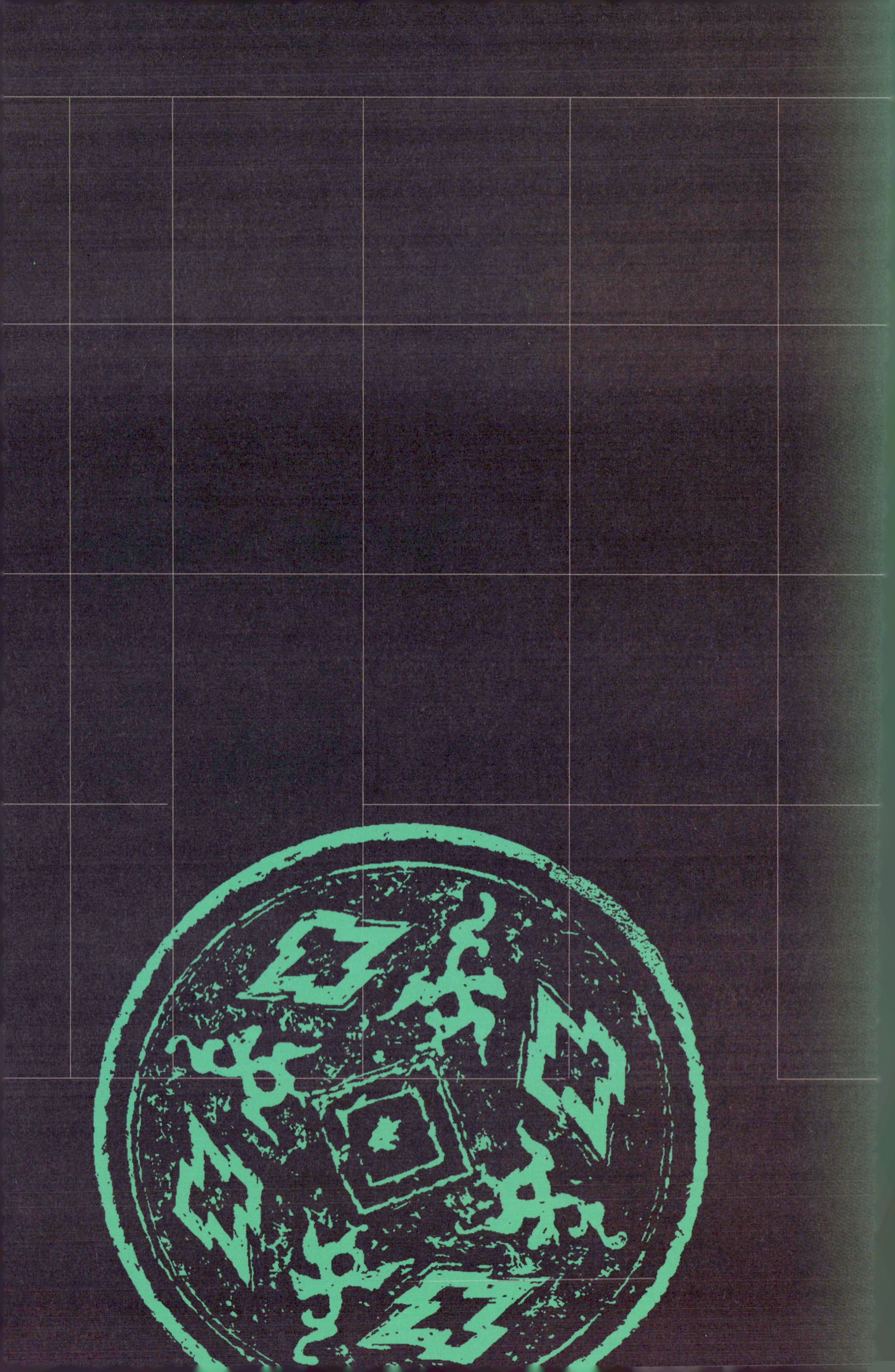

第四章

统一的夸耀
秦代文明

189—241

空前宏伟的宫殿

“咸阳宫阙郁嵯峨，六国楼台艳绮罗。自是当时天帝醉，不关秦地有山河。”唐朝诗人李商隐的七言绝句《咸阳宫》，借传说天帝酒醉，赐秦穆公以金策的神话，描绘原来秦都咸阳宫阙楼台的空前宏伟华丽。当然诗人是借助丰富的想象力的，因为到李商隐生活的晚唐时期，咸阳沦为废墟已经将近千年了。咸阳的毁灭，是在秦末农民大起义的怒涛摧垮了秦王朝以后。本来沛公刘邦先入咸阳，接受了秦王子婴的投降，但因项羽兵强，“鸿门宴”后只得退让。于是项羽挥军进城，杀死秦降王子婴，屠咸阳，“烧秦宫室，火三月不灭；收其货宝妇女而东”。自秦孝公十二年（前350年）商鞅变法后迁都开始，经过近一个半世纪经营建设的秦都咸阳，从此沦为废墟。

秦咸阳宫殿遗址

秦都咸阳的遗址，坐落在陕西省咸阳市东约 15 公里的咸阳塬上。由于地处渭河之滨，遗址曾遭到河床北移的严重破坏，咸阳的城垣和整体布局今日都难以弄清了。但是也有人认为咸阳本来就是有宫城而缺乏大郭城的城市。目前在东西长 6 公里、南北宽 2 公里的咸阳塬上下，分布有一系列大型宫殿基址，砖瓦等建筑材料随处可见。20 世纪 50 年代以来，先后进行过多次考古勘察和发掘，进入 70 年代，更对其中 3 处建筑基址进行了较大面积的发掘。这 3 处宫殿的基址，都是遭火烧毁的，在基址之上覆盖有建筑物塌毁而形成的堆积层，内含大量被火烧过的残砖断瓦、毁掉的墙皮和壁画残块、烧成木炭的木结构残余等，表明整座建筑毁于火焚，那正是楚霸王项羽所为。废弃至今，形成一个个巨大的土堆，形似巨冢。

秦咸阳宫一号宫殿遗址

经过较全面揭露的一号遗址，坐落在牛羊村北塬上，南临渭水，遥对终南山和秦岭。发掘前保留在地表面的大土堆东西长达60米、南北宽45米，高出地面约6米。经过发掘，揭露出一座曲尺状的夯土筑造的高台基，台面现存东西长31.1米、南北宽5.8—13.3米。台基四周修筑有回廊，环绕全台，并铺有以砖和卵石为材料的散水。下层建筑发现于台的南北两侧，房间都含于台体之内：北侧有两间长方形房间，南侧有五间房间，其中最东一间有取暖的壁炉以及大型陶制地漏和排水管，或许是浴室一类建筑，旁边还有储物的窖穴。主体的宫室构筑于大台的台面之上，居中是前设露台的宽阔厅堂。其上有楼层。厅堂的夯土墙很厚，开有五门，地面涂成朱红色。其东侧连接有设有壁炉的较小的房间，西侧有慢道通往厅上的楼层。这座具有高台建筑特征的宫观建筑，把各种不同用途的宫室集中到一个空间范围内，结构紧凑，高下错落，主次分明，在使用和外观方面的设计都很成功。根据出土的砖瓦、瓦当以及陶水管道的形制和纹饰特征，参照出土陶文的书体，推知这一建筑始建于战国中、晚期，以后经多次维修和改建。整个秦代一直沿用，直至毁于秦末的烈火。

二号遗址坐落在一号遗址西北，与其隔一条牛羊沟相望。也是一座大型的以夯土台为基的宫观建筑，原面积可能大于一号遗址，但因为高台废墟已被历年农田耕作夷为平地，故此保存情况很差，仅存台面的若干柱洞、地面和排水池残迹，以及依台修筑的回廊和廊下的地下室。还发现它向东南与一号和三号遗址有回廊贯通。

三号宫殿遗址，在一号遗址西南，相距约百余米，在它的东北角有廊道通往一号遗址的西南角。发掘规模较小，仅揭露出带有回廊的殿堂一侧。发现一条长达 32.4 米的走廊，廊宽 5 米，南北共分九间，在其东、西两侧的墙壁上满饰壁画。这是极为值得重视的发现，在一号和二号遗址虽然也发现有壁画，但都是已剥离壁面的残块。一号遗址中虽获得多达 440 多块，但最大的一块仅长 37 厘米、宽 25 厘米，无法了解壁画全貌。只可看出所用色彩有黑、赭、黄、大红、朱红、石青、石绿等。以黑色使用最多，其次是赭色和黄色，都系矿物质颜料，如钛铁矿、赤铁矿和朱砂等。而三号遗址廊侧还保存有高 20—180 厘米的墙壁，而且上面的壁画尚清晰可见，这才使人窥知秦代壁画的真实面貌。其中第一、第二两间壁体不存，第三间至第九间尚有保存，以东壁保存较好。

其内容顺序是：第三间仅保留少许几何形图案，第四间为车马，第五间为仪仗，第六间为车马，第七间亦为车马，第八间已毁，第九间为麦穗。西壁保存稍差，第三间和八、九间已看不到原画面内容，第四间为车马，第五、第六间为建筑，第七间为麦穗。此外还有作为边饰的几何图案等。以东壁第四间为例，画出由南向北驶的驷马车三辆，构图是南边的较高，中间的稍低，北侧的最低，上下错落，在中间的北侧的马车之间，还在道路两侧各画两棵塔形树冠的松树，树施褐彩。在整幅图下有黑彩绘出的几何纹边饰。三辆车中，北边的一辆，即最前一辆，前驾四匹枣红色马，面饰白色马面，颈驾白轭，衔镳和飘带画得都很清晰，拖驾一辆

秦咸阳宫
壁画车马

白辕黑盖车。中间一辆，与北边的一辆差不多，但车辕画得较弯曲，车箱上有大小两个车窗。最后面的南侧一车，有一马已残毁，仅存三马，马为黑色。马的姿态，都画成向前奔驰的状态，造型古朴，技法粗放，显示着早期壁画的浑厚风格。秦宫的壁画，是目前发现的中国建筑壁画年代最早的实例，在中国建筑史和美术史研究方面，都具有重要的价值。

从建筑遗址的发掘中，获得了数量众多的砖、瓦、瓦当、陶管道等建筑构件。过去对秦代的瓦当及它上面的装饰纹样已有所了解，现在获得了更为丰富的资料。一号建筑遗址发现的瓦当都是圆形的，其中以装饰云纹的数量最多，几乎占出土总数的90%以上。都是在瓦当正中凸起圆心，然后纵横垂直把圆心外的部分等分成四个扇形区域。每区中装饰有同样构图的云纹或变形云纹，线条粗壮，装饰趣味强烈。其余的瓦当，分别饰有动物和植物纹样，也是采用中有圆心、四周作四个等分的扇面形区划的办法。每区间饰有一对或一只鸟、鹿、马等图像。植物纹均模拟葵花，中间

秦龙纹
空心砖拓本

为圆大的花心，四周放射状伸出花瓣，匀称而富于变化。

建筑用砖，主要是铺地的方砖和铺踏步的大型长方形空心砖。方砖质地坚硬，颜色青灰，模印纹饰，也有素面无纹的。纹样有太阳纹、方格纹、米字格纹和由葵纹、菱形格组成的较复杂的图案。空心砖上模印有回纹、菱形纹等几何纹样，也有漂亮的画像空心砖。图像系阴纹线条，形象具有秦代造型艺术那种伟丽而粗放的

秦凤纹空心砖

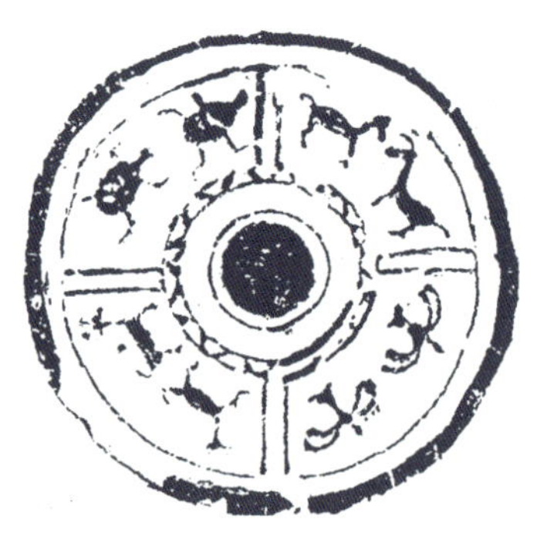

秦鸟兽纹圆瓦当拓本

风格，画像砖的长度超过 1 米，宽度超过 1/3 米。题材以龙凤为主。龙体卷曲回转，四足对称，有的在弧曲的背弯处托一圆璧，有的双龙卷曲交尾相缠。凤纹的砖没有保存完好的，但可以看出凤的姿态富于变化，有回转曲体的，也有挺身直立的，还有的凤背上骑有水神的形象，显示着一种神秘的色彩。这些画像砖，正是中国古代画像砖最早的标本。排水管道和漏斗式的排水地漏，

秦咸阳宫复原图

表明已有较完备的排水系统，甚至懂得采用虹吸装置。此外，还发现有金属的建筑构件，装饰门窗的青铜铺首，以及使用绞链、合页等开合窗扇的构件。实用而增加了建筑的美观。

对已发现的建筑遗址，曾经进行过复原研究，绘出的复原图，呈现出的是一组富有艺术魅力的台榭复合体，雄伟壮观。但是它们还仅仅是庞大的秦都咸阳宫殿群中并不太重要的局部。因为这几处宫殿都是始建于战国中、晚期的旧宫殿，而秦王嬴政统一六国称“始皇帝”以后新修的更加壮丽的宫殿建筑，还没有进行发掘。原来当公元前350年迁于咸阳以后，商鞅首先营建了“冀阙”。以后历代秦王又先后建筑了许多宫殿，到秦王政时期攻灭六国，在这一过程中，每灭一国，就仿照该国的宫殿在咸阳塬上建造一处新的宫殿。据《史记·秦始皇本纪》记载：“秦每破诸侯，写放其宫室，作之咸阳北阪上，南临渭，自雍门以东至泾渭，殿屋复道周阁相属。所得诸侯美人钟鼓，以充入之。”据考古调查，在今咸阳东的渭城湾到杨家湾之间的北塬，古代建筑基址分布密集，平面布局各异，可能就是仿建六国宫殿坐落的地区，据说还曾发现过楚国形制和燕国形制的瓦当。以后随着考古调查发掘的不断深入开展，这些作为统一的夸耀的六国宫殿的面貌会陆续被揭示出来。

秦始皇时期，还建筑了兰池宫、信宫、望夷宫等宫殿建筑群，但最为豪华壮丽的宫殿，也可以说是代表了秦代宫殿建筑最高水平的是他想建造的阿房宫。这座宫殿规模的设想是空前宏伟的，开始建于始皇三十五年（前 212 年），是因为他嫌旧的宫廷小而兴建的。地址选在周都丰镐之地，也就是秦的上林苑内。据《史记 · 秦始皇本纪》："乃营作朝宫渭南上林苑中。先作前殿阿房，东西五百步，南北五十丈，上可以坐万人，下可以建五丈旗。周驰为阁道，自殿下直抵南山，表南山之颠以为阙。为复道，自阿房渡渭，属之咸阳，以象天极阁道绝汉抵营室也。"这段记载，说明始皇自比天帝，把新建的宫比作天帝所居的星宿"天极"，即北极。占星家以为天帝从天极出来经过横过天河的阁道六星而到达"营室"星，所以秦始皇也建一条渡渭河的复道，以与天象相合。但是，虽然征发了 70 余万刑徒修建阿房宫和骊山的坟墓，但是阿房宫并未建成，本来准备建成以后另行命名，现在只是"作宫阿房，故天下谓之阿房宫"。关于为什么称为"阿房"，历来有多种多样的解释，不过看来《史记 · 秦始皇本纪》"索引"所说："此以其形名宫也，言其宫四阿旁广也。"也就是高而广的含义吧！

今日站在这处黄土原上，还是可以想象出当年秦宫将要建得何等的宏伟壮丽，和那雄踞殿堂之中自比天帝的秦始皇，以及他那“朕为始皇帝，后世以计数，二世三世至于万世，传之无穷”的狂妄宣言。

秦阿房宫
前殿遗址

东临碣石

秦都咸阳和其周边分布于今陕西等关中地区的宫殿遗址，显示了强秦宫殿建筑的宏伟壮丽。在关中地区以外，也曾修建过许多为秦始皇巡游时使用的行宫，同样规模宏伟。目前已发现的重要遗迹，首推他东临碣石时曾使用的濒临大海的“碣石宫”遗迹。

据《史记·秦始皇本纪》：“三十二年（前215年），始皇之碣石，使燕人卢生求羡门、高誓。刻碣石门。”过了4个世纪以后，魏武帝曹操因引兵辽东征乌桓，也曾东临碣石，并且写诗咏志：“东临碣石，以观沧海。水何澹澹，山岛竦峙。树木丛生，百草丰茂。秋风萧瑟，洪波涌起。日月之行，若出其中。星汉粲烂，若出其里。幸甚至哉，歌以咏志。”（《步出夏门行》）由魏武的诗句中，可以看到碣石景色的壮观。又过了3个世纪，北魏时不知何故讹传碣石已陷入海中，此后人们一直沿用，认为秦始皇巡游的碣石遗址已陷大海，无迹可寻。为了探寻历史原貌，在20世纪末，经过考古调查和发掘，在从河北北戴河到辽宁绥中的渤海沿岸，发现了多处秦代的建筑群遗址，其后到西汉时仍继续修建使用。这些遗迹明显与秦始皇巡游碣石有关。

分布在河北北戴河区金山嘴至横山的秦代宫殿基址，自1986年开始进行清理，以后不断进行勘察和发掘，至1989年，对这处建筑群体的后半部分的揭露面积已近16000平方米，这里至少有4组以上的大型院落，北面最大的一组由两座面阔5间、进深4间的殿基组成。也发现有大量带有图纹的建筑材料，有的卷云纹瓦当直径达43厘米，至于与秦始皇陵出土变形夔龙纹大瓦当相似的瓦当也有发现，直径也是52厘米。

更重要的一组濒临渤海的秦代宫殿建筑群遗迹，是分布于辽宁绥中止锚湾姜女坟附近海岸一带，包括石碑地、止锚湾、黑山头、瓦子地、金丝屯、周家南山等6处遗址。它们修筑于秦代始皇巡游碣石以前，秦末曾毁于火焚，西汉时又重加修建。这一建筑组群在被公布为全国重点文物保护单位时统称为“姜女石遗址”。它们最早是1982年4月在文物普查中发现的，自1984年以后陆续进行了大规模的勘察和发掘。除了建筑基址的清理发掘，更获得了大量带有图纹的秦代建筑材料，特别是石碑地遗址出土了罕见的变形夔龙纹大瓦当，直径达52厘米，高37厘米，后接筒瓦通长68厘米。类似的大瓦当，过去只在陕西西安秦始皇陵被发现过，是只有在与秦始皇有关的建筑遗迹中才能使用的建筑构件，更证明这一组建筑遗迹正是与始皇巡游碣石有关的行宫遗址。

这组秦代建筑遗址，分布范围南北长4公里，东西宽3.5公里，面积达15万平方米。其中主要的3组建筑，濒临海岸，居中是石碑地遗址，面积最大，又面对海中为门阙的两块巨石，是整个行宫建筑群中的主体建筑。它的西侧是黑山头遗址，东侧是止锚湾遗址，规模都小于石碑地遗址，也缺乏夔龙纹大瓦当等规格高的建筑材料，应是规格较低拱卫中心遗址的建筑。瓦子地遗址在石碑地遗址以北，分布面积较大，但遗址中的建筑规模较小，且出土了较多的生活用具，推测是供始皇出游时随行人员的居住处所。周家南山遗址距石碑地等约4公里，仅存1座夯土台基，

姜女石
黑山头遗址

姜女石
石碑地遗址

姜女石
金丝屯遗址

推测或为具有祭祀功能的建筑遗址，地势较高，站在台上向南可以俯瞰其他几处遗址。至于金丝屯遗址，以陶窑为主，是专为烧造供这组宫殿建筑所需要的砖瓦等建筑材料的窑场。可以看出这组秦代建筑，布局合理，每处功能各异，是经过周密规划而构筑的建筑群组，共同构成一处功能齐全的皇帝行宫。

石碑地遗址是一座外有宫墙围护的大型宫殿，坐北朝南，平面呈长方形，南北长50米，东西宽300米。围墙内中央有一条宽6—8米的大道，大道两侧分布着多座院落，大道南端是主殿，构筑在巨大的方形夯土台基之上，现台高尚存8米，惜台上建筑无存，仅存有大量建筑毁坏后的砖瓦堆积，出土的瓦当中有大型变形夔

石碑地遗址
变形夔龙纹大瓦当

石碑地遗址
变形夔纹半瓦当

石碑地遗址
云纹圆瓦当

龙纹瓦当、变形夔纹半瓦当以及云纹瓦当等，还在残存的踏步和地面上铺砌有花纹砖和空心砖等建筑材料。宫殿遗址中还发现秦代铺设的排水管道，是用大型陶水管接合铺设而成。从中央大道直达海边，正对海水中矗立的两块巨大的自然立石，成为行宫的门阙。现巨石中左侧一块已断裂，右侧保存尚好，只是原来从岸边到巨石的石铺通道已毁，涨潮时海水就将巨石与海岸隔开，已难于涉水到达。这样的设计思想，也和帝都咸阳筑阿房宫时表南山为阙，将山川等自然景观融入宫殿整体建筑的构思相同，是将海洋景观与行宫建筑融为一体，同样展现了秦时宫室力求雄伟壮观的设计理念。

秦始皇巡游碣石，并非只是为了观看沧海的壮丽景色，

石碑地遗址一
区台基踏步

石碑地遗址
花纹砖

石碑地遗址前
自然巨石门阙

石碑地遗址
陶水管道

他还有两个主要目的：一个是为了他永久可以做无上权威的皇帝，一心想乞求长生，所以想求助于仙人，他来辽东，就是想让方士卢生能寻找到古仙人羡门和高誓。另一个更为主要的目的是宣扬皇威，当时全国统一刚过六年，为了巩固中央集权专治统一帝国的统治，仍须进一步树立皇帝的威严。他巡游碣石时，特意刻铭石门，虽然今日始皇石门刻铭已无存，但在《史记·秦本纪》中记录有石门铭原文，其中强调："遂兴师旅，诛戮无道，为逆灭息。武殄暴逆，文复无罪。……皇帝奋威，德并诸侯，初一泰平。"表达出统一诸侯后，急需安定天下，稳定秦王朝长久统治的心声。

秦律
重现人间

秦始皇出巡碣石前六年，于公元前221年，东方六国中最后剩下来的齐国被秦所灭，古代中国的全部地域统一归到秦王嬴政的统治之下，确实有着历史功绩。于是他自命为“始皇帝”。那么秦国又如何从仅为周王畜马的低下地位，到西周覆亡时，因秦襄公救周有功，才被封诸侯，但仍被中原诸侯视为夷狄。竟至发展到有力量灭掉所有诸侯国呢？一般认为商鞅变法是关键的转折。秦孝公三年（前359年），“卫鞅说孝公变法修刑，内务耕稼，外劝战死之赏罚，孝公善之”。卫鞅后封于商，号为商君，故史称商鞅。采用的法律措施主要有制定连坐法，轻罪用重刑；奖励军功，禁止私斗，规定以斩得敌人的人头计功，斩首一颗给爵一级，定出二十等爵制度；重农抑商，鼓励开荒；焚烧诗书，禁止对变法不利的言论。以后又进而推行县制，统一度量衡，按户口征军赋，禁止不符合国家利益的旧风俗等。他执法严酷，令行禁止。太子曾犯法，因不能对太子施刑，因而处罚了太子傅公子虔和太子师公孙贾，从此秦民皆不敢违反法律。商鞅制定的严酷的法律，充分表现了统治者的意志，体现了国家权力的尊严，加强了对百姓的控制。同时二十等爵重首功的制度，给一般人以改变身份的希望，可以通过作战时拼命杀敌而争取改变自己受压迫的地位，靠敌人的首级换取爵位，得到相应的按级占有田宅和奴隶。这也就是一方面惧怕苛罚，另一方面争取获得爵位，驱使秦国士兵赴战场拼死杀敌。这种大棒加胡萝卜政策的充分发挥作用，正是秦军得以压倒强敌的关键。从商鞅变法的秦孝公时期到秦统一六国，秦统治者已把各种政治制度、经济制度、军事制度等，全部用法律条文固定了下来，秦律就是国家权力的体现。

秦的社会经济和工艺技术并不比东方六国占优势，甚至在许多领域是远远落后于别国。例如钢铁兵器的使用，目前在楚和燕的领域内都发现了较多的钢铁兵器。春秋末年的楚墓之中已随葬有钢剑。燕下都出土的钢铁兵器品种齐全，并有防护用的铁铠甲，发现有一顶由甲片编缀成的完整的铁制头盔——兜鍪。出土有较多的铁剑和铁戟，其中经鉴定有的是用块炼铁渗炭再反覆锻打而成的

燕下都出土铁兜鍪

钢件。但在秦国的发掘品中，至今很少寻到钢铁兵器的踪迹。而在文化领域，出现了著名爱国诗人屈原的楚国，是秦难于比拟的。东方各诸侯国，虽然也因适应社会发展的形势，也有“变法”之举，却无从建立像秦这样的行之有效的、严酷无情的、缜密完备的法律，特别缺乏战场上凭首晋爵的野蛮而有诱惑力的制度。自然，凭砍下的人头晋爵，也人为地加剧了战争的惨烈程度。打开《史记》的《秦本纪》和《秦始皇本纪》，记述战国晚期秦与别国战斗的段落中，不断出现斩首若干的记录，少则几万，多则上十万甚至几十万。多少无辜士兵的头骨，最后叠成秦王朝统一的基础。

随着时间的推移，秦律早已失传。中国古代的法律，现存以唐律为最早，以前的都已散佚。虽然有人从有关书籍中进行过辑录，也只能寻得一些残断的佚文，秦律的内容却难以了解。直至1975年，在对湖北省云梦县睡虎地的秦代墓葬的发掘中，偶然地发现了大量有关秦律的竹简，这一意外的收获，使早已佚散的秦律，其中有一部分竟得以重现人间。

湖北睡虎地秦墓漆圆盒

云梦睡虎地发掘的二十几座墓葬，都是秦汉时期的小型土坑木椁墓。墓坑的口部只有3米多长、2米多宽。里边一般放置由盖板、底板、左右侧板和前后挡板构成的木椁，椁下横垫两块枕木。椁室内隔成放置棺木的棺箱和放置随葬物品的头箱和边箱。长方形的木棺，表里髹漆，内红外黑。从这批墓中出土了一些漆器、陶器和竹、木器等，但主要是漆器，大都是木胎的，有耳杯、圆盒、盂、壶、勺、匕、樽、卮、盘、耳杯盒、奁等，只有小型的器物有夹纻胎的。这批墓中的第十一号墓，出土的遗物最为特殊。死者葬入时，在棺中放置了成卷的简册文书，发掘时共出土竹简1100多枚，分8组堆放在死者骨架的头部、右侧、足部和腹部。竹简长度为23.1—27.8厘米，宽0.5—0.8厘米。用细绳分上、中、下三道编组成册，不过发现时编绳早已朽毁，所以竹简已散乱，看来好像死者的骨骸躺在竹简堆中。

湖北睡虎地
秦墓漆扁壶

这些竹简的文字，都是用墨书写的秦隶，经过整理，可理成《编年纪》《语书》《秦

湖北睡虎地
秦墓漆勺

湖北睡虎地
秦墓漆耳杯盒

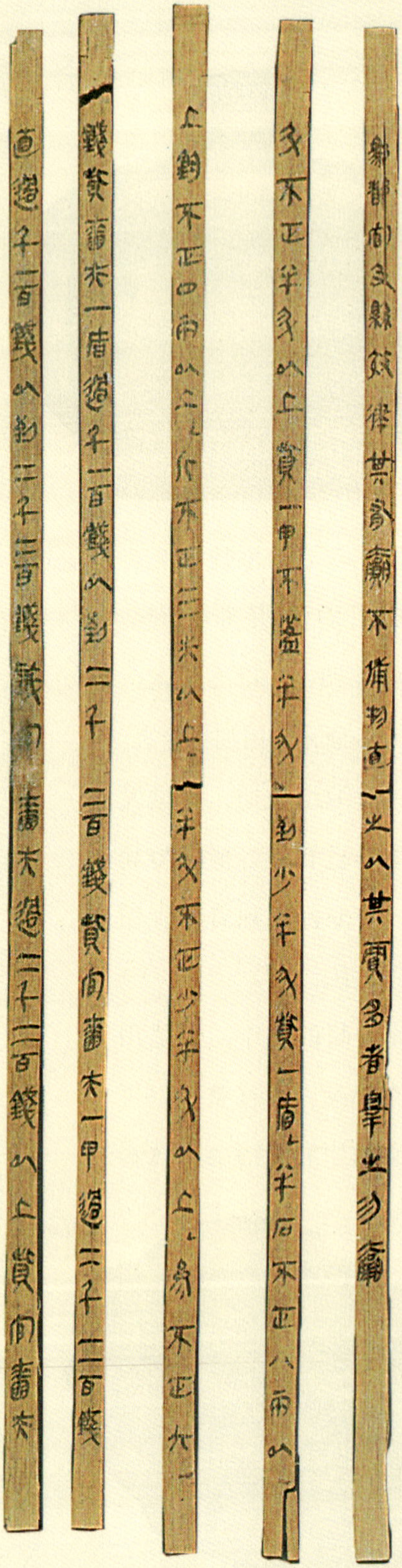

睡虎地秦墓
出土秦简

睡虎地 11 号
秦墓出土情况

律十八种》《效律》《秦律杂抄》《秦律答问》《封诊式》《日书》八种，其中《语书》《效律》《封诊式》《日书》乙种等原简上有书题，其余几种是整理时拟定的标题。《编年纪》共53简，记录了从秦昭王元年到始皇三十年的事件，共九十年，对研究秦代史实有重要价值。其中提到一个名“喜”的人，生于秦昭王四十五年（前262年），在秦始皇时担任过鄢的狱吏等与司法有关的小官。《编年纪》止于秦始皇三十年（前217年），该年喜正是46岁。而根据对墓内死者骨骸的鉴定。正是一个40多岁的男子，由此可以断定他就是《编年纪》中的喜，所以墓内以大批法律文书随葬，正是墓内死者平生经历的一种反映。这些竹简，除《编年纪》外，《语书》的内容是南郡守腾颁发的文书，《为吏之道》是讲如何为吏的处世哲学。此外，都是与法律有关的文书，包括《秦律十八种》《效律》《秦律杂抄》《秦律答问》和《封诊式》，共计600多简。前三种都是有律名的法律条文，《秦律答问》是以问答的方式来解释刑律，《封诊式》是治狱的“爰书”，即治狱的程式，供主管刑狱诉讼的官吏习诵，在审理案件时可援例参照执行。这些法律文书中的部分律文，是立于商鞅变法时期，但大部分属秦昭王至始皇初年所修订。虽然许多并不是该律的全文，但毕竟向人们揭示出秦律的许多基本内容，它们涉及今天所讲的刑法、诉讼法、民法、行政法、军法、经济立法等各个方面。因此，是中国目前发现的时代最早、保存条目最多、内容最丰富的成文法典。它的发现，是中国古代法制史上的一件大事，在世界法制史上也占有重要地位。

为了说明秦律的苛严细密，以及治狱和法医鉴定等情况，下面抄录几则可以引人兴趣的睡虎地秦简的简文（先列出原简文，后面抄附“睡虎地秦墓竹简整理小组”的译文）。但请注意，这既非竹简中最重要的内容，也不足以概括秦律的主要精神，只是一些引人兴趣的例子而已。

《仓律》中关于为官府服役的奴隶，因犯事而被判劳役的刑徒口粮的规定：“隶臣妾其事从公，隶臣月禾二石，隶妾一石半；其不从事，勿禀。小城旦、隶臣作者，月禾一石半；未能作者，月禾一石。小妾，舂作者，月禾一石二斗半斗；未能作者，月禾一石。婴儿之毋（无）母者各半石虽有母而与其母冗居公者，亦禀之，禾月半石。隶臣田者，以二月禀二石半石，到九月尽而止其半石。舂，月一石半石。隶臣、城旦高不盈六尺五寸，隶妾、舂高不盈六尺二寸，皆为小；高五尺二寸，皆作之。”

译文：

隶臣妾如为官府服役，隶臣每月发粮二石，隶妾一石半；如不服役，不得发给。小城旦或隶臣劳作的，每月发粮一石半；不能劳作的，每月发粮一石。小隶妾或舂劳作的，每月发粮一石二斗半；不能劳作的，每月发粮一石。没有母亲的婴儿每人发粮半石；虽有母亲而随其母为官府零散服役的，也发给粮食，每月半石。隶臣作农业劳动的，从二月起每月发粮二石半，到九月底停发其中加发的半石。舂，每月发一石半。隶臣、城旦身高不满六尺五寸，隶妾、舂身高不满六尺二寸，都属于小；身高达到五尺二寸，都要劳作。（按：秦尺一尺约合今0.23米。六尺五寸约今1.5米，六尺二寸约今1.4米，五尺二寸约今1.2米）。这里的“隶臣妾”“城旦舂”是徒刑的名称，隶臣妾指刑期为三岁的男女刑徒，城旦舂是刑期五至六年的男女刑徒。

关于责罚之严，《秦律答问》有：“或盗采人桑叶，臧（赃）不盈一钱，可（何）论？赀（徭）三旬。”译文：“有人偷摘别人的桑叶，赃值不到一钱，如何论处？罚服徭役三十天。”又：“或与他人斗，缚而尽拔其须麋（眉），论可（何）殹（也）？当完城旦。”

译文：

有人与他人斗殴，将他人捆绑起来，拔光其胡须眉毛，应如何论处？应完城旦。（按，“完”是剃去犯人鬓毛、胡须、头发的刑罚。）

关于卖女奴隶时同卖小孩的规定，《秦律答问》有：“隶臣将城旦，亡之，完为城旦，收其外妻、子。子小未可别，令从母为收。可（何）谓从母为收？人固买（卖），子小不可别，弗买（卖）子母谓殹（也）。”

译文：

隶臣监领城旦，城旦逃亡，应将隶臣完为城旦，并没收其在外面的妻、子。如其子年小，不能分离，可命从母为收。什么叫从母为收？意思是人肯定要卖，但其子年小。不能分离，不要单卖孩子的母亲。

捉到投匿名信的人，奖给奴隶。“有人投书，勿发，见辄燔之；能捕者购臣妾二人，（系）投书者鞫审□之。”

译文：

有投匿名信的，不得拆看，见后应即烧毁；能把投信人捕获的，奖给男女奴隶二人，将投信人囚禁，审讯定罪。

指使未成年者犯罪杀人，处以极刑。“甲谋谴乙盗杀人，受分十钱，问乙高未盈六尺，甲可（何）论？当磔。”

译文：

甲主谋派乙盗劫杀人，分到十钱，问乙身高不满六尺，甲应如何论处？应车裂。

在《封诊式》中，讲了治狱的原则：“治狱，能以书从迹其言，毋治（笞）谅（掠）而得人请（情）为上；治（笞）谅（掠）为下，有恐为败。”

译文：

审理案件，能根据记录的口供，进行追查，不用拷打而察得犯人的真情，是最好的；施行拷打，不好；恐吓犯人，是失败。

又讲了审讯的程序和应注意的事：“讯狱凡讯狱，必先尽听其言而书之，各展其辞，虽智（知）其訑，勿庸辄诘。其辞已尽书而毋（无）解，乃以诘者诘之。诘之有（又）尽听书其解辞，有（又）视其它毋（无）解者以复诘之。诘之极而数訑，更言不服，其律当治（笞）谅（掠）者，乃治（笞）谅（掠）。治（笞）谅（掠）之必书曰：爰书：以某数更言，毋（无）解辞，治（笞）讯某。”

译文：

凡审讯案件，必须先听完口供并加以记录，使受讯者各自陈述，虽然明知是欺骗，也不要马上诘问。供辞已记录完毕而问题还没有交代清楚，于是对应加诘问的问题进行诘问。诘问的时候，又把其辩解的话记录下来，再看看还有没有其他没有清楚的问题，继续进行诘问。诘问到犯人词穷，多次欺骗，还改变口供，拒不服罪，依法应当拷打的，就施行拷打。拷打犯人必须记下：爰书：因某多次改变口供，无从辩解，对某拷打讯问。

查封被告人家产时，是很仔细的。家人、奴隶、畜产都要一一记明，还需邻里为证。“封守乡某爰书：以县丞某书，封有鞫者某里士五（伍）甲家室、妻、子臣妾、衣器、畜产。甲室、人：一宇二内，各有户，内室皆瓦盖，大木具，门桑十木。妻曰某，亡，不会封。子大女子某，未有夫。子小男子某，高六尺五寸。臣某，妾小女子某。牡犬一。几讯典某某、甲伍公士某某：‘甲党（倘）有［它］当封守而某等脱弗占书，且有罪。’某等皆言曰：‘甲封具此，毋（无）它当封者。’即以甲封付某等，与里人更守之，侍（待）令。”

译文：

某乡爰书：根据某县县丞某的文书，查封审讯人某里士伍甲的房屋、妻、子、奴婢、衣物、畜牲。甲的房屋、家人计有：堂屋一间、卧室二间，都有门，房屋都用瓦盖，木构齐备，门前有桑树十株。妻名某，已逃亡，查封时不在场。女儿大女子某，没有丈夫。儿子小男子某，身高六尺五寸。奴某，婢小女子某。公狗一只。查问里典某某、甲的四邻公士某某："甲是否还有其他应加查封而某等脱漏未加登记，如果有，将是有罪的。"某等都说："甲应查封的都在这里，没有其他应封的了。"当即将所封交付某等，要他们和同里的人轮流看守，等候命令。

至于调查死尸和法医检查死尸的，可举一调查上吊自经的例子，当接到报告后派令史某往诊。"令史某爰书：与牢隶臣某即甲、丙妻、女诊丙。丙死（尸）悬其室东内中北廦（壁）权，南乡（向），以枲索大如大指，旋通系颈，旋终在项。索上终权，再周结索，余末袤二尺。头上去权二尺，足不傅地二寸。头北（背）傅廦，舌出齐唇吻，下遗矢（屎）弱（溺），污两却（脚）。解索，其口鼻气出渭（喟）然。索迹□（椒）郁，不周项二寸。它度毋（无）兵刃木索迹。权大一围，袤三尺，西去堪二尺，堪上可道终索。地坚，不可智（知）人迹。索袤丈。衣络禅襦、帬各一，践□。即令甲、女载丙死（尸）诣廷。"

译文：

令史某爰书：本人和牢隶臣某随甲同丙的妻和女儿对丙进行检验。丙的尸体悬挂在其家东侧卧室北墙的房椽上，面向南，用拇指粗的麻绳做成绳套，束在颈上，绳套的系束处在颈后部。绳索向上系在房椽上，绕椽两周后打结，留下的绳头长二尺。尸体的头上距房椽二尺，脚离地面二寸，头和背贴墙，舌吐出与嘴唇齐，流出屎溺，沾污了两脚。解开绳索，尸体的口鼻有气排出，像叹息的样子。绳索在尸体上留下瘀血的痕迹，只差颈后两寸不到一圈。其他部位经检查没有兵刃、木棒、绳索的痕迹。房椽粗一圈，长三尺，西距地上土台二尺，在土台上面可以系挂绳索。地面坚硬，不能查知人的遗迹。绳长一丈。身穿络制的短衣和裙各一件，赤足。当即命甲和丙的女儿把丙的尸体运送县廷。

以上是令史某的“爰书”，但下面还有一段简文，是检验是否为自杀上吊而死的原则：“诊必先谨审视其迹，当独抵死（尸）所，即视索终，终所党（倘）有通迹，乃视舌出不出，头足去终所及地各几可（何），遗矢弱（溺），不殹（也）？及视索迹郁之状。道索终所试脱头；能脱，乃□其衣，尽视其身、头发中及篡。舌不出，口鼻不渭（喟）然，索迹不郁，索终急不能脱，□死难审殹（也）。节（即）死久，口鼻或不能渭（喟）然者。自杀者必先有故，问其同居，以合（答）其故。”

译文：检验时必须仔细观察痕迹，应独自到达尸体所在地点，观察系绳的地方，系绳处如有绳套的痕迹，

> 然后看舌是否吐出，头脚离系绳处及地面各有多远，有没有流出屎尿？然后解下绳索，看口鼻有无叹气的样子？并看绳索痕迹瘀血的情况。试验尸体的头能否从系在颈上的绳中脱出；如能脱出，便剥下衣服，彻底验看尸体全身、头发内及会阴部。舌不吐出，口鼻没有叹气的样子，绳的痕迹不瘀血，绳索紧系颈上不能把头脱出，就不能确定是自缢。如果死去已久，口鼻也有不能像叹气样子的。自杀的人必先有原因，要询问他的同居，使他们回答其原因。

这样的观察，在距今两千二百余年前的秦代，确是相当缜密而科学了。

惊人的奇迹

从秦王嬴政统一全国称始皇帝的第二年（前 220 年），他就开始从都城咸阳出发巡游各地，先到陇西、北地，又去山东等地，到处宣扬皇威，巩固统治，并刻石，颂秦德，到出巡碣石时，已先后在泰山、琅琊台刻石，铭文均记录在《史记·秦始皇本纪》之中。在都城咸阳，仍大修宫殿及陵墓。对于宫殿和陵墓，似乎他更注重死后的住所——陵墓，所以到他死去时，陵墓已大致落成，而新宫的主殿阿房，可能只完成了一座巨大的台基。

秦始皇的陵墓，坐落在陕西省临潼县东的骊山北麓，今天还保留有如山的高大墓冢，仍高出地面 60 余米。自秦始皇初即位，就开始修建。在修造的高潮时期，征发到骊山服役的刑徒多达几十万人。在无数刑徒的血汗和白骨之上，终于建造了一座规模空

秦始皇陵

前的地下宫殿。墓室中“上具天文，下具地理”。因此为了模拟天下的百川大海，在其中灌注水银。还把“宫观百官奇器珍怪徙藏满之”。为了使灯烛长明，“以人鱼膏为烛”。据说还安置了可以自动发射的弩，用以射杀企图进入墓室的人。为了保密的缘故，把设计的工匠全都活活地封闭在地下墓室之中。在始皇死后，还用大批活人殉葬，据秦二世的命令，凡后宫中非有子者，全都从死，殉于墓中。

用杀死工匠和安设机弩的办法，丝毫保护不了秦始皇的陵墓，当楚霸王项羽带领大军去开掘这座陵墓时，那些措施丝毫不起作用。于是陵墓中的珍宝全都落入楚霸王手中，据说竟动用了 30 万人，运了 30 天。以后“关东盗贼销錞取铜。牧羊人寻羊烧之，火延九十日不能灭”。于是秦始皇花费毕生时间建成的规模空前的陵墓，残毁殆尽，只剩下巨大的墓冢，两千年来供人们发思古之幽情。对于秦始皇陵墓内豪华的记述，如灌注水银的“百川大海”，也有人感到可能出于传闻，但通过近年来的科学探测，却证明司马迁在《史记》中的记述是合于事实的。大约是开掘墓室时，那些大量灌注其中的水银对楚霸王毫无用处，因此它们一直保留在地下的废墟之中。1981—1982 年，将勘查地球化学中的汞量测量技术应用于秦始皇陵，在封土表层发现了很强的汞异常，面积达 12000 平方米，正位于陵园的内城中央，证明《史记》中关于墓室中放有大量汞——水银的记载是可靠的。那么经项羽劫余的残存墓室中，除了水银之外还保存下来什么别的东西没有？只有等待以后的考古工作来回答了。

秦始皇陵的地面建筑，如围墙、寝殿等，也在秦末同遭破坏，沦为废墟，以后仅在地下保存着一些残迹。经过 20 世纪 60 年代以来的勘探和试掘等工作，对陵园的内、外两重夯土围墙、墓冢北侧的殿堂建筑遗址，以及内围墙外沿墙的一些廊房遗址，都有了进一步的了解。同时，还在墓冢的北侧和西侧发现了三条通往地下墓室的门道。还发现了一些殉葬墓、从葬坑和刑徒墓地。但最惊人的发现，是兵马俑坑和两套铜车马。

现在到西安去观光旅游的人，最向往的去处自然是闻名于世的秦俑坑博物馆。当你踏进那高大的圆拱顶展厅，时间似乎开始凝固，然后迅速回移，带着你返回 2000 年前的世界。一队队排

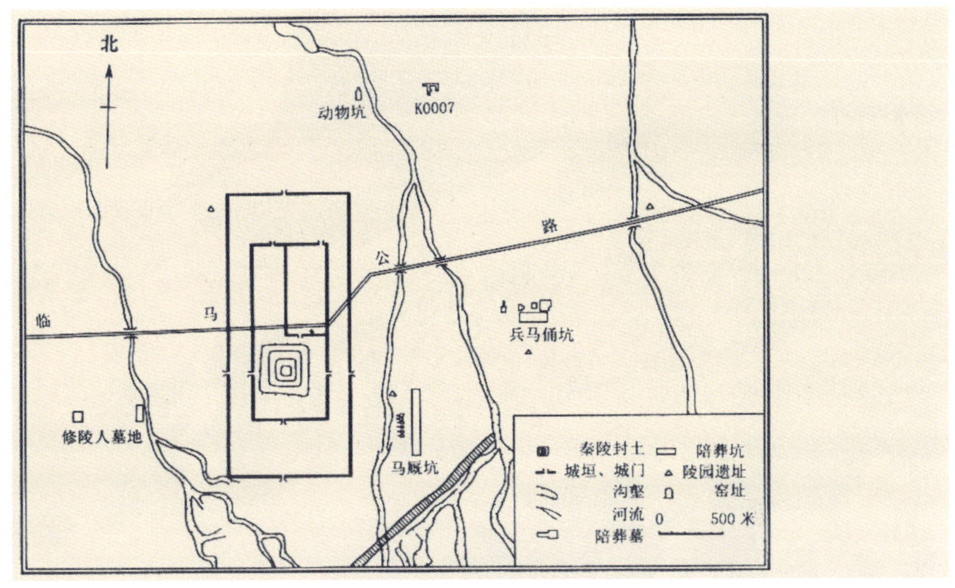

秦始皇陵园平面图

列整齐的秦代武士，威严肃穆，无声地出现在你面前，重重队列。无数的战士和车马，但是没有一丝喧哗的噪音，安静得令人吃惊，似乎回到那历史的古老的寂静的永恒。一切都凝固了，令人产生一种说不出的压抑感，也许是秦军勇士那无声的威慑气势所引致的吧！他们的队形是那样严整，神态是那样专一，默默地为压在他们头上的谁都惧怕的统治者送葬。无数张毫无情感的面孔，正是因为秦王朝的苛法酷刑，从小就禁锢了他们的灵魂。他们追求的就是到战场上去拼杀，不管敌人的兵器是如何新精，人数如何众多，都无法挡住他们的进攻。失败就意味着回去被处罚、杀头、当奴隶，连同伍的同伴和妻子儿女都跟着受牵连，失去自由乃至失去生命。只有提着敌人的人头回去，才能保住生命和自由，还可以得到爵位、田宅和奴隶。凭着这样的气势，他们压垮了韩、

秦始皇陵园
东一号俑坑局部

赵、魏、楚、燕、齐的军队，为君王夺得全国统一的伟业。但是，那个最高的统治者秦始皇，成仙长生的梦想已破灭，死在路途上，现已运回安葬。在这送葬的时刻，这些无敌的秦军勇士又想些什么呢？这无言的沉默似乎又是不祥的预兆，因为始皇的死亡正是预示着他创立的强盛而短命的王朝的终结。也许有这种想法，再去看那些陶塑的秦军勇士的队列，似乎完全显示着另外一种气氛。威慑的态势化作无声的哀怨，沉默地唱着秦王朝的丧歌。确实他们也正是秦王朝覆灭的见证人，曾经默默地注视过楚霸王的军队对秦始皇陵的摧残，连它们本身也被扰动得七倒八歪，断头缺手，并尝到火的洗礼。直到今日发掘时，可以看出这些俑坑都经过人为的扰乱，其中一号坑和二号坑都曾遭火焚，正是毁于秦末的战乱之中。

这些高大的陶俑，不但是中国古代陶塑作品的空前之作，而且汉以后的陶俑，虽有的塑造技巧远超秦俑，但却再没有这样高大的。因此如此众多的体态高大的陶俑群，看来它们是空前的，也是绝后的创作。陶俑的高度都在1.8米左右，与真人同样大小，是按身体不同部位，分别用模制成形，然后接套、黏合，最后贴塑细部，所以一种姿式和同样服装的俑，只是面部有差别，那是在贴塑眉目耳鼻，及发髻、胡须时，由细微的差别而形成的特征。也正因如此，当观赏陶俑头部特写时，常常感到生动而且每个面相似乎都各具性格特色，但是当看到全俑形体，就显得呆滞生硬而缺乏个性了。但是也许是得益于形体的呆板，把它们成百上千

三号俑坑秦俑出土情况

秦俑发髻（后面）举例

秦俑面相举例

秦俑队列局部

地排成队列，才显得出乎意料的整齐、划一，从而形成前面讲过的威严肃穆的氛围，酿成让人压抑的威慑气势。陶俑的姿式，除了挺身肃立以外，只有少数呈现蹲跪状和跨步状，但同样是造型呆滞，缺乏动感。所以如此，一方面是受到当时造型艺术还不够成熟的局限，另一方面也是符合统治者丧仪场合的需要，要的就是刻板划一的姿态和队形。

同陶俑一样，陶马也是塑造成和真马同样尺寸，体高约 1.5 米，真实地模拟着当时的战马，有的是驾战车的辕马，有的是骑兵的坐骑。它们和陶俑整齐地排在一起，共同构成气势威严的庞大的俑群。仅在二号坑的发掘中，就已获得了 96 匹陶马，估计该坑至少应有 470 匹以上，再加上一号坑和三号坑中的陶马，总数至少达千匹以上。这些雄劲直立的陶马，也清楚地显露出当时骏马的形体特点，是体矮、头大、耳长而腿短，与西周、战国时有关马的造型艺术品的形体特征相同。从而可以推知秦始皇拥有的那些名马“追风、白兔、蹑景、奔电、飞翮、铜爵、晨凫”的外貌，也就是这种模样。

截至目前为止，在陵园外围墙以东1公里处，已经发现4座俑坑，其中有一个是还未建成就废弃了的空坑。其余三个中，一号坑平面呈长方形，面积约13000平方米，进行过部分发掘，是土木混合结构的地下建筑。据排列现状，推测全坑至少有六千左右陶俑，前面横排3列210名弓弩手，后面是分成38路纵队的步兵，其间有驷马战车，在左右两侧和最后排，各有一列面朝外的弓弩手。今天人们可以参观而叹为观止的，正是一号坑中前边的一个局部。二、三号坑在一号坑北侧，分别靠近一号坑的东、西两端。二号坑的平面略如一曲尺形，面积较一号坑小，为6000平方米，也只发掘了一小部分。推知放置的主要是战车和骑兵，估计应有战车89乘，驾车陶马356匹，各类武士俑900余件，陶鞍马116匹。三号坑最小，平面呈倒“凹”形，面积只有520平方米。中部放置髹漆彩绘有盖木质战车一乘，两厢有执殳的士兵。总起来看，

秦骑兵俑和陶马

三个坑中的武士陶俑可达7000个，驷马战车100多乘，战马1000多匹，还有许多陶俑原执或佩带的真实的青铜兵器，将来如果全部揭露出来，景象确实极为壮观，称得上是中国古代文明中的一项惊人的奇迹。

最后还要说明一点，现在参观时看到一号坑中排列齐整的陶俑的色彩全都是灰暗的灰陶原色，加上陶俑的僵直体态，越发显得灰黑一片，沉闷而单调。其实原来陶俑的外貌虽齐整划一，但是色彩却是缤纷亮丽的。因为陶俑烧成后，外表都要施加彩绘。使用的色彩有朱红、枣红、粉红、粉绿、粉紫、粉蓝、中黄、橘黄、白、黑、赭等色，其中又以朱红、粉红、粉绿、粉蓝和赭五种色彩使用最多。经过化验，都是矿物质原料，以明胶作为调和剂，浓色平涂于陶俑表面。陶马的躯体上同样敷涂色彩。可惜年代久远，又埋于泥土中，色彩多已脱落。发掘出土时，有的还保留有彩绘痕迹，大部都已脱落，或原涂色彩脱附于其身旁泥土之上，以致目前陈列在一号坑中的陶俑，都是色彩脱落而呈现陶胎的灰黑色，丧失了彩色缤纷的原貌。

秦俑坑出土铜铍

秦俑出土时
残存彩绘情况

暴政总有终结时

奇迹般挺立着的陶俑群，威猛肃穆，构成一曲颂扬秦王朝威仪的颂歌，但是那似显雄劲的旋律中也飘出了丧乐的哀音。烧造那成千的巨大陶质人马的模拟像，不知要耗费掉多少人民的血汗，又有多少刑徒为此丧生，而换来的是一些为丧葬准备的“明器”，毫无用处，因为当时这些陶俑并不具有两千年后的文物价值。当然这还

秦始皇陵园
出土铜车马

仅仅是修建骊山陵墓中并不主要的小工程。继在秦始皇陵园外东侧发现陶俑坑以后，继续在陵园内进行大规模的考古勘察和试掘，先在陵园内探出一座大型陪葬坑，并在 1980 年试掘时发现两乘罕见的铜车马，现在均已修复，这又是一项有关秦代文物的重大发现。从修复后的铜车马来看，两乘铜车都是按真车的 1/2 比例制造的模型，所有部件都如实地模拟自真车，只是均以青铜铸造，还有精细的彩绘花纹。车前都驾四匹铜马，马上的马具也都用铜及金、银等金属制造，工艺精细，外观华美。二号车上有车棚，车上有一个坐姿的御者，高冠戴剑，双手执辔。一号车则是一乘备有兵弩的战车，也由四马拖驾，上有一个立姿御者。如此工精华美的铜车马，使人对秦代的金属工艺制造技巧有了新的认识。

秦始皇陵园
出土铜车马

据探测，该坑埋藏的铜车马不止这两乘。后来又在1998—1999年对两处大型陪葬坑进行局部试掘，发现大量以石材模拟的铠甲和兜鍪，还有巨大的铜鼎，以及模拟百戏或角抵表演的陶力士俑。其中模拟百戏或角抵表演的陶力士俑，摆脱了秦兵马俑坑中陶俑的僵直姿态，举臂跨步，姿态较显生动。

秦始皇陵园
出土石兜鍪

秦始皇陵园
出土铜鼎

秦始皇陵园
出土石铠甲

力士裸身赤足，仅束有短裙，赤裸的躯体宽肩凸腹，显示出力士肌肉健劲的形貌，颇为传神。其后又在K0007号陪葬坑的过洞中，发现还有10余件青铜铸造的水禽，个体大小不一，姿态多样。形体较大的躯干长达66.5厘米，颈长40厘米，较小的躯干也长48厘米。可以看出有长颈的鹤和身躯肥腴的雁，都颇肖形而生动，揭示出秦代动物雕塑的水平。今后随着考古工作的开展，还会有更多的世人尚不了解的秦代珍贵文物被揭示出来，不断丰富人们对秦代物质文明的认识。

秦始皇统一全国以后，又统一了文字，统一了度量衡，靠那无上的权威强制推行这些措施，自然对文化和社会经济的发展起了很好的作用。修筑长城，开建直道，虽然功绩是主要的，但耗尽民力，也促进了秦王朝的衰亡。至于骊山陵墓和阿房宫的兴建，更是极大地影响了秦代社会经济。为了维持大一统的帝国，法律日益严酷，徭役日渐加重，到秦始皇晚年已经呈现出不稳定的迹象。到他死前一年，“有坠星下东郡，至地为石，黔首或刻其石曰‘始皇帝死而地分’”。充分显示政权不稳的迹象。因此，公元前210年，秦始皇再次离都城外出巡行，看来并不一定出于悠闲的游乐，而带有稳定政权的目的。不幸的是他出巡至平原津得病，死于沙丘平台。始皇死后，二世皇帝登场，先在赵高的谋划下，杀戮大臣及诸公子，动摇了最高统治集团的团结，而且又进一步大修阿房宫，更加重执法的严酷性，弄得天怒人怨，终于引致了倾覆秦王朝的秦末农民大起义的爆发。

秦始皇陵园
出土陶百戏俑

秦始皇陵园
铜水禽出土情况

公元前209年，大泽乡上空飘起了农民起义的大旗。在陈胜和吴广领导下，几百名被征发服役的贫苦农民揭竿而起，很快就集结成一支前所未有的农民武装，中国历史上的第一次农民大起义开始了。陈胜自立为将军，吴广为都尉，当起义军到达陈地时，已经壮大到拥有战车六七百乘、千余骑兵、数万步卒的庞大队伍。后陈涉自立为王，号为“张楚”。从此，除黔首（一般民众）、刑徒和低层官吏外，原六国的旧贵族也群起响应，抗秦起义的狂飙席卷全国，起义的旗帜到处飘扬。虽然陈胜后来在与秦军的战斗中失败被杀，但起义的狂飙并未失去势头，终于摧垮了秦王朝的暴政。对于陈胜首义的功绩，后人是没有忘记的，汉高祖时特意为他设30家守冢，司马迁写《史记》时将陈涉的事迹列入《世家》之中，与战国时的韩、赵、魏等国等同看待。在马王堆汉墓群的发掘中，在三号墓出土的帛书中，五星行度表中列入了陈胜起义用的“张楚”年号，表明陈胜首义在西汉初期有着深刻的影响，这也是人们对他的反抗暴秦的功绩的怀念。

秦始皇陵园出土铜雁

秦始皇陵园出土铜鹤

第五章

天马行空

汉代文明

祁连颂歌

霍去病墓石跃马

巨石雕成的骏马，扬颈昂首，前肢腾起，似乎想带着它那巨大的体量，一跃而起，驰骋千里，显示出奋发向上的蓬勃气势。它连同另外一些以巨石雕成的伏虎、卧马、牛、猪、鱼、“怪兽食羊”“人熊互斗”以及“马踏匈奴”，合成一组石雕群，安置在如山的墓冢前面，以纪念那位长眠冢内的年青的西汉名将，威震祁连山的英雄，曾经发出“匈奴不灭，无以家为也”豪迈誓言的骠骑将军霍去病。为了纪念他的战功，元狩六年（前 117 年），霍去病死后，皇帝除命令军队披着黑色铠甲从长安列阵为他送葬外，还模拟祁连山的形象为他修筑墓冢。巨石雕刻的动物群雕，也是为了这一目的而安放的。

霍去病墓前的巨石雕像，是出现于中国古代雕刻史上的第一组大型纪念碑性质的雕像群，也是较为成功的早期立体造像。虽然它们明显地保留着雕刻技艺初起阶段原始古拙的痕迹，相当大的程度上受到石材形状的限制，同时还缺乏足够锐利的工具将巨大的石坯镂雕成形。但是那些无名匠师的观察力的敏锐是令人叹服的。他们选取的具有特定形态的石材，与他们头脑中酝酿着的艺术造型的形象极为近似，以至于只要进行最少量的修凿加工，即可接近于所欲雕出的物像的轮廓。然后再进行必要的细部雕琢，特别是头部更是列为重点，其次是表现体态特征的部位。由于立体造像的技法还处于尝试的阶段，所以采用了已经较充分地掌握了的浮雕和线刻的技法，来补充其不足。因此在细部的雕琢上，常常显露着运用浮雕和线刻的痕迹。而且对于动物的足部，由于镂刻无术，只得满足于在石面浮雕出肢蹄轮廓，也因此将许多四足的动物都处理成伏卧的姿态，诸如虎、牛、猪及卧马，这只是为了免去镂刻无术的缺欠不得已才选择的造型，绝不是古人最喜欢雕刻动物的卧姿。当然那些无名的匠师还是极力补救上述不足，而在力求被模写的对象生动传神。伏虎的头大颈粗，圆睁双目，直视前方，似乎运用全身力气伺机猛扑向前。而卧牛则显得温驯自然，在略觉笨拙的形体中蕴藏着无穷力量。卧马虽然躯体还伏卧于地，但已警觉地伸颈昂首，似乎已听到要它跃起前进的召唤。卧猪则懒散地四肢伏地，长嘴平伸，丝毫没有想要抬身起立的念头。同为卧姿，神态各异，这不能不说是古代无名艺术家的匠心所在。从体积来看，这组石雕远远超过目前已知的时代早于它们的作品，是空前的创作。卧虎身长 2 米，高 0.84 米；跃马长 2.4 米，高 1.5 米；卧牛和卧马体长都是 2.6 米。那著名的“马踏匈奴”石雕，长 1.9 米，高 1.68 米。它稳固地站立着，把失败的敌人仰面压在腹下，任凭他挣扎着把长矛猛刺腹部，骏马仍旧巍然屹立，豪迈雄劲，它是墓冢中英雄意志的象征，也是强盛的西汉王朝的精神象征。

西汉王朝的建立和兴旺，走过了一段艰苦的路程。

在风起云涌的秦末民众大起义中，沛县的亭长刘邦也聚众加入起义的行列，实力不断壮大，直到拥兵 10 万，号称 20 万，先于项羽攻入秦都咸阳。但最后还是难与项羽的兵 40 万，号称百万的兵力相匹敌。“鸿门宴”后，只得屈居西楚霸王项羽之下，受封汉王，忍辱率众前往巴、蜀、汉中。后来汉王用韩信计，重返关中，揭开了楚汉之争的幕布。汉王善用人，使许多中小地主、低级县吏、贫苦农民，乃至商贩、游民、屠夫、刑徒都有机会显露自己的军事才能，成为叱咤风云的将帅。除留侯张良是韩国的没落贵族出身外，相国萧何与曹参在秦时都只是小吏，分别是沛

霍去病墓
石马踏匈奴

霍去病墓
石伏虎

的主吏掾和“狱掾”。绛侯周勃织席为生。汝阴侯夏侯婴原为“沛厩司御”。舞阳侯樊哙以屠狗为事。颍阴侯灌婴是睢阳贩缯者。淮阴侯韩信因贫无行，连小吏和商贾都做不成，甚至乞食于漂母。至于梁王彭越，为钜野泽中群盗。淮南王英布，则是坐法黥的郦山刑徒。军队中从将帅到士兵成分的改变，一方面是当时社会关系变更的必然结果，另一方面又导致了军队的编成、编制和战术的变革，提高了汉军的战斗力。经过数年苦斗，几经挫折，最后终于迫使西楚霸王项羽自刭乌江，楚汉之争终告结束，汉王朝的赤帜遍插全国。

但是历经长期战乱以后，社会经济凋敝，甚至皇帝都没有条件使驾车的马匹具有同样的毛色，有的将相连马车都没有，只能勉强凑合着乘坐牛车，一般老百姓的贫困状况更是可以想知了。同时在北方出现了强敌匈奴，汉高祖七年（前 200 年），他曾亲自统率 32 万大军进击匈奴，结果反被匈奴军 40 万骑包围于平城，连围七天，汉军悲歌：“平城之下亦诚苦，七日不食，不能彀弩。”后来据说靠陈平秘计，很不光采地逃出重围。以后，一直困于匈奴的侵扰，匈奴骑兵常能逼近长安，使汉朝的都城告警。

经过汉文帝、景帝时期的经济恢复和发展，到汉武帝时已有足够的力量进行大规模的军事出击。于是在元光二年（前 133 年）伏兵马邑，想诱歼匈奴单于军，但未成功，从此进入汉与匈奴决战的阶段。此后，在卫青、霍去病的统率下，汉军多次大举出击，特别是元狩四年（前 119 年）一役，卫青与匈奴单于接战大胜，单于独身与壮骑数百溃围遁走。霍去病与匈奴左贤王接战，也取得胜利，自此“匈奴远遁，而漠南无王庭”，基本上解除了匈奴的严重威胁。这一战役两位统帅之一的霍去病，三年后就过早地结束了生命。为了悼念他，就树立了前面叙述的如山的墓冢和冢前的大型纪念性石雕群，2000 年来持续为他无声地演唱着浑厚雄伟的颂歌。

虚幻与现实

西汉社会经济的繁荣，保证了军事上的强大，更促进了文化艺术的繁荣，绘画的发展是其中成绩突出的一项。从现已发现的西汉时期的墓室壁画，可以粗略地反映出来。

河南省洛阳市先后发现了几座绘有彩色壁画的西汉时期的空心砖墓。1967 年在烧沟村西发现的一座空心砖墓中，出土有一枚铜印章，印文为“卜千秋印”，使我们得知这位 2000 年前死者的姓名，墓室内安放着他和他妻子的两具棺木。墓中的壁画保存颇为完好，色彩还相当艳丽，所绘的题材，将引导我们进入那古人充满幻想而描绘的神奇世界。首先映入眼帘的是一个令人生畏的形象，绘于后壁上部正中。一个生着猪首的人形怪物，长着一双大耳朵，圆睁大眼睛瞪视前方。那是驱赶地下邪鬼，使死者免受

卜千秋墓壁画
方相

侵扰的“方相”，被画在正对墓门的明显位置，以使邪鬼刚一踏入墓门就立刻看到它，吓得只好急忙逃离。在方相下面，是左右对称的青龙和白虎的图像。仰视墓顶，展现出由 20 块砖连续构成的长卷式画面，全长达 451 厘米，宽 32 厘米，又可以把画面分成 13 个部分，合组成一幅幻想中天空的奇异情景。长卷的两端，一端是彩云拥绕的人体蛇尾的女娲，前面是一轮内含桂树和蟾蜍的满月；另一端有人体蛇尾的伏羲，面对着内含三足乌的红日，还有蛇首有鳍的“黄蛇”盘绕在太阳后面。这两端的图像明白地告诉人们，整个画面表现的是天空中的景观。因此画幅中段描绘

卜千秋墓壁画
天象

的也都是凌空升腾的情景。那是充满神奇色彩的行进队列，由一位衣披毛羽的仙人执节引路，他身后紧随着交缠驰奔的双龙、一对奇形有翅的“枭羊”、一只鹰首凤尾的神鸟、一头张口翘尾奔腾向前的白虎。在这仙人仙兽后面，有一位拱手坐姿的仙女，在她面前飞来一条龙，在它上方飞着一只长着三个脑袋的怪鸟，那龙体作舟状，所以看不到龙足，其上站着一个持弓的人，身后随有一条狗；那三个头的怪鸟上也有人像，双手拱捧一只神鸟（也有人认为龙和怪鸟上的人，是墓内死者灵魂的写照）。在画面上没有人兽图像的空隙，都绘有缭绕的彩云，以加强凌空飞行的动感。除了用神奇的画面表现天空，很有可能是西汉初年绘画艺术中承袭着先秦时期楚文化艺术的影响，在比卜千秋墓时代更早的湖南省长沙市马王堆軑侯家族墓中，盖在棺上的帛画和漆棺的画像表现得更为明显。

马王堆一号西汉墓，墓内埋葬着一位老妇人，尸体尚保存较完好。她是軑侯利仓的妻子，埋葬于汉文帝时期。在锦饰内棺的盖板上，覆盖着一幅彩绘的帛画。画面呈“T”形，上宽下窄，通长达 205 厘米，顶端最宽处 92 厘米。中部和下部两角，都缀有青色麻绦带。这幅帛画保存完整，色彩鲜艳。先用淡墨起稿，再施各种色彩，最后勾勒墨线。设色的方法虽主要靠平涂，但已有些局部出现浓淡渲染方法，使用了朱砂、土红、青黛、藤黄、银粉、蜃粉等颜料。这幅画的出土，填补了缺乏西汉时期绘画的缺陷，

马王堆一号墓帛画

马王堆三号墓
帛画局部

对研究中国古代绘画的历史，有重要的参考价值。画面所表现的内容，可分三部分，最上面是日、月、升龙及蛇身神人等图像，下接由应龙和双豹守卫的阊阖门，是模拟天空的情景。最下面有立于交身红鳞青色巨鱼之上的裸体力士，他双手用力上托表示大地的平板，当是象征着地下的情景。中间一段，则模拟着人间，在穿璧双龙体上，是一个下卧双豹的白色平台。一位服饰华美的老妇人，拄杖向前徐行，身后随有三位拱手恭侍的女婢。面前有两个身穿红袍和青袍的男子，拱手跪迎。十分明显，画中的老妇人就是墓内死者的写照。这画与前述战国楚墓出土帛画相似，是葬仪中张挂导引招魂的旌幡类物品，葬入墓中就平铺在椁上，据墓内“遣策”木简所记名叫“非衣”。同样的帛画还出土于马王堆三号西汉墓中，也同样画出近似的天上、人间、地下的情景，只是中间一段绘出的不是妇人而是男子。在马王堆一号墓的木椁中有四重棺，其中第二重是一具黑地彩绘棺，在棺的外表，髹黑漆为地，遍绘流畅多变的云气纹，许多形态生动的神怪和禽兽，出没于云气之中，腾驰坐立，多般变化，表现出作者丰富的想象力和熟练的技法。神怪中经常出现的是兽首人立的怪物，有时头上还有长长的鹿角。它有时弯弓欲射，有时手舞剑盾，有时持殳挺立，有时双手持角起舞，或骑羊，或捕鸟，或击牛，或食蛇，有人认为它是“土伯”的画像，也有人认为它是同方相共同驱鬼的十二神兽中的“彊梁”。不论是哪一个，其性质都是驱除邪鬼。被它抓的鸟、击的牛、捉的蛇，自然都是邪鬼的化身。其中吃蛇的一组画面最富情趣，连续由五个画幅组成。开始是一只朱颊白鹤低头伸颈，寻找毒蛇；接着它发现了目标，一条蛇正蜿蜒前行；白鹤将蛇捉住衔送“土伯”；土伯一手执蛇张口欲吞；土伯吞吃蛇后高兴得舞蹈。形象生动，构图连贯，可以说是2000年前成功创作的连环图画。蛇的形象也许是邪鬼的化身，也

马王堆一号墓画棺土伯吃蛇图像

许是因为楚地潮湿多蛇，古人怕蛇入墓穴钻毁尸体，因此求助于土伯来驱蛇了，这也是驱邪内容之一。

汉墓壁画多神异色彩图像，也与当时社会上神仙信仰有联系。企望白日成仙是西汉时从平民到帝王都极为希冀的事。连那位雄才大略的汉武帝刘彻，也颇为信奉神仙，数遣使者入海求蓬莱。并作通天台，使公孙卿持节设具候神仙降临。先后延请李少君、栾大等方士，又欲炼丹砂成黄金。所以唐诗人李贺《马诗二十三首》中有一首以此借题抒意："武帝爱神仙，烧金得紫烟。厩中皆肉马，不解上青天。"刘姓诸王中也不乏神仙的信奉者，最著名的是淮南王刘安，当他畏罪自杀后，还被后人附会为升天仙去。由此看来，西汉墓室中多反映神仙题材的绘画作品，就不足为怪了。不过虽然有白日升仙的梦想，西汉的王侯官吏更注重现实生活中的享受，对于为死者修筑的阴宅——墓室中，尽可能地将大量生活中宴乐享用的器皿、财物乃至衣服、食品都埋放进去随葬，以供死者继续维持与生前身份相当的衣食享乐。即以刚才提到的西汉长沙轪侯利仓妻子的墓中，除了豪华的棺椁外，随葬的纺织品、漆器、陶器、竹木器等共达一千余件。在 33 件竹笥中，分别盛放着丝帛衣物、食品和模型明器。还有放置粮食的袋子，经鉴定，出土的粮食有 7 种，是稻、小麦、大麦、黍、粟、大豆和赤豆。为了有奴仆供她在阴间役使，更放置了许多模拟人形制成的木俑。其中有的俑是用彩绘办法画出衣饰的，还有的是在木俑身上套穿丝帛缝制的衣服。它们中有奏乐器的，有歌舞的，更多的是恭立

马王堆一号墓木乐俑

的婢仆形象。全墓出土木俑总数达 162 个。至于王的墓葬中，随葬的物品就更加丰富了，可举中山靖王刘胜和他的妻子窦绾的两座坟墓为例。

刘胜墓发现于河北省满城县陵山，他与他妻子窦绾的坟墓，都是开凿于山岩之中的巨大的多室崖墓，采取了只有帝王才能使用的保护尸体的方式，是将尸体盛放于由许多玉片编缀成的玉衣之中。随着身份不同，用以编成玉衣的金属丝的质料也不同，分金缕、银缕和铜缕三种，刘胜和窦绾的玉衣都由金缕编成，是用

满城汉墓示意图

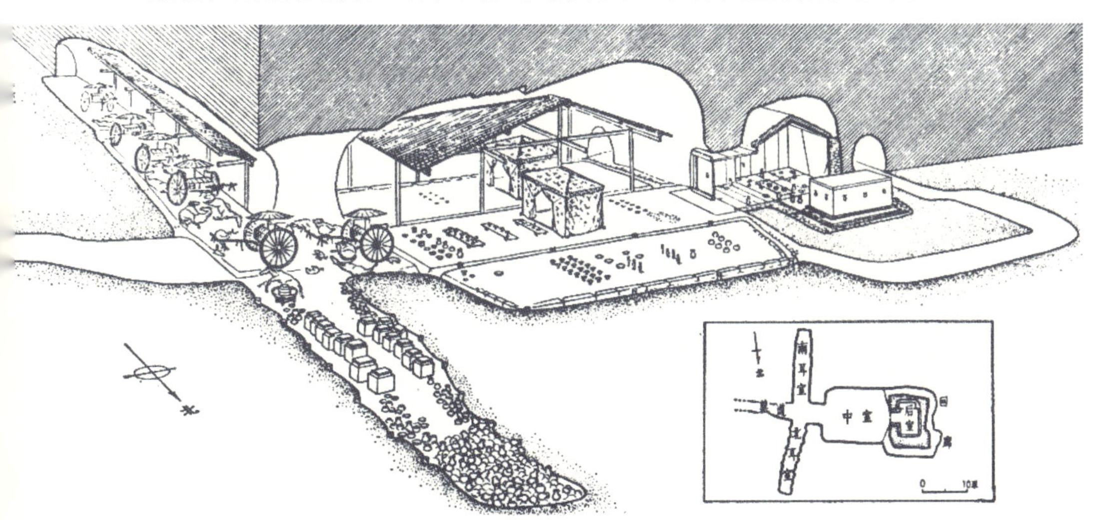

长方形、方形、梯形、三角形、四边形和多边形的小玉片拼连成人体的形状，有头、身体和四肢。刘胜的玉衣为男式，腹下附有罩男性生殖器的圆形小玉盒，全衣由 2498 片玉片组成，编缀用的金丝约重 1100 克。窦绾的玉衣为女式，腹下有覆盖女性生殖器的圭形玉片，由 2160 片玉片组成，编缀用的金丝重约 700 克。两墓中都放置大量铜器、金银器、玉石器、漆器、料器、铁器、

西汉中山靖王刘胜玉衣

俑和五铢钱等，还有车、马以及狗和鹿。其中刘胜墓出土随葬器物 1500 多件，窦绾墓有 1200 多件，总计超过 2800 件以上。其中闻名于世的精品，有宫女形象的鎏金“长信宫”铜灯、周身镶饰乳钉纹的鎏金银“长乐饮宫”铜钟、错金银鸟篆纹铜钟、“当户”铜灯、错金铜博山炉、“中山内府”铜钫、蟠龙纹铜壶、玉具钢剑等。他们的墓室及所葬的遗物，简直可算是座地下博物馆，自然也是西汉诸王骄奢淫逸生活的实物例证。除了中山靖王刘胜的陵墓外，已经考古发掘的西汉时期诸侯王的陵墓还有多座，其中时代较早又地处国土东南的是广州象冈山发掘的南越王墓，墓室

满城汉墓长信宫铜灯

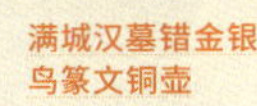

满城汉墓错金银鸟篆文铜壶

内出土的大量随葬物品，勾画出地处边陲的割据政权统治者奢华生活的写照。而在江苏徐州发现的历代楚王陵墓和河南芒砀山历代梁山陵墓，则都是费时费工在山石中开凿成的大型多室崖墓。那些墓中原来都与中山王刘胜墓一样装满了各种随葬物品，虽然屡遭盗掘破坏，仍然遗留有不少珍贵的物品，有兵器、玉、石器、铜器等。狮子山楚王陵中残存的玉器，不论是艺术造型和雕琢工艺，都至为精美。还有罕见的石豹镇和金带扣等。同时还与当时皇帝的陵墓如景帝阳陵附有大型的放置众多兵马陶俑的从葬坑一样，有规模较帝陵为小的满置陶兵马俑的从葬坑。在徐州的另一些楚王陵中，除陶仪卫武士俑外，还随葬有许多姿态生动的陶舞乐俑。

满城汉墓错金银铜博山炉

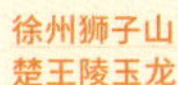
徐州狮子山
楚王陵玉龙

徐州狮子山
楚王陵金带扣

徐州狮子山
楚王陵石豹镇

徐州狮子山楚王陵
陶兵马俑坑

徐州楚王陵
陶舞俑

天上·人间

西汉壁画墓中，除了神异虚幻的及驱鬼的题材外，也出现了新的布局和新的题材。1957年发现的洛阳市烧沟村南的一座壁画空心砖墓中，除了驱除邪鬼等的画面以外，还出现了一些新的题材，例如天象图和历史故事画。这座墓的主室用隔墙分为前后两部分，在前边的脊顶上绘天象，用以象征人间住宅的露天庭院。天象图由12幅连续的画面组成。除了关于日、月的两幅，仍用内绘有金乌和蟾蜍的象征手法外，其余10幅均满绘星象，先以粉白涂地，再用墨、朱两色画出流云，在流云间用朱红的圆点标出星辰。经过研究，第二幅上东侧七星是“北斗”，西部五星是“五车”；第三幅东部环绕成圆形的七星是“贯索”，西部三星是二十八宿中的“房宿”；第四幅是“毕宿”和“昴宿”；第五幅是“心宿”，

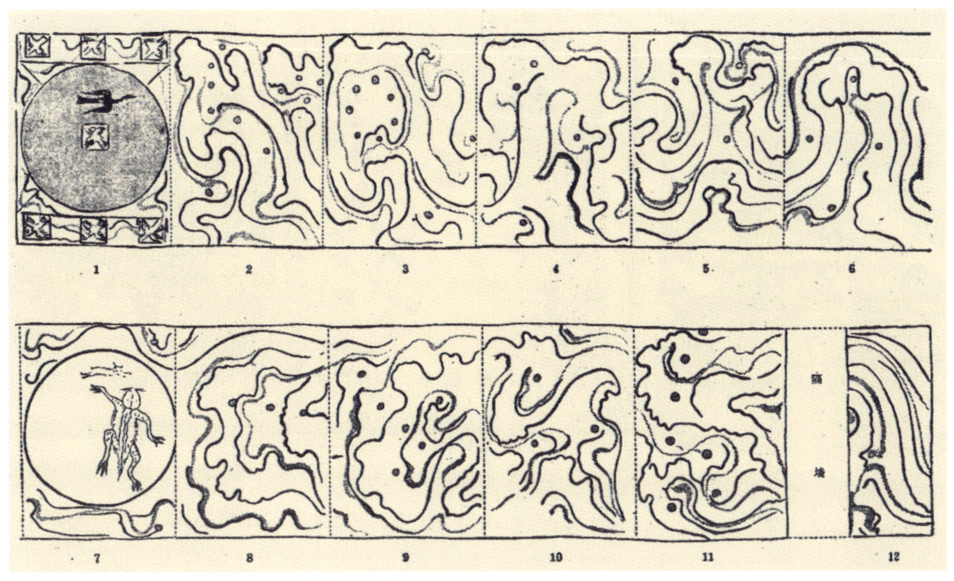

烧沟村西汉墓天象图

第六幅是“鬼宿”，第七幅月亮西边的两颗星是“虚宿”；第八幅是“危宿”三星；第九幅中央三星是“河鼓”，即“牵牛”，另外三星是河鼓的辅星“旗星”（右旗）；第十幅与河鼓相邻，应是“织女”，这两组星宿是中国古代著名的关于“七夕”的神话的主角；第十一幅可能是“柳宿”；最末一幅有一部分被隔墙遮断，上面画的可能是“参宿”。把这幅彩绘的星象图和《史记·天官书》对照，可见它是从汉代天文学家将周天星宿所区分的“五官”（中、东、南、西、北）中，每宫选取几个重要星座，如“中宫”的北斗、五车和贯索，东方的心、房二宿……用来象征整个天穹。虽然尚属示意性质，但由此可以了解西汉时人们对星宫的认识，为研究中国天文学史提供了参考资料。有关历史的故事画，绘在隔墙的横梁上，右侧是“二桃杀三士”的故事，人物形象生动，

烧沟村西汉墓二桃
杀三士图像

画出先秦时齐国的公孙接、田开疆和古冶子三位勇士，左侧一人正俯身取桃，右边二人正相对夸功，一个拄剑站立，一个横剑欲拔，瞪目昂首，须发猬张，互不相让，预示着即将出现的悲剧性结局，颇为传神。这幅画左侧，有另一幅故事画，一位拄杖的老翁，身后随有两个拱手的侍从，看着面前另一老翁与一位头梳双髻的小童二人相对鼓掌欢笑，形象也颇生动。所画题材，有人说是“孔子师项橐”，有人说是“周公辅成王”，也有人说是“赵氏孤儿”，其说纷纭，莫衷一是。可确定的是，此画表明人们日渐摆脱了单纯以驱邪等神怪为主的题材方面的局限，把目光从虚幻转向现实。由于西汉都城西安地区的墓室壁画，被考古发掘的时间迟于洛阳地区西汉墓，已经是 21 世纪初的事，从西安理工大学 1 号墓和曲江翠竹园 1 号墓中的墓室壁画，可以看到在西汉时都城长安流行的墓室壁画题材，原来是以描绘人间现实生活为主要内容，有的墓中以室内婢仆为主，有的以家居宴饮、骑马出游和狩猎为主，生活气息浓郁，只是墓顶有天象图像，也有些云气中的身生毛羽的仙人。都城流行的墓室壁画题材，应是代表了当时墓室壁画艺术的主流，洛阳地区的发现，或许更具地方色彩。以现实生活题材的墓室壁画，在洛阳地区是迟到王莽时期才开始流行，虽然那时的墓室壁画中，还有按当地传统完全以神话形象为题材的壁画，如洛阳市金谷园村东的王莽时期壁画墓，全部是形态奇异的仙人神灵和奇禽怪兽，形成神秘怪诞的氛围。但是在偃师辛村王莽壁画墓中则有门吏、庖厨、宴饮、六博等大幅图像，生动地描绘出当时社会生活的情景。特别是宴饮画面中那位被人搀扶的醉酒者，更是贴近生活的艺术形象。在山西省平陆枣园村发现的同一时期的壁画墓里，除了星象和流云中的龙、虎和玄武外，出现了描绘现实社会的山林房屋和车马人物的图像，可以看清的有坞堡的形象，还有农耕图，有驾牛犁田的和驾牛犁播的画面，似乎是在模写墓内死者生前拥有的坞堡和田宅等情况。墓室壁画的主题，已

西安翠竹园
西汉墓壁画
捧博山炉女侍

西安理工大学
西汉墓壁画宴饮

西安理工大学
西汉墓壁画
骑马出行

洛阳辛村新莽墓壁画宴饮

将主要部分从幻想中的情景回到现实的人间。

到了东汉时期，埋藏地下的墓室中的壁画，其主题更是转向人间。目前在河北、内蒙古、陕西和河南等省、自治区发现的东汉壁画墓，一般规模都相当大。常常在中轴线上构筑三至四进砖砌墓室，其旁还有的筑有较小的耳室，全长都在 20 米以上，较大的河北省望都二号墓，全长超过 32 米。这些墓中壁画的主要题材，描绘的是表现死者生前的官位和威仪，如成群的属吏和盛大的出行车马仪卫，簇拥着端坐帐中或车中的墓主，以及描绘家居宴饮、舞乐杂技的豪华场面。西汉壁画及帛画中那种以仙人神兽等神异的主题，早已丧失了原有的魅力，那些传说中的神兽奇禽，常为表现“祥瑞”的另一类禽兽或植物等画面所取代。望都一号汉墓，是一座绘画技艺较高的壁画墓，那是一座具有前、中、后三进墓室的大型多室砖墓。壁画绘于前室四壁和前室通往中室的通道两侧。各壁的壁画分为上下两栏，上栏是属吏等的画像，下栏是祥瑞图。所有图像旁边都用墨书榜题，写明有关人物图像的职务和名称。属吏的行列从前室前壁墓门两侧开始，一边是带剑执盾的“门亭长”，另一边是手拿扫帚的“寺门卒”，他们恭敬地守候在大门旁边，送往迎来，并守卫门户。进入墓室后，左侧恭立着七个吏卒，顺序是“门下小史”“辟车伍佰八人”（只画出四个人像作代表）、“贼曹”“仁恕掾”。右侧恭立着另一列属吏，顺序是“门下功曹”“门下游徼”“门下贼曹”“门下史”“捶鼓掾”，最后一人的榜题残缺，只能看清最末的“掾”字。在后壁通道门的两侧，画出两个坐在低矮的榻上的人像，左为“主簿”，右为“主记史”，他们是属吏中身份最高的两位。通道两侧各有两个立像，左为“小史”和“勉□谢史”（勉下一字不清晰），右为“侍阁”和“白事史”。上述旁有职名榜题的属吏行列，使我们知道墓内死者生前原是官秩达到二千石的高官。他死后墓内的壁画，如实地绘出生前属吏的行列，以炫耀原来官职的显赫，流露出死者和他的家人的企望，希图死者到阴间的世界时，还能维持生前的地位，就顺理成章地会获得了同样的生活享受。这当然也是虚幻的，但

望都东汉墓壁画主簿像

偃师杏园东汉墓车马壁画出土情况

却为后人留下了比那些奇异的神怪形象更有价值的反映当时社会面貌的艺术形象。望都一号墓内所画人像都高近 80 厘米，画幅大而用笔细致，绘制技法熟练，线条劲健流畅，形象颇为生动传神，是目前发现的东汉壁画中水平最高的一组作品。炫耀生前地位的壁画，除了绘出表示出官阶的属吏外，更可以突出显赫的气势的是出行的场面。在主车的前后，有大量的导车和随行的车辆，人员车马仪卫，喧阗道路，威风而有气派。河南省偃师县杏园在 1984 年发现一座东汉墓，内有长达 12 米的出行图，延续绘于前室的南、西、北三面的壁面上，画面中共出现了 9 辆车、70 余个人物和 50 余匹骏马。更为盛大的出行车马行列，发现于河北省安平县逯家庄东汉熹平五年（176 年）墓中，周绕前室分上下四列，共画出马车 80 余辆之多。并且开始出现墓内死者正坐帐中的画像。

内蒙古和林格尔壁画墓，所画壁画更有特色。那座墓中的出行车马行列不止一幅，原来是为了用和官秩相对应的车马行列，来表现墓内死者的一生仕途经历。这些画面布置在前室各壁的上栏，从西壁开始，周绕全室。每幅都有榜题，从“举孝廉”进入仕途开始，经历了为“郎”，任“河西长史”“行上郡属国都

安平逯家庄东汉墓壁画车马

尉”“繁阳令”到“使持节护乌桓校尉”官秩二千石的高官的一生经历。出现在画面上出行的车马行列，从举孝廉时的车骑寥寥，随着官职的升高，车骑数量日益增多，到任护乌桓校尉时，已是拥有 10 辆车，马 129 匹，文武属吏、士卒、仆从多达 128 人，形成连车列骑、冠盖相望的宏伟而豪华的场面。这可以说是以出行车骑的变化构成的一幅汉代“升官图”。除了出行以外，和林格尔壁画墓中还有表现死者任职的城池、府舍、粮仓等。最重要的一幅，是从前室经过通道北壁再延伸到中室东壁的“宁城图”，画面的面积达

安平逯家庄东汉墓壁画墓主坐帐

129×318 厘米，画出宁城的城垣和城中的建筑，主要是护乌桓校尉的幕府。那是一座由阙楼高墙环绕的衙署，有双阙高耸的大门和宏大的厅堂。庭院内排列着披着铠甲的士兵，以及少数民族装束的宾客。在堂中的是护乌桓校尉本人和身份较高的来宾。在厅堂前面的庭院里还在表演百戏乐舞，而在旁侧的院落内，许多人在庖厨中忙碌，正在准备宴会的佳肴。这幅画用浓重的色彩绘出死者生前担任的最高的职务时，威严而奢华的生活情景。在这座墓后室内的壁画，又突出另一主题，以表现死者私人拥有的庄园。画出农耕、畜牧、桑园、粮食加工和附属的手工业等内容的画面，生活气息更加浓厚。此外，墓中也画有祥瑞和历史人物图像，占据了中室的西壁和北壁。在历史人物中，值得注意的有“孔子见老子图”，孔子有着漂亮的胡须，样子很神气。后面排列着他教育出的著名的学生们，各像旁都有榜题，有颜渊、子张、子贡、子路、子游、子夏等。至于历史故事，有“二桃杀三士”“伍子胥逃国”等。还有一组豪侠、孝子、贤妻、良母等人物的画像，显示了当时社会上尊孔崇儒，提倡忠孝节义的思想和行为。至于仙人神兽等形象，仅安排在墓室顶部，用以渲染那神秘而广阔的天穹，据前室残留的壁画，内容有仙人骑白象、凤鸟、朱雀、麒麟、雨师等。后室的顶部，则是象征天空四方的青龙（东）、白虎（西）、朱雀（南）、玄武（北）的图像。对于那幅仙人骑白象，有人认为是属于佛教题材的画面，表明当时已受到西方传来的佛教艺术的影响。和林格尔汉墓的壁画，表明墓室壁画题材的重点，已由着眼空中天象，地下驱鬼，转变为瞩目于人间，用浓丽的色彩和繁多的画面。回忆死者生前的地位、权力和财富，企望继续保持那豪华奢侈的生活和享乐。不仅官居高位的人如此，没有官职的地主也如此。内蒙古托克托县古城壁画墓，是没有官职的闵姓地主的墓室，所以壁画的内容缺乏车马仪仗和官署吏卒等表示身份的图像，但着重描绘了地主的生活享乐，他的车辆是一辆马车、一辆马拉的辇车和一辆牛车，但家庭生活中的奴婢和庖厨是画中最加渲染的主题，表现出他的生活和享乐。

和林格尔东汉墓
壁画宁城图

雕刻还是绘画？

“汉画像模糊的居多，倘是初拓，可以比较清晰，但不易得。我在北平时，曾陆续搜得一大箱，曾拟摘取其关于生活状况者，印以传世，而为时间与财力所限，至今未能，他日倘有机会，还想做一做。”这是鲁迅先生 1934 年 3 月间给友人信中的话。他还曾发表过“惟汉人石刻气派深沉雄大”的见解。鲁迅所讲的汉画像和汉人石刻，是指同一种流行于汉代的特殊艺术形式，习惯称为“画像石”。它始见于西汉晚期，兴盛于东汉时期，东汉以后就不再流行了。大量用于装饰地下墓室，也用于装饰墓冢前的石祠。带有画像石的东汉石祠，现在山东省保存两处：一处是济宁市的嘉祥武氏墓前石刻，尚能复原出石祠原状。另一处是肥城县孝堂山郭氏墓石祠，石祠建筑尚保存完好，是修筑在墓冢前的一座小型石建筑，单檐悬山屋顶，前面正中用大八角石柱将石祠分隔为两间。在室内三面墙壁及三角石梁上都刻有画像，有车马出行、宴饮百戏、殿堂庖厨、战争狩猎，还有历史故事、神话传说、日月天象等，题材大致与东汉墓室壁画相同。地下墓室中装饰的画像石，过去出土很多，有的被破坏散失，有的被拓传于世，好的初拓本是很珍贵的，正如鲁迅先生信中所说的情况。画像石遭破坏的历史，随着中国政治逐步稳定而结束，现在孝堂山和武氏祠都已被列为全国重点文物保护单位。对画像石墓的科学发掘工作，也于20世纪50年代开始进行，最早发掘的一座重要的大型画像石墓，是山东省的沂南画像石墓。发掘于1954年，是一座全长8.7米、有3进总计8个墓室的石构大墓。墓内共嵌有画像石42块，画面总面积超过442平方米。到目前为止，在山东、河南、陕西、江苏、湖北、山西等省境内所发掘的画像石墓已超过百座，还在各地收集、保存了过去出土的或零散发现的画像石数千块。其中发现汉代画像石比较集中的地区，有山东、苏北的徐州地区、河南的南阳地区和陕北等处，这些地区画像石的技法和风格也各具特色。

山东孝堂山郭氏墓石祠

谈到画像石这种特殊的艺术形式，首先遇到的问题是它应该归入雕刻类还是绘画类？有人简单地认为它是浮雕的一种，因为

陕西大葆当东汉墓
彩绘画像石

它的材料是石头，基本技法是用利器琢刻。但是仔细观察，它并不和今天的浮雕相同，在墓室中的作用也和壁画等同，实际是借用雕刻的某些技法在石头上刻出的画，又可算是一种选用特殊材料和技法的壁画。不少人因为经常看到的是用拓印法从画像石拓出的墨拓，误认为它们原来就是白地黑色的人物，似与今日的木刻相接近。其实它与木刻完全不同，古人并不是为了用它去传拓，而是看其本身。同时它们还与壁画一样勾勒涂彩，施彩的画面更是不能拓印的，否则就破坏了所涂施的色彩。至今在陕北地区的画像石墓中，有些画像石还保留有部分色彩，以及用墨线勾画的图像细部，如人像的眉目、胡须、衣纹等。1996 年在陕西神木县大葆当汉墓群，更发现有所施色彩保存颇为完好的画像石近 60 块，所施色彩有朱红、桃红、白、褐、绿、紫等色，画面细部用墨线勾绘。总的来看，汉代的画像石只是把人物车马等图像，依其外轮廓将地减去，使画面平面浮出，减地的雕法有时细致，有时粗糙而且常留下粗的斜行凿刻纹地。浮出的平面画像，大多用阴线刻出细部，只有少数作品有凸凹的浮雕意味。也还有的技法较为原始，并不减地，全画仅用阴刻线条来表现。在当时人留下的榜题中，径直将它们称为“画”。故此还是把这些汉代专用于墓葬的艺术品视为采用了雕刻手法的特殊壁画最为贴切，因此独特的“画像石”的名称是非常合适的。

汉代还流行一种和画像石极为近似的艺术形式，就是“画像砖”。它们之间的区别，在于后者是先刻出印模，然后模印在砖坯上，再入窑焙烧而成。画幅大小受制砖技术的限制，一般都小于画像石。在秦代画像砖已有使用，咸阳的宫殿遗址就出土有龙、凤图像的空心画像砖。西汉时期在秦代传统的基础上，有了很大的发展。在都城长安发掘的西汉宫殿建筑遗址中，仍与秦代一样使用大型的画像空心砖作踏步，纹样的主题是“四神”。在茂陵附近出土过印有朱雀纹的画像空心砖，砖面上模印出两只朱雀，雀尾相对而面向相反，朱雀高冠华尾，口内衔珠，屈颈挺胸，姿

西汉茂陵朱雀空心画像砖拓本

态雄健而华美。此外，还有砖侧模印有白虎和玄武的长条砖，它们不是空心的。在咸阳任家嘴附近的一些西汉中期以后的墓葬里，也出土有一批模印四神纹的空心砖，上面的图像和茂陵附近的相近似，但线条明晰，构图变化也较多，是少见的西汉画像砖珍品。在砖侧和砖面的图像都是成对成双、左右对称的形式，中间常常置一圆形的玉璧图像。其中青龙除了相对戏璧的形象外，更多的是反向回首，曲体交尾或尾尖相对上托圆璧，姿态富于变化。朱雀作展翅舞姿，长尾飘飞，较茂陵砖纹造型生动，口内也都含有宝珠。玄武龟蛇相缠，龟的背甲颇为隆凸，显得形体蹒跚，但头颈伸出颇长，且口中伸吐出如蛇的长舌。上面三种图像都是神奇化的出于想象的动物，但四神中的白虎则是采用写实手法。除了图案趣味浓厚的双虎争璧外，还有两种画面，一种是双虎反向前行，另一种是一虎腾身前扑，另一虎反向伫立，回首目视腾扑的同伴，一动一静，相映成趣。虎是写实的形貌，威猛异常，可以说是西汉画像砖中艺术水平最高的例子。在洛阳地区，也发现有西汉的模印画像空心砖，其基本工艺和艺术特征与都城长安的相同，但在具体风格方面却有地方特色。除了大量用于构砌墓壁的捺印图案的空心砖以外，引人注目的是另一些用小印模捺印人物、鸟兽、屋阙等，然后组合成整面图案。印模阳纹的和阴纹的都有，但全是以劲健的线条勾勒出图像，简练而准确。多是一物一模，一鸟、一树、一朱雀、一白虎……外无边框，因此可以灵活安排，随意捺印，组成变化无穷的画面。其中双鹿与骏马的造型极为生动，双鹿并排前奔，但姿态是一前视一回首，加上动态不同的八条腿，构成动感很强烈又甚为图案化的图像。至于骏马，或引颈长嘶，或昂首伫立，异常神骏。制砖的匠师把一牵马状的人像模和一匹嘶鸣的马模捺印在一起，形成一幅生动的牵马图。而把同样的人像模和一只曲颈回首的老虎模捺印在一起，那就呈现一幅

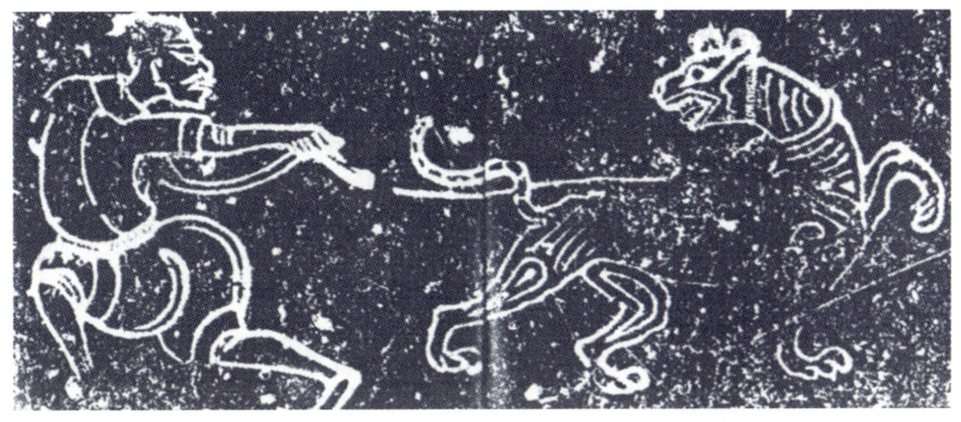

洛阳捺印画像砖拓本

驯虎图。他们把回身引弓的射手印模与双鹿印在一起，是生动的射鹿图；而把同样的射手与猛虎印在一起，又成一幅同样生动的射虎图，这真不能不令人叹服古代工匠的才智。在郑州地区相当公元前 1 世纪到公元 1 世纪前期的西汉中晚期墓葬里，也广泛地使用捺印的空心画像砖，或用以构筑墓室，或仅用来做墓门的门扉。使用的小型印模为阴纹，所以印出的画像浮出砖面，令人看后会产生类似浮雕的印象。与洛阳地区相比，似乎这里的题材更为多样，而且人物的形象也更加生动。仅以 1979 年在郑州新通桥附近发现的一座西汉画像空心砖墓为例，砖纹印模的题材即达 45 种之多，有门阙、人物、车骑、狩猎、驯兽、神仙、禽兽等。

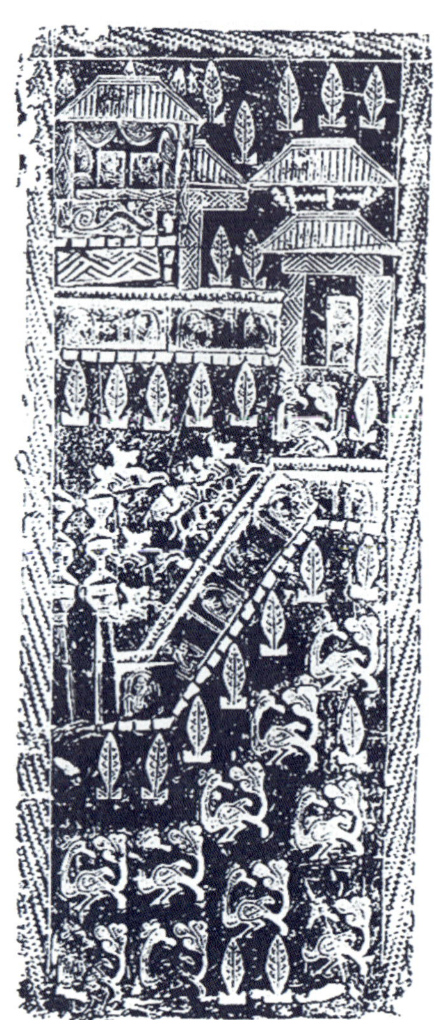

郑州南关汉墓捺印画像砖拓本

仅骑射一项，就有姿态不同的 3 种以上印模：有的骑士纵马前射；有的反身回射；有的不仅骑士反身后射，连所骑的骏马也回首后顾；还有的骑士在马上举弓挥舞，形态无不生动传神。把它们连续捺印在砖面上，于是形成群马奔驰声势夺人的场景。遗憾的是这些砖上的画面，多是几何状图案和画像间杂地捺印在一起，图像也是成排成栏地随意把相同的或不同的画面的印模捺印上去，缺乏有机联系，并未形成统一的构图，自然显得凌乱。因此在郑州南关第159号汉墓中发现的两块空心砖，其上画像就显得难能可贵了，虽然也是用小型印模捺印的图像，但是作者把它们有意识地组织在一起，使整个面积约3200平方厘米的砖面形成一幅完整的宅院建筑图。在由家犬守卫的围墙间是旁立高阙的大门，一队骑士通过大门驰向院内。内庭也有围墙和华美的门楼，里面楼阁高耸，主人在楼上凭栏端坐。庭院内遍植树木，院墙外更是林木环绕，并有成群的朱雀回首振羽舞于林中。另一砖上的画面题材相同，但构图又有所变化，因而免去雷同之感。两砖仍是沿用一事一模的小形印模，分为树木、朱雀、骑士等，图中的建筑物则是屋顶、立柱、墙（带有家犬）、门、阙分别制模，然后随意结合而捺印成整座建筑，作者的构思巧妙，胸有成竹，故能把所有的印模结合成一体，就使画像砖艺术造型方面向前跨进一大步，开后来整幅统一构图、情节生动的东汉画像砖之先河。

西汉政权在民众大起义的怒涛中覆亡，东汉政权继之建立，政治中心移到洛阳。随着政治权力的更迭和时间的推移，在物质文化领域也发生了许多变化。在西汉初期突然广泛流行的大型空心砖（包括画像空心砖在内），这时又像它盛行时那样突然地衰落了，东汉时期濒于绝迹。但是空心砖的衰落，并没有导致画像砖艺术的衰微，反使它摆脱了旧的形式的束缚，不必再去符合大型笨拙的工艺复杂的空心砖的各种限制，改而采用一般的实心的普通砖型，制作工艺变得简便易行，进而开拓了画像砖艺术发展的道路，使东汉时期的画像砖艺术出现了一个高峰。东汉时期画像砖艺术的新发展，首先是题材方面的突破，西汉初期完全以四神图像构图的做法早已被打破了。西汉中期以后盛行的以程式化的小印模临时拼组画面的手法，也被摒弃。画像砖也和它的姊妹艺术画像石一样，向着题材多样化、情节故事化转变。描绘神仙信仰的题材虽然仍在流行，表现手法也有新的发展，但更多的是反映现实社会的生产和生活的画面。当时大规模的封建庄园经济的兴起和强宗豪族势力的膨胀，更促使画像砖表现社会生活的势头日趋增强。其次是画像砖艺术在分布地域上的扩展。西汉的画像砖仅存于陕西和河南地区，到了东汉，陕西地区因政治权力东移而经济文化各方面趋于沉寂，画像砖艺术随之衰落，至今还没有在西安一带发现东汉的画像砖，而河南地区的东汉画像砖艺术，则有了新的发展。同时画像砖艺术扩展到那些经济逐步发展起来的新的区域，主要是江南和西南等地区，并且各具特色，逐渐形成鲜明的地方风格。因此可以把东汉的画像砖艺术分为中原（主要是河南地区）、西南（主要是四川地区）和江南（主要是江苏地区）三个艺术风格有所不同的区域。中原地区的画像砖，沿袭西汉空心画像砖的传统手法的痕迹较为明显，而且空心砖的形式在东汉早期也有所遗留，还有少量出土，但画面已摆脱用小印模捺印的做法，而是一砖一整模，构图完整，形象生动。在新野县出土的东汉早期空心画像砖，形体一般较西汉的空心砖为小，烧制的火候也较低。画面是用一个整印模印成，印模阴刻且较深，因此砖上的画像凸出达 0.5—1 厘米高，具有浮雕趣味。至于图像的内容，颇为复杂，并具有一定的故事情节。其中一幅是秦始皇时“泗水取鼎”的故事。桥上有车骑经过，左右各有三个赤膊的力士合力拽索，索上悬着一个大鼎，桥下还有两只小船和许多游鱼，桥侧又有表演百戏的热闹场面。此外，也有以兽斗、交龙等为题材的。在邓县发现的一块，艺术造诣最高，画面以三人搏斗为主，并有二龙二凤列于上端和左右两侧。搏斗的三人，居中

东汉“泗水取鼎”画像砖拓本

邓县东汉搏斗画像砖

是一位身披铠甲的武士，腰佩长剑，左右各有一人与他相斗，右边的带剑手持钺斧，左边的原持有刀但已被击而脱手，人物的体态生动，动感极强。代表这时期的特征的是画面呈方形或矩形的实心的画像砖，内容多舞乐、百戏、宴享及神仙、羽人、神兽等，也常有武士用脚踏弩张机的“蹶张”图。人物的动态感较强，轮廓鲜明，但细部雕琢不足，作风粗犷古拙，近于南阳汉画像石的特征。西南地区的画像砖，集中于四川省境内各地东汉晚期的墓葬中，分别嵌砌在墓壁上，既有壁画功能，又具装饰效果。它们是在东汉以后才开始在这一地区流行，对当地来讲是一种创新的艺术品，因此可以较多地摆脱正统的中原地区西汉空心画像砖固

四川东汉
西王母画像砖

四川东汉授经
画像砖拓本

四川东汉盐井
画像砖

四川东汉画像
市井砖拓本

有的程式，不论是题材还是技法都有新的创造。这些画像砖几乎都是方形的，一块砖上模印一幅，画面完整，构图多变。除了通常的传统题材，那些神仙和显示身份地位、夸耀奢华豪富的画面，如西王母、日月神、授经、考绩、车骑、仪卫、鼓吹、武库、庭院、楼阁、宴饮、舞乐、百戏等以外，还有播种、薅秧、收割、踏碓以及采桑、采芋、采莲、弋射、行筏、酿酒、盐井等生产情景，还有市井、酒肆的画像，甚至出现了男女在室内和树林间裸体性交的场景，展出了一幅又一幅风格清新的古代风俗图，生动地再现了当年的生产活动和社会生活的各方面的场景。它们不仅是精湛的古代艺术品，同时有颇高的史料价值。在技法方面，和中原地区粗犷雄劲的作风不同，而是缜密细致，更富于写实性。在艺术造诣方面超出中原地区，是东汉画像砖中最优秀的作品。

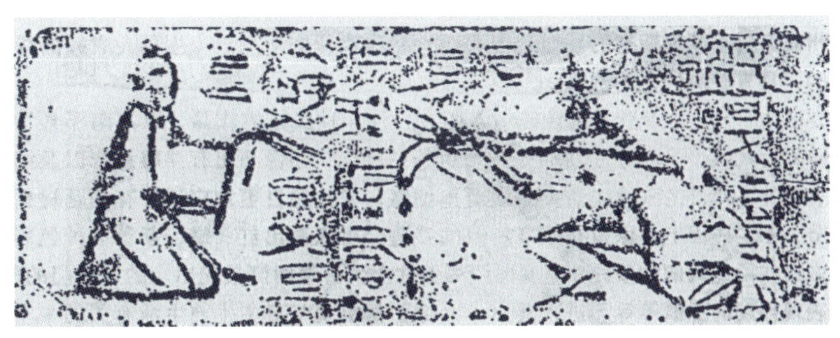
江苏高淳东汉
画像砖拓本

江南地区的画像砖，发现得很少，可以用以举例的只有在江苏省高淳县东汉晚期墓出土的画像砖。画像模印在一般的砖的正面或侧面上，也有的印在楔形砖的侧面。所用的砖不是特制的较大形的方砖，更不是大型空心砖，这与中原和西南等地区的画像砖都不同。画像均用阴纹印模所印制，但有的人物凸出呈浮雕状，也有的仅线条凸起，更接近线描画的效果。不同的画面已发现 11 种，包括青龙、白虎、羽人及羽人戏虎等神仙神兽，以及车马出行、乐舞等生活题材，还有的是一些人物故事画。有一种画面上还有文字，但皆反书且不够清晰，难以全部辨认清楚。这批画像砖制作不够精美，图像不甚清晰，风格浑厚古拙，艺术造诣远逊于四川的作品，但是它具有特殊的重要性。首先是表明画像砖艺术在东汉晚期已扩及江南。其次是它有深远的影响，是中原和四川地区的画像砖艺术无法与之相比的。因为到魏晋南北朝时期，中原和四川地区的画像砖艺术已经由衰微至于绝迹。但正是这个时候，东汉晚期才出现的江南画像砖艺术，却更为兴旺。特别是到东晋时发展为用多块砖拼合砌成的模印拼镶砖画，它盛行于南朝时期，取得了较普通画像砖更动人的艺术效果。

天马行空

西汉羽人
天马玉雕

一位全身毛羽的长耳仙人，骑在一匹有翼神马上在云中遨游，这是一件于 1966 年从陕西咸阳汉昭帝平陵东 70 米处的汉代遗址出土的玉雕的图像，那是件高仅 7 厘米的小型白玉雕成的饰品。虽然雕出的是生有飞翼的神奇天马，但颈粗体矮，四肢粗短，其造型正像本书前面描述过的西周青铜驹尊所表明的矮体短腿的形态，也是先秦至汉初饲养的马匹的写照。原来自先秦以来中国畜养的马种，一直延续到西汉初年没有变化，但是随着社会经济的发展和对抗匈奴战争的需要，都迫切地要求改良马种。当汉朝与西域诸国的交往日益密切以后，汉武帝就下大力气去引进那里的优良马种，从而使汉代的养马业发生了极大的变化。先是得到乌孙好马，汉朝皇帝高兴地称它为“天马”。后来知道在西域大宛国有更为优良的汗血马，立即派使者去求善马，但宛王匿善马不与，并杀汉使。汉武帝为了取得大宛牧于贰师城的善马，不惜诉诸武力，由李广利统率的汉军两次进攻大宛，战争总计历时3年之久，最后大宛败降，汉军获得“善马数十匹，中马以下牝牡三千余匹”。这些良马输入汉境，对改良汉代的马种起了很大作用，于是改称乌孙马为“西极马”，而把大宛马称为“天马”。并为此于太初四年（前101年）在《郊祀歌》中增加了《天马》一章：“天马徕，从西极，涉流沙，九夷服。……”

汉代马种的这一变化，很快反映在造型艺术方面。1981年汉武帝茂陵一陪葬冢旁的丛葬坑中，出土了一批珍贵的文物，有的带有“阳信家”铭刻，包括铜锺、温手炉及承盘、锭（灯）等，还有精美的鎏金银竹节柄青铜熏炉，最引人注意的是一匹鎏金铜马。这匹马高62厘米，工艺精湛，塑造得体态矫健、栩栩如生。头小而英俊，颈长而弯曲，胸围宽厚，躯干粗实，四肢修长，臀尻圆壮，显示出一种乘挽兼用型的良马。它虽然作立姿处于静止

茂陵西汉无名冢鎏金铜马

四川天回山
东汉墓陶马

状态，但却挺胸昂首，全身充满压抑不住的活力，观后有怒马如龙之感。这件雕塑所表现的马种，应是引进的西域马种，也就是所谓“天马”，是时代较早的描绘天马的造型艺术品。原来当“天马”输入汉朝以后，当时善于相马的专家东门京，根据最佳体态良马的具体尺寸，铸造成比例准确的铜马。汉武帝命令把这匹铜马立在都城长安一座城门外，作为评选良马的标准，即“马式”，因此那座城门也随之多了个新名称“金马门”。根据真马按比例铸成的铜马式，本身虽然并不能算艺术品，但和今天艺术家使用的艺用动物解剖图一样，为当时的匠师创造关于马的造型艺术品时，提供了准确的依据，此后出现的骏马雕塑品，其形貌多取法“马式”，茂陵陪葬冢旁从葬坑出土鎏金铜马，可能就是受到东门京所作马式影响的作品。天马形貌的雕塑品，从西汉一直流行到东汉时期，各地东汉墓中出土的陶塑或木雕的骏马，也不乏模拟天马的传神的佳作。例如四川成都天回山东汉墓出土的陶马，那是一件大型陶塑艺术品，体高达 114 厘米，姿态雄劲。它的头、颈、躯干和四肢，无不肖似茂陵鎏金铜马，但是更觉高大英俊，说明当时各地对骏马形象的塑造已形成统一的艺术风格。这可能反映着优良的马种已普及全国。直到魏晋时期，天马造型的雕塑品还常见于墓葬的随葬遗物行列之中，最著名的是从甘肃武威雷台晋墓出土的踏隼铜马。那座 1969 年发现的墓葬过去被误认为是东汉晚期的坟墓，但近年经考古学者对该墓出土货币及墓葬形制等进行认真的分析，弄清那并不是汉墓，而是魏晋时期的坟墓。

雷台墓
铜马踏飞隼

一匹铜马，高昂马首，头微左顾，马尾上昂，以少见的“对侧快步”向前奔驰，三足腾空，右后足还偶然踏住一只飞鸟。那只鸟双目似鹰，体型似燕，但尾部并没有剪刀状的分叉。原来那是一只生活于关陇一带的“燕隼”。隼和鹰一样疾速迅猛，人们常用“迅如鹰隼”来形容快速。但这次燕隼可是碰上强手了，你看它本在空中展翅迅飞，突然，竟受重压所制，动弹不得，于是吃惊地回首反顾，想要看清那比它还快的宠然大物。古代艺术家正是以如此引人入胜的意境，反衬出骏马的神速，显示出天马行空的时代精神，真是千古佳作。同时他又巧妙地利用飞隼双翅展开的稳定造型，作为整匹铜马着力的支点，使它靠着一支踏在隼背上的后蹄稳稳地傲立在空间，虽然是静止的雕像，却显示出不断奔腾向前的威猛气势，也是别具匠心的。它正是雷台墓中获得的那组青铜制品中造型最突出的一件。这组青铜制品塑造的是车马和骑士，其中共有骏马造型 39 匹，有的用于驾车，有的用于骑乘。形体上具有相同的特征，匹匹都似乎只要御者或骑士将勒紧的缰绳稍一放松，即刻就会飞驰向前，一日千里。雷台的踏隼铜马造型，也可说是汉晋天马雕塑艺术的一曲绝唱。

除了天马以外，显示了与西域交通的动物形象汉代艺术品还有骆驼。在河南省南阳的画像石中，可以找到奔跑着的骆驼的身影。看来生长在中原的汉代石刻匠师，对于“沙漠之舟”的容貌颇不熟悉，所以把它的四肢刻画得和奔马的姿态相近，而且颇有特色的驼蹄也被误成马蹄形状，连驼尾也像马尾一样飞扬起来。但是这些失误毕竟是次要的，背上耸起的双峰和高昂上曲的长颈，依然显示出骆驼最主要的体态特征。同时跨乘在双峰间的骑者，高鼻胡貌，同样具有特色。说明作者当时虽然对所描绘的对象不够熟悉，但还是严肃地尽量现实地进行创作，因而骆驼的形貌虽稍有失真之处，但整体的神态古朴而生动，至今气韵犹存。另有一幅汉代画像砖，在艺术形象上胜于前者，出土于四川省新都县。模印出一头由左向右行进的骆驼，形象较逼真。在颈下和四腿上端都垂有长毛，双峰之间铺垂长毯，上面竖立一个建鼓，鼓柱上端饰有羽葆，向两侧飘垂。前后驼峰上各坐一鼓手，双手持桴，相对击鼓，姿态生动。可惜该砖不完整，以致后峰上的鼓手现已缺失。这一作品揭示出汉代已有驼背上载乐之举，也可以说是后世骆驼载乐造型艺术之先声。

四川东汉画像砖骆驼载乐拓本

有关骆驼的汉画像，与西汉武帝时开始通畅的“丝绸之路”有直接联系。这条以汉代都城长安为起点，向西伸延，跨越沙漠和山川，通向中亚和西亚诸古代国家和民族聚居地，直抵地中海东岸的安都奥克（Antioch，即《魏略》记载的“安谷城”），全长达7000公里以上的古代交通线，是张骞出使西域以后开辟的。

由于经由这条路西运的货物，最受重视的是汉代的丝织品，因此1877年德国地理学家李希霍芬开始称之为“丝绸之路”。他铸造这个专词是为了强调这条路的开辟主要是为着运输中国丝绸到罗马帝国去。而正是“沙漠之舟”骆驼，在这条丝绸之路上年复一年，身负重载，跋涉于大漠崇山之间，不分酷暑严寒，迎着风沙霜雪，默默地向前行进，把精美的中国丝绸等商品输向西方，又带回那远方的特产。没有这么茹苦耐劳的动物，很难想象人们如何能维持这条漫长的古代商路的畅通，凡是经历过这段艰辛途程的旅行家，都对这些耐劳负重的忠实旅伴难以忘怀。所以自丝路开通之后，古代的艺术家不断创作出许多以骆驼为题材的造型生动的艺术品。

通过丝路输往西方的货物，最重要的是丝绸。汉代丝绸业发达的原因，主要是由于养蚕技术的改进和缫丝、织造、印染等技术的提高。养蚕技术的进步，又与改良栽桑技术相联系。从汉画

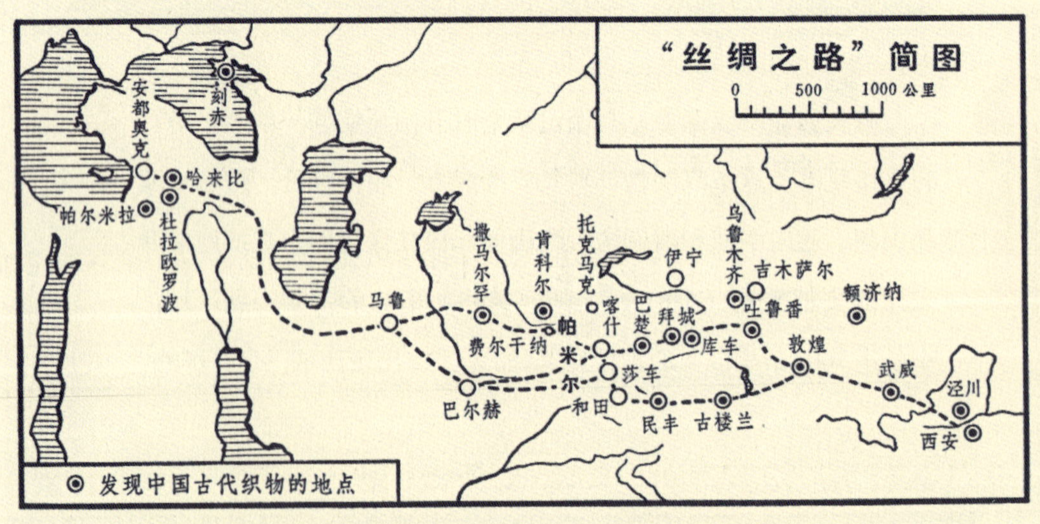

“丝绸之路”示意图

徐州铜山洪楼
织机画像石拓本

像石中，已可看到当时栽植的是矮株的“地桑”。这是经过人工改良的品种，易于采摘，且枝嫩叶阔，宜于饲蚕。同时汉代已掌握了缫丝技术。在江苏省铜山县洪楼出土的汉画像石上，刻有妇女纺织图，一边是织机，另一边是“调丝车”。调丝，是为了增加丝的抗张强度和弹性。经过调丝，能使几根丝线并合为一根纱，以作为纺织经、纬线之用。根据汉画石上的织机图像，可以复原出当时的织机，是为平织物用的较简单的织机，已有了脚踏板。这是全世界织机上出现脚踏板最早的例子。欧洲要到公元 6 世纪才开始采用，到 13 世纪才广泛流行，大概是由中国输入西方的。不久前在四川成都汉墓内发现了木制的提花织机的模型，说明汉代时蜀地已经使用了这种先进的织机。从考古发现来考查，汉代

四川成都汉墓
提花木织机模型

马王堆一号西汉墓
铺绒绣锦

最普通的丝织物是平织的绢。其次为纱，有平织的方孔纱和罗组织的罗纱。汉代丝织物中最重要的是单色暗花绸（也称为绮，或平织绮）和多彩的织锦。汉代织锦是丝织品中最高水平的代表，是五色缤纷的多彩织物，但就织法而言，基本上是平纹重组织，由两组或两组以上的经线和一组纬线更迭交织而成。在马王堆汉墓中，还出土过一种高级的“绒圈锦”，以及印花的纱绢和精美的刺绣作品。在新疆，出土过有精美花纹的锦，有的是在高低起落的山峦上奔驰着各种动物，有时还织出“五星出东方利中国”的文字，和“万世如意”“长宜子孙”等吉语。正是这些精美的丝织品，受到各国人民的喜爱，远输西方。当然，中西的文化交流和贸易往来并不是单方面的，中国也由西方输入毛织品、香料、宝石、金银器等。后来佛教和佛教艺术，主要也是沿着这条路传入中国，它们对中国的文化和艺术，发生了不可估量的影响。

“五星出东方利中国”织锦

“延年益寿大宜子孙”锦鸡鸣枕

从长安到洛阳

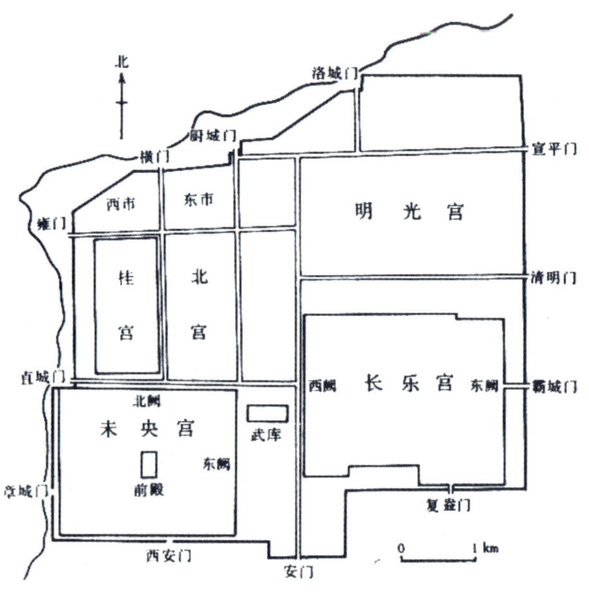

汉长安城平面图

经过7000公里的长途跋涉以后，西来的商队到达了西汉王朝的都城长安。在那巨大的夯土筑造的城垣前停了下来，忘掉了疲劳和旅途的艰辛，终于看到了东方大国都城的雄姿。

长安城的城墙全部用黄土夯筑而成，高度超过12米，墙基的宽度达12—16米。它是汉惠帝时建造的，征调长安周围六百里以内的农民，还有各地诸侯王、列侯的徒隶作为劳动力。开始时，十四万五六千人，集中劳动了一个月，仅只建成一面城墙。大约延续了5年时间，四面的墙才全部建成。它的平面形状，基本上是正方形、正方向。但是北墙因河道等地势的限制，因此有许多曲折、偏斜之处。又因南面长乐宫、未央宫在修城墙前早已建成，为了迁就这些宫殿，也就出现一些曲折。至于说“城南为南斗形，城北为北斗形”，那是出于后人的附会。在城墙外还掘有城濠，宽约8米，深3米。每面墙有3个城门，共12门，东面是宣平门、清明门和霸城门；南面是复盎门、安门和西安门；西面是章城门、直城门和雍门；北面是横门、厨城门和洛城门。每个门都有3个门道。除了霸城门、复盎门、西安门和章城门入门不远便是长乐

汉长安城宣平门遗址

宫和未央宫以外，其余8门各有一条大街通入城内，宽度都在45米左右。这些大街互相交错、接合，形成许多“丁字路”和“十字路口”。每条大街都分为3道，中间宽20米，是“驰道”，专供皇帝使用。两侧两条各宽12米左右，供一般人使用。其间隔有两条宽90厘米的排水沟。

城内主要是宫殿建筑。首先，在未筑城墙前，汉高祖时将秦代的离宫兴乐宫改建为长乐宫。在长乐宫的西面建未央宫，又在两宫之间建造武库，由丞相萧何负责，据《史记》说他“立东阙、北阙、前殿、武库、太仓。高祖还，见宫阙壮甚，怒，谓萧何曰：‘天下匈匈苦战数岁，成败未可知，是何治宫室过度也？’萧何曰：‘天下方未定，故可因遂就宫室。且夫天子以四海为家，非壮丽无以重威，且无令后世有以加也。’高祖乃说（悦）”。可见未央宫及武库是建筑得极雄伟壮观的。对未央宫基址进行考古勘探，知道它的规划十分整齐。基本上是方形，四周的围墙，东面和西面都是2150米，南面和北面都是2250米，周长共8800米，合汉代21里，其面积占长安城总面积的七分之一。对于武库，已进行过考古发掘，知道那是一座外有宽厚而高大的围墙，内有7个巨大库房的中央兵器库。以第七号库房建筑基址为例，残长190米，宽45.7米，尚存的三壁夯土墙都厚达6.5米，可以想见建筑的宏大坚固。库房中原来紧密地排列着放置各种兵器的木架，现在有些木架的础石尚存，也残留一些铁制的和铜制的兵器，如铠甲、戟、矛、剑、镞和戈等。后来到汉武帝时，又大建宫室，在长乐宫北

汉长安城武库遗址

面修筑明光宫，在未央宫北面修筑桂宫、北宫，还在城外西面建造建章宫。此外，开凿了昆明池，扩建了上林苑。至此，汉长安城宫苑建筑大致完备。如果把长安城内所有宫殿面积合在一起，占全城总面积近三分之二，显示出这一时期都市的特点。

一般的居民，包括官吏，只能住在长安城的北部。同时商业中心——市也设在那里，偏居全城的西北角，靠近雍门和横门。长安共有九市，三市在横门大街以东，称“东市”，六市在横门大街以西，称“西市”。它们修建于惠帝时期。东、西市偏于城内一个角落，表明商品生产和贸易在城市生活中不受重视。经考古勘察，在那一带地区曾采集到许多钱范和陶俑，说明当时除商肆以外，东、西市也设有手工业作坊。

自1956年以来，在汉长安城安门和西安门外的南郊，陆续发现一些建筑形制特殊的遗址。主体是在大的圆形台基上建造的建筑群，外面设有呈正方形的院墙。四面有门，墙内四隅都有呈曲尺形的建筑。建造的时期，都是西汉末年王莽当政或他做了皇帝的时候。据推测，这些圆形中有方形，方形中又含圆形的建筑，具有神秘的宗教色彩，是按阴阳五行等学说设计的。在安门南面偏东处的一座，外面围绕着一条宽约2米的水沟，形成直径达360米的大圆圈，可能是“辟雍”（古代的贵族子弟大学）的遗址。安门的南面偏西处分布的几处，外面没有圆形水沟环绕，可能是王莽所修筑的“九庙”。当时王莽修建时穷极百工之巧，功费数百钜万，卒徒死者万数，为的是表明自己是能建万世之基者。但是不久就在民众大起义的浪潮中覆亡了。九庙也毁于兵火，而且整个长安城同样毁于兵火。宫室市里焚烧殆尽，直至城中无人行。一座空前壮丽的都城，完全沦为废墟。以后重新恢复汉王朝的光武帝刘秀，只得将都城迁改于东面的洛阳，故史称“东汉”。

东汉都城洛阳是在西汉洛阳城的基础上扩建的，遗址在今河南洛阳市以东约15公里。由于后来北魏时在汉洛阳故址再建都城，所以今天人们习称这处遗址为汉魏洛阳遗址。洛阳城扩建新的城墙和城门，大约在光武帝建武十四年（38年）前后。至今残存的夯土城墙有的还高达7米以上，墙的基部的厚度为14—25米。全城平面近于长方形，不同于长安城的方形，但宫殿仍在城内占有较大的面积。南宫和北宫中间有复道相连，另外还有永安

汉长安城辟雍
遗址

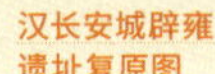

汉长安城辟雍
遗址复原图

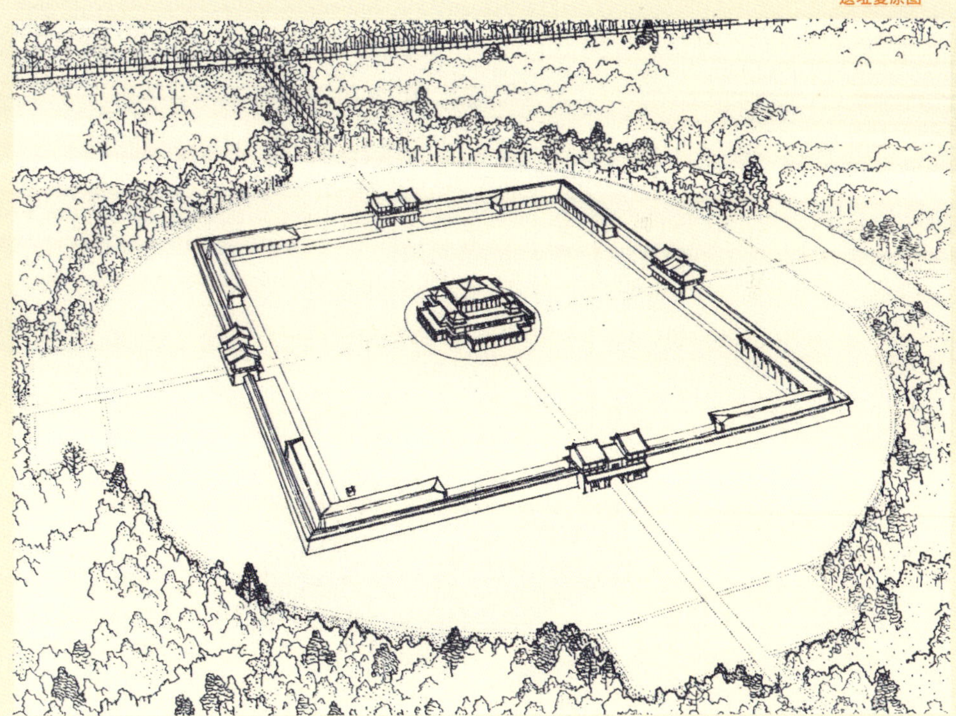

东汉洛阳
灵台遗址

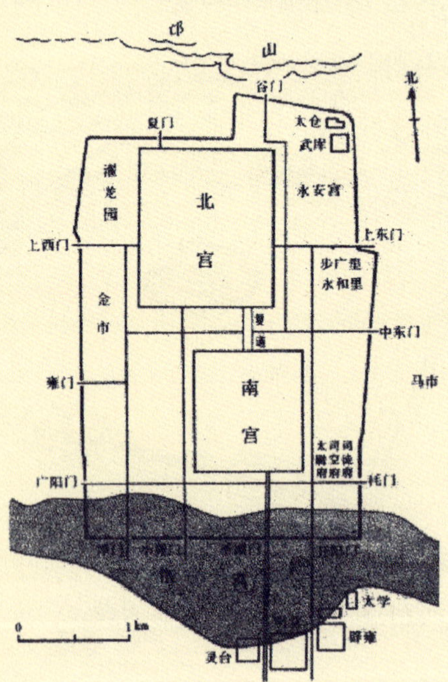

东汉洛阳城
平面图

宫及濯龙园，它们的面积合在一起，超过全城总面积的二分之一以上。又在城的东北角设有武库和太仓，在南宫的东南是全国最高行政机构的所在。工商业区的金市、马市和南市中，只有金市在城内，一般平民也住在城外，说明洛阳与长安有着相同的特点。这座都城，又在东汉末年的战乱中遭到全面的破坏，几成废墟。只是当曹魏领有中原以后，仍由于这里地理位置上的重要性，再选定这里为都城，因此进行了一些修复工作。在城南郊的一座古天文台——灵台，也还沿用着。1974—1975 年，对这处遗址进行了发掘，遗址平面基本上呈方形，四周有围墙，中央是一座高台，基座约有 50 米见方，现在残存高度仍有 18 米。高台四周建有房屋，分为两层，下层是回廊，上层房屋每面各有 5 间，有坡道可升登。房内用方砖铺地，壁面涂色，按方位不同而颜色各异。东面房屋涂青色，西面涂白色，南面涂红色，北面涂黑色，是按四神（青龙、白虎、朱雀、玄武）分主四方的学说设计的。台顶中心已遭破坏，原状无法弄清了，根据文献“上平无屋”的形制，是这座天象台用以观测天象的场所。它从建武中元元年（56 年）建台起，一直延用了约两个半世纪之久。东汉著名的科学家张衡曾先后两次任太史令，直接负责灵台的天文观测等工作，世界著名的预测地震的候风地动仪就是那时设计和制造的，另外，他还设计和制造了浑天仪，并写成《灵宪》等著作。因此，灵台遗址被发掘出来，也正是对这位伟大的科学家功绩的极好纪念。

第六章

新的融合

魏晋南北朝文明

309—391

漆画的启示

在前面“宝剑之乡”节中，曾谈起“季札赠剑”的故事，并指出它在汉魏时一直是绘画中流行的题材，因为人们仰慕那恪守诺言的季札，并举出孙吴朱然墓出土的绘有这一故事的精美漆盘画。那是一个盘径 24.8 厘米的木胎漆盘，边缘还装饰着漂亮的鎏金铜扣，盘内涂黑色底漆，然后以红、金、灰、白等色绘出漆画，以盘心的圆形画面为中心，向外又有两周不同的画面，其最外一周是狩猎图像，猎手在山林中追逐捕猎，鹿、兔等野兽拼命逃窜。中间一周的画面是水中游鱼，间杂有水生植物以及白鹭啄鱼、童子戏鱼等图像。那些鱼看来描绘的都是可以食用的品种，姿态灵活，特征明显，分别是鲤鱼、鳜鱼等。居中的盘心是漆盘画的主题所在，为季札赠剑图。身穿朱衣的季札拱手恭立于徐君墓前，已将宝剑悬挂在冢树之上。身后随着两个正互相议论的从者，画面上方绘出山林人物，下方又画有一双野兔，前面一只回首后顾，后面一只紧随前往，姿态也颇传神，还可衬托出野外墓冢的氛围。值得注意的是漆盘底部，有用朱漆书写的“蜀郡造作牢”五字，说明了漆器的产地。

与这件漆盘同时被发现的漆器和木器约80件之多，主要是与饮食宴会有关的日用器皿，如案、盘、耳杯、槅、盒、壶、樽、奁、匕、勺等，也有日用家具，如曲面下设三足的漆凭几。在许多漆器上有色彩鲜艳的漆画，其中最大的一幅是漆案面上的画，绘于面积为82×56.5平方厘米的案面中心，题材是宫闱宴乐，场面很大，共画出50余个不同身份的人物，有正在宴会的皇后王侯，有侍奉护卫的女使虎贲，有表演百戏的弄剑跳丸艺人，有奏乐的鼓吹，颇显生动华美。绘于漆盘中心的历史人物故事图像，除了“季札赠剑”以外，还有百里奚会故妻、伯榆悲亲等，另一些盘中心绘有宴乐出游等。最引人兴趣的是一幅童子舞棍的图像，作者特别

孙吴朱然墓漆案画像（局部）

孙吴朱然墓童子
对棍届画像漆盘

加大了头部的比例以符合儿童的形体特征，四肢丰腴也符合人们对儿童的审美要求，活画出两个稚气十足的活泼的童子，惹人喜爱。这件漆盘底部同样有“蜀郡作牢”的铭记。同时也与季札赠剑图一样，在它的外周画出水中游鱼。那些描绘如实的鱼，不禁令人想起一则关于三国时期绘画艺术的传说。据说曹魏的明帝游洛水时，见到有白獭，非常喜爱，但无法捉获。当时徐邈出了个主意，说獭喜欢吃“鲼鱼”（即鲫鱼），看到这种鱼连自己的性命都会不顾，因此他在板上画了鲫鱼悬挂在岸边。群獭看到，以为是真鱼，都赶来吃，就被捉住了。于是魏明帝赞叹徐邈的画如神。现在看到这些漆盘上画的鱼，姿态灵动而写实，可以辨识出种属，画工的技艺并不逊于画鱼引獭的徐邈。说明三国时期绘画的写生水平，确实较汉代有了较大的提高。除了写实的作品外，也有富于幻想的描绘神奇的仙禽怪兽等的图像，以漆槅的画像为代表，在槅的各个小格的内底，都画出神奇的动物，有背生双翼的鱼、奔腾的白虎、对舞的凤鸟等。

在这批出土漆器的制作工艺方面，也有令人惊喜的发现，那就是其中的一对犀皮漆耳杯，正面黑漆，花纹不显著。背面黑、红、黄三色相间，表面光滑，花纹回转如旋涡，有行云流水之致，制作工艺相当成熟。过去文献记载犀皮漆器最早出现于唐代，这次出土的实物将其出现的年代至少提前了600年。与这批精美的漆器同时出土的，还有瓷器、铜器、陶器等一百四十多件，以及六千余枚铜钱。它们都出土于安徽省马鞍山市南的雨山附近的一座砖墓中，可惜墓曾被盗过，不然还会有更多的珍贵文物被发现。由于墓里出土有木质的“名刺”和“谒”，所以确知所葬死者是孙吴的右军师左大司马当阳侯朱然。朱然在《三国志·吴书》中有传，是当时孙吴重要的高级将领，他少年时曾与孙权“同学书，结恩爱”。以后在孙吴与蜀汉的两次主要的冲突中，都起过重要作用。在219年的一场战役中，正是他与潘璋活捉了蜀将关羽，因而迁昭武将军，封西安乡侯。后来在222年蜀汉大举进攻孙吴时，他率领

孙吴朱然墓漆犀皮耳杯

5000士兵与陆逊并力合作，大败刘备，因而被拜征北将军，封永安侯。至于他被任命为左大司马、右军师，是赤乌九年（246年）在租中击败曹魏军后的事。赤乌十二年（249年）病死，年68岁。在这样一位人物的坟墓中出土大量制工精美的蜀郡漆器，是值得玩味的。因为汉魏时的蜀郡，即今成都地区，是在刘备所建汉（蜀汉）版图之内。朱然墓中大量随葬蜀的漆器，自然反映了当时吴蜀之间关系的密切。它们有可能是吴、蜀保持联盟关系时的赠品或贸易往还中的商品。但是如果考虑到朱然在吴蜀两次主要冲突中所起的作用，也可以推测他所拥有的蜀国产品，并不一定是友谊的象征或和平贸易的见证，而是吴蜀干戈相见时的掳获品。这样来说，朱然墓出土的精美漆器又引导我们回到了那“天下三分”的动荡年代。

东汉的光武帝刘秀，当年做皇帝的时候曾依靠了所谓“受命之符”的迷信说法，据说有什么“赤伏符”，说“刘秀发兵捕不道，四夷云集龙斗野，四七之际火为主”。因此是上天让他当皇帝的。没想到过了将近两个世纪以后，他所建立的王朝日益腐朽荒淫，触发了黄巾起义。起义的领袖运用了同样的迷信把戏，制造出“苍天已死，黄天当立，岁在甲子，天下大吉”的说法，一下子点燃了广大民众反抗黑暗统治的怒火，天下沸腾起来了，导致东汉王朝的覆亡。黄巾起义的烈火还是被扑灭了，接着出现了所谓群雄割据的混乱局面，最后形成曹操、孙权、刘备的三雄对峙。使天下三分局面稳定下来的关键性一役，就是发生于208年的著名的

“赤壁之战”，当时叱咤风云的人物，几乎全在这次战斗中登场，除曹、孙、刘之外，周瑜、鲁肃、张昭、程普、黄盖、诸葛亮、关羽及曹营的名将、谋臣都有各自的精彩表演。

此后吴、蜀之间虽然有过两次较大的冲突，也正是前面讲过的朱然参加的两次，但总的还呈现着联合的态势。他们从两个方向威胁着曹魏，使它没有可能集中力量先吃掉其中的一个，因此虽然战争不断，但三分天下的基本格局维持了半个多世纪。在这一阶段，北方、江南和西南的社会经济都有恢复和发展。不过，有关这一时期的考古发现，目前还难于反映三国时期物质文明的概貌，特别是魏、蜀的资料更为缺乏。相比之下，近些年来对江南的孙吴时期的墓葬发现较多，其中有些颇为重要的发现，如朱然墓的发掘，因此对孙吴时期江南的物质文明，有了比过去更多的了解。

从 20 世纪 50 年代以来，在江苏、湖北、浙江、江西、安徽等省发现的孙吴时期的墓葬中，获得了数量众多的文物，包括铜器、漆器、青瓷器、陶器、铁器等，还有众多的模型明器，其中最能代表孙吴时期工艺技术水平的是铜镜的铸造和青瓷器的烧制。

孙吴的铜镜铸造技术，在东汉时期已有所发展的江南铸镜手工业基础上，又有了很大提高。制镜的地点集中在当时的吴县（今江苏省苏州市）、山阴（今浙江省绍兴市）和武昌（今湖北省鄂州），除了还铸造自东汉以来流行的盘龙镜、夔凤镜、方格规矩镜等旧式铜镜外，大量铸造的是更为精美的各种花纹复杂、构图多变的

湖北鄂州孙吴墓鎏金铜神兽镜

神兽镜和画像镜，仅神兽镜就可分为环状乳神兽镜、重列式神兽镜、同向式神兽镜、对置式神兽镜、求心式神兽镜等不同的花纹组合形式。因此在北方的铜镜制造业由于战乱而凋零时，江南的铜镜铸造业却呈现蓬勃发展的形势，生产出具有独特风格的精美作品，大放异彩。

孙吴时期的青瓷器，过去虽有少量传世品，但大量的发现，是 20 世纪 50 年代以后的事。在南京市赵士冈孙吴墓中出土的带有赤乌十四年（251 年）纪年的青瓷虎子，当年是极为引人注目的发现，上面还有“会稽上虞师袁宜造”的刻铭，更揭示出浙江上虞窑当时是很重要的烧造瓷器的地点。后来又获得了带有甘露元年（265 年）铭的青瓷熊灯，同时还获得了一对青瓷卧羊尊，它们同出于 1958 年在南京市清凉山发掘的一座孙吴墓中。这两种青瓷器制作精致，造型也有特色。熊灯的釉色呈土黄色，

孙吴赤乌十四年铭青瓷虎子

在灯盖以下由一个蹲坐着的小熊顶托，它用两只前足上抱头部，憨态可掬，颇为生动。那对卧姿的青瓷羊，显得安静平和，造型稳重，施釉匀净，光洁晶莹，工艺水平颇高，是孙吴青瓷器中的佳作。以后考古发掘中获得的孙吴青瓷器日益增多，有实用的日用器皿，也有专制的明器，例如上面堆塑有形象复杂的人物鸟兽楼阙的“谷仓罐”，也称作“魂瓶”，以及井、灶、仓、磨等模型。大量制工精致的孙吴青瓷器的出土，表明作为中国古代文明的重要标志之一的瓷器，已脱离了汉以前的萌发阶段，成为工艺成熟，可以大量生产的手工业制品。它那轻薄的胎体，晶莹的釉色，以及易于清洗、不存油垢和腥膻的特点，使它逐渐成为人们日常生活中必不可少的用具。制瓷的发明，又是中国古代文明的特色之一，是对世界文明的一大贡献，它也和丝绸一样，很快成为沟通中国与世界各国人民交往的重要商品。

孙吴甘露元年铭青瓷灯

提到中外文化交流，还可在孙吴时期的文物中寻到另一个值

南京孙吴墓凤凰元年青瓷谷仓罐

得注意的现象，就是在各地吴墓出土的铜带具、铜镜和青瓷器皿的装饰纹样中，常常可以看到有关佛教艺术的图纹。可以举出的例子不少，例如在湖北省武昌吴墓中发现过饰有佛像的铜带具，在湖北省鄂州等地发现过用佛像作图纹的铜镜，在江苏省南京市等地的吴墓中发现过用佛像作图纹的青瓷器和陶器……特别是一些“谷仓罐”上常有贴塑的模制出的小型佛坐像，它们和其他一些神仙、灵兽等的图像混同在一起。这种情形说明，从印度次大陆

湖北武昌孙吴墓佛像铜带饰

南京孙吴墓青瓷羊

传来的佛教，在江南地区早已流行，但起初人们对佛像还缺乏像后世那样的崇敬，所以还是随意把它作为装饰器物的一种图纹。直到东晋以后，佛像才不再出现在器物的装饰纹样中，那是因为佛教进一步发展，人们的信仰日趋虔诚，就不再做那种亵渎佛祖的事了。

湖北鄂州孙吴墓
佛像图纹铜镜

南京孙吴墓
贴塑佛像谷仓罐

短命的统一

“昔与汝为邻，今与汝为臣。劝汝一杯酒，令汝寿万春。”这首仿效孙吴时江南流行的“尔汝歌”，是那个喜欢活剥人面皮的暴君孙皓所作。当时他已投降晋朝，被带到西晋的都城洛阳，晋武帝封他为“归命侯”。有一次在宴会上，晋武帝为了戏弄他，问他会不会作南人的“尔汝歌”，孙皓不加思索地作了上述的一首，弄得晋武帝司马炎哭笑不得，像在兴头上吞吃了一只苍蝇。在孙皓降晋以前17年时（263年），蜀已被魏所灭，后主刘禅被送到洛阳当了“安乐县公”。但两年后魏就为晋所取代，司马炎自己做了皇帝。公元280年晋军攻吴，那时曾经称雄长江的孙吴水军，已经随着孙氏政权的荒淫腐败而衰落了，无力正面抗击晋军，只得采用了在江上横拦铁索以拒敌船的被动而愚蠢的对策，结果正

河南洛阳西晋墓随葬俑群出土情况

如唐诗所描述的："王濬楼船下益州，金陵王气黯然收。千寻铁索沉江底，一片降幡出石头。"孙皓的投降，最后结束了天下三分的局面，古代中国重归统一。不过这一统一的局面并没能维持多久，永平元年（291 年）发生的"八王之乱"，动摇了西晋王朝统治的基础，从而导致它的覆亡，使古代中国再一次分裂和动荡，黄河流域再次沉沦在战乱之中。

由于西晋的统一过于短命，所以传世的西晋时期的遗物极为罕见。只是从 20 世纪 50 年代在洛阳地区的考古发掘中发现西晋墓葬以来，才开始对有关西晋的物质文化有所了解。随着考古工作的蓬勃发展，在中原、山东和江南的许多省区不断发掘到这一时期的墓葬，加深了对西晋物质文明的了解。使人们可以依据考古学的标型排比的方法，辨识出西晋时期墓葬的特征。例如以牛车和鞍马为主的随葬陶俑群，包括具有特征的甲胄武士和牛状镇

河南洛阳西晋墓
陶镇墓武士俑

河南洛阳西晋
陶镇墓兽

墓兽，以及女侍和男仆。还有石刻的墓志，常常保留着圭首带有圆穿的碑石的形状。但是过去人们一直没有准确地寻获西晋诸帝的陵寝所在，原因可能是当时没有在地表堆筑巨大的坟丘，也没有营造豪华的墓室。据《晋书·宣帝纪》，司马懿死后，按他的遗嘱葬于首阳山，“为土藏，不坟不树”，而且规定“后终者不得合葬”。年岁久远，地面无迹可寻，因而难于辨识。西晋诸帝中，宣帝司马懿的高原陵、景帝司马师的峻平陵、玄帝司马昭的崇阳陵、武帝司马炎的峻阳陵、惠帝司马衷的太阳陵等虽都在洛阳地区，但历来只是根据文献和出土的有关墓志做些推测而已。

进入20世纪80年代，在南蔡庄及其以东的邙山南麓，进行了考古勘察和铲探，为解开晋陵之谜提供了一线希望，发现了两处西晋墓地。在南蔡庄村北 2.5 公里的山坡上，探查出排列有序、坐北面南的西晋墓 23 座，可能与晋武帝峻阳陵有关。这些墓中以 1 座位于墓地东部的最大（编号为一号），墓道长达 36 米，墓室长 5.5 米。其余 22 座分布在西部，规模较小，墓道一般长 17—22 米，墓室长 4.5—6.5 米，分作 4 排。另一处墓地在后杜楼村北 1.5 公里的枕头山。枕头山墓地发现西晋墓 5 座，也是坐北面南排列有序，最大的墓（编号一号）在东部，其余的在西部分排两列。墓地周围，还残存有茔垣和建筑遗迹。推测这一墓地很可能与晋文帝崇阳陵有关。但对这一墓地西部的两座墓（编号分别为四号和五号）进行发掘的结果，却是令人失望的，因为它们早年已被盗掘一空，无法提供任何对寻找晋陵有意义的线索。两座都是土洞墓室，拱顶，保存较好的四号墓的墓道长 26.3 米，甬道长 2.6 米，墓室长 4.7 米，宽 1.9 米，安有石门，以漆棺为葬具。两墓残存的遗物只有一些残损的盘、碗等陶器，以及少量铜扣、鎏金铜铺首、铁钩、串珠、桃形金饰等。

与上述两处被推定为帝陵的土洞墓室的西晋墓形成对比的，是 20 世纪 50 年代在洛阳城西发现的一些砖结构的西晋大墓，其中最引人注目的一座是葬于晋惠帝元康九年（299 年）的徐义的坟墓，她是晋惠帝皇后贾南风的乳母。这座墓的墓道长达 37.36 米，两侧自墓道口向下掘成向内递减的五层台阶的形状，最上的口部宽 5.1 米，墓道的深度达 12.2 米。据估算开掘这样长大的墓

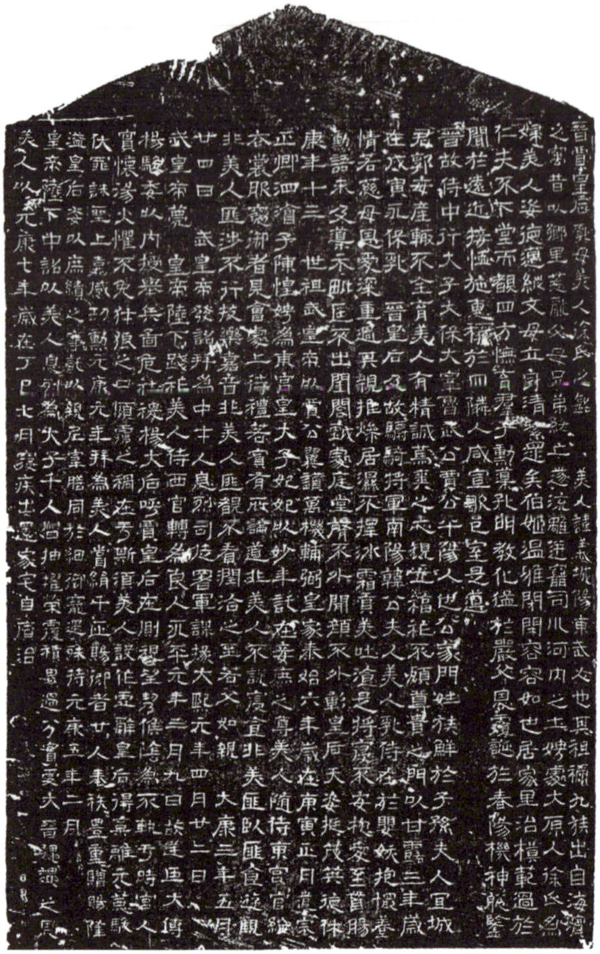

道，土方量至少在1000立方米以上。它的长度竟然比推测为峻阳陵的那座大墓还长1.36米。墓道与长2.3米的甬道相连，在甬道的前部安有两道石门，前面还用砖严密封堵，通过甬道可进入方形的砖砌墓室，为了模拟木构建筑，在室的四隅用砖砌成内凸的起棱线的角柱。墓虽遭盗掘过，但圭首状的石碑形墓志尚存。墓志面及背阴均刻铭文，正面刻铭22行，满行33字；阴面刻铭16行，满行23字，均隶书，志文长达千字。其中讲到她曾参与过贾后废杨太后之事有功，因而封为“美人”，赏绢千匹。这座豪华的大墓，正好从一个侧面反映出贾后当年暴戾骄横擅权的一个侧面。

洛阳西晋
徐美人墓石墓志

晋惠帝当了皇帝以后，政权全由杨太后的父亲太尉杨骏所掌握，因为惠帝司马衷是个白痴，当人们向他报告因天下荒乱，老百姓没东西吃多有饿死时，他竟然问：“为什么不吃肉粥？”这样糊涂的皇帝当然只能享乐，不能理政。于是皇后贾南风就设法铲除杨骏父女，以达到她的政治野心。她的手段是毒辣的，首先密召楚王司马瑋到洛阳，利用他与淮南王司马允合力杀掉杨骏，废杨太后。杨骏死后由汝南王司马亮辅政，她又利用司马瑋与司马亮的矛盾，使前者杀死后者，然后又处死了司马瑋。贾南风的这样擅权专横，引起本来就各怀野心的诸王不满，终于自食其果，为赵王司马伦所杀，时距其乳母下葬豪华墓室不过一年。接着为了争夺王朝的控制权，西晋诸王展开历时16年的混战，史称“八王之乱”。正是贾南风的骄横专权，最后导致了西晋王朝的倾覆。

江苏宜兴西晋周处墓铭文砖

已被发掘的西晋墓葬中，分布在江南的也颇值得注意，尤以在江苏宜兴发现的周氏家族墓为最。其中的一号墓，由墓砖的铭文可以知道墓主是那位“除三害”的英雄周处。他年轻时横行乡里，百姓将他与猛虎、恶蛟合称为“三害”。后来他发愤改过，并进山杀虎、入水斩蛟，于是三害尽除，家家欢喜。这个故事长期流传，因为它赞扬了勇于改过和奋发向上的民族精神。周处后来战死，归葬故乡。他的墓室使用了专为他特意烧造的墓砖，印有铭文，为“元康七年九月廿日阳羡所作周前将军砖”，是一座具有前后两个墓室的大型砖室墓。在这一处墓地，已经发掘了南北排成一列的6座墓葬，其中包括可能是周处的父亲周鲂和周处儿子

宜兴西晋周处墓青瓷香熏

周卫的坟墓。周氏是西晋时江南著名的豪族，这一家族墓地的发现，对了解当时大族的族葬具有重要价值。同时，这里的随葬器物也有与北方不同的特点，主要是放置有数量多而精美的青瓷器，胎质洁白，釉色莹润，除了日用器皿如罐、壶、盆、碗、盘、香熏等，以及具有极高的艺术价值的作品，如从4号墓出土的青瓷神兽尊等外，连随葬的明器也用青瓷制品，如杵臼、筛、桶、畚箕、扫帚等，以及堆塑有飞鸟人物楼阁的谷仓罐。看来在文化传统上还承继着孙吴，并未因西晋的统一而受影响。据研究，周氏墓中的青瓷器，可能是在当地的宜兴均山窑烧造的。

周处墓的出土品还在中国科学技术史研究方面引起过不小的波澜。在墓中出土有一组金属带饰和一些小的金属碎片，20世纪50年代对金属碎片的测定为铝质，并把碎片认为是带饰的一部分，因此认为带饰也是铝制品。这是公认的惊人的发现，因为在西方，铝是19世纪才被提炼出来的，而这次的发现表明中国早在西晋时就能炼出这种金属了，一时间引起中外学者极大的兴趣。但是一些治学态度严肃的学者，以后又对保存完整的全部 16 件带饰进行重新鉴定，采用一系列的科学方法，结果证明全部带饰都是银质的，而那小块金属碎片主要是铝，它是混入的现代物。因为该墓早年曾经遭过盗掘，而且 20 世纪 50 年代那次发掘也是先行打开，派人进去探测，取出一部分文物，再行封闭，两个月后才进行正式清理。那些铝质金属是从淤土中尽可能挑拣出来的，故可能是后来混入，不能作为西晋有铝的证据。对待周处墓金属带饰的重新研究，并能够更正过去不正确的结论，即使那种结论似乎为中国古代文明增添了“光彩”。这种勇于改过和奋发向上的精神，正与当年的周处相同，才真正为中华民族增添光彩。

宜兴西晋周氏墓
青瓷神兽尊

春风又绿江南岸

广东连县晋墓
陶犁田模型

“五马浮渡江，一马化为龙。”这是西晋太安年间流行的童谣，后来被附会为东晋开辟的预兆。西晋倾覆之后，五王南逃，其中的琅琅琊王司马睿在建康（今南京市）当了皇帝，于是“马”化为“龙”，从此又形成新的南北对峙。这时黄河流域正沉沦于战乱之中，社会经济遭到惨重的破坏，经过魏和西晋努力恢复的都城洛阳又一次化为灰烬，以后长期荒废。关中诸郡更是百姓饥馑，白骨蔽野，百无一存。在公元3世纪的永嘉年间，北方地区虽正陷入大动乱的极点，但江南的社会经济仍然未受影响。在广东省和广西壮族自治区发现的晋墓的墓砖上，常见“永嘉中，天下灾，但江南，尚康平”“永嘉世，九州空，余吴土，盛且丰”等铭文，正反映了上述实际情况。在广东连县的西晋墓中，有陶质模型，模拟牛耕情景，二人分别驾牛犁地和耙田，也反映着当时农业生产的发展和东南沿海的开发。

其实，当初西晋统一天下时，并没有触及江南孙吴时强宗豪族的利益，他们仍旧拥有雄厚的政治经济实力。虽然有些人到都城洛阳为官，但多遭北方世族排挤而不得志，所以当窥察到西晋王朝内部动乱的迹象时，不少人急返江南。张翰有名的“蓴羹鲈脍”的故事，正反映出这样的动向。据《晋书·张翰传》，他是原来孙吴高官的儿子，后担任齐王司马冏的大司马东曹掾。据说因见到秋风起，于是想起自幼喜爱的吴郡老家的菰菜、蓴羹和鲈鱼脍，于是弃官回江南，还发出“人生贵得适志，何能羁宦数千里以要名爵乎”的慨叹。其实他的弃官南归，本为避祸。事前他已向同郡的江南士族顾荣透露了“天下纷纷，祸难未已”，要顾“以明防前，以智虑后”了。随后顾荣终于也脱身南返，以后成为支撑司马睿称帝的南方世族的首要人物。正是受到南方的世族和自北方南下以王导为首的世族的联合支持，司马睿才得以建立了东晋政权，并使中国的政治、经济、文化重心，从疮痍满目的黄河流域，转移到江南，“春风又绿江南岸”，江南文化因之具有更为丰富的内容，呈现出生机勃勃的繁荣景象。东晋以后，相继出现了史称“南朝”的宋、齐、梁、陈政权，与孙吴、东晋一起合称“六朝”。六朝时期，也就是公元 3—6 世纪这一阶段，南方地区相对来说较为稳定，户口充实，经济发达，物产日趋丰富，典章制度逐渐完备，文化艺术繁荣，科学和工艺技术等方面也有长足的进展。

在工艺方面，最突出的还是瓷器制造业的进步，在孙吴时青瓷发展的基础之上，东晋、南朝时期又有了新的突破，特别是烧制瓷器的地点，已从孙吴、西晋时以江苏省的南部和浙江省为主，扩展到遍及江南、湖北、湖南、福建、广东和四川的各地。同时除了精美的青瓷外，浙江德清窑在西晋时已出现的黑釉瓷器，到东晋和南朝时产品显得更为成熟，制工日渐精美。

瓷业所以有这样的发展，从制作技术来看，瓷窑结构的进步是起主要作用的。从孙吴、西晋时已使用的“龙窑”，系利用山坡斜面筑成，窑室低而狭长，有的长达十数米，故称这种窑为龙窑，它的优点在于能够控制火候，使得烧制温度高而均匀，从而保证了产品的质量。在装饰纹样方面，开始较多地使用莲花图案，出现形体高大纹样复杂的莲花尊，在南京市麒麟门外灵山出土的一件，高达 79 厘米，器表布满以划花、刻花、贴塑为手法的莲瓣、飞天等纹样，器身由覆莲与仰莲合成，下面两重覆莲瓣构成的高圈足，气魄宏伟，装饰华美，确是南朝青瓷中的精品。

南京灵山南朝墓青瓷莲花尊

瓷器的大量生产和普及使用，使得六朝墓葬的主要随葬品也有

了变化。青瓷质的器皿替代了汉魏时期流行的陶质器皿，例如在浙江省黄岩发掘的32座晋墓中，出土的瓷器多达123件，而陶器仅有17件，二者的比例7.2 ∶ 1。在一些世家大族的墓葬里，随葬的日用器皿更多的是青瓷质地，而陶器主要用来制作模型明器。例如南京象山发现的王氏墓群，其中以七号墓的出土文物最丰富，除了放在壁龛中的青瓷灯盏和置于墓室四隅的青瓷灯外，日用的唾壶、香熏、盘口壶、鸡首壶、罐、盆、盘、洗、羊尊和虎子等，都是青瓷器，而陶器则有床和凭几的模型，以及牛车、鞍马和侍从陶俑，还有仓囷的模型，此外只有几件陶盘、耳杯和砚等用具。除了陶瓷器皿和明器外，这座墓中还出土有青铜制造的熨斗、鐎斗、熏炉、方炉、

南京东晋王氏墓
青瓷鸡首壶

南京东晋王氏墓
玻璃杯

唾壶、弩机和镜，以及金银器和各种珠饰。特别是有两件玻璃杯和一件金刚石指环，都是从西方输入的物品。这样的贵重物品，是当时世家名门才能享用的。可惜这座墓中没有发现墓志，不能确知所葬死者是谁。

象山的王氏家族墓，除了上面谈过的七号墓外，另外还发掘了 10 座。除二号墓时代较迟外，其余都是东晋时的墓葬，而且有 8 座出土有石刻或砖刻的墓志，但十号墓中的墓志所刻文字已残泐无迹。其余诸墓所出土的墓志有石质的，也有砖质的。4 方石刻墓志中除 1 方残泐无字外，分别是从一号墓中出土的王兴之墓志，正面刻咸康七年（341 年）王兴之墓志，背面刻永和四年（348 年）王兴之妻宋和之墓志；九号墓出土的泰和六年（371 年）王建之墓志与王建之妻刘媚子墓志。7 方砖志中，五号墓中出土的是升平二年（358 年）王闽之墓志；三号墓中出土的是升平三年（359 年）王丹虎墓志；六号墓中出土的是太元十七年（392 年）王彬妻夏金虎墓志，八号墓中出土的是泰和二年（367 年）王仚之墓志，九号墓中还出土刘媚子的另一方墓志，十一号墓出土的王康之（永和十二年，356 年）与妻何法登（太元十四年，389 年）墓志。据以上 10 方墓志，可以确知这里是琅琊王氏的一个支系的家族墓地。琅琊王氏也正是南迁的中原豪门世族中重要的代表，因为王氏与谢氏一直是司马氏建立东晋政权的主要支柱。谢氏的家族墓地也有发现，在雨花区铁心桥司家山发掘了谢氏的一个支系的家族墓地，发现 7 座墓葬，出土有义熙二年（406 年）谢温砖志、义熙

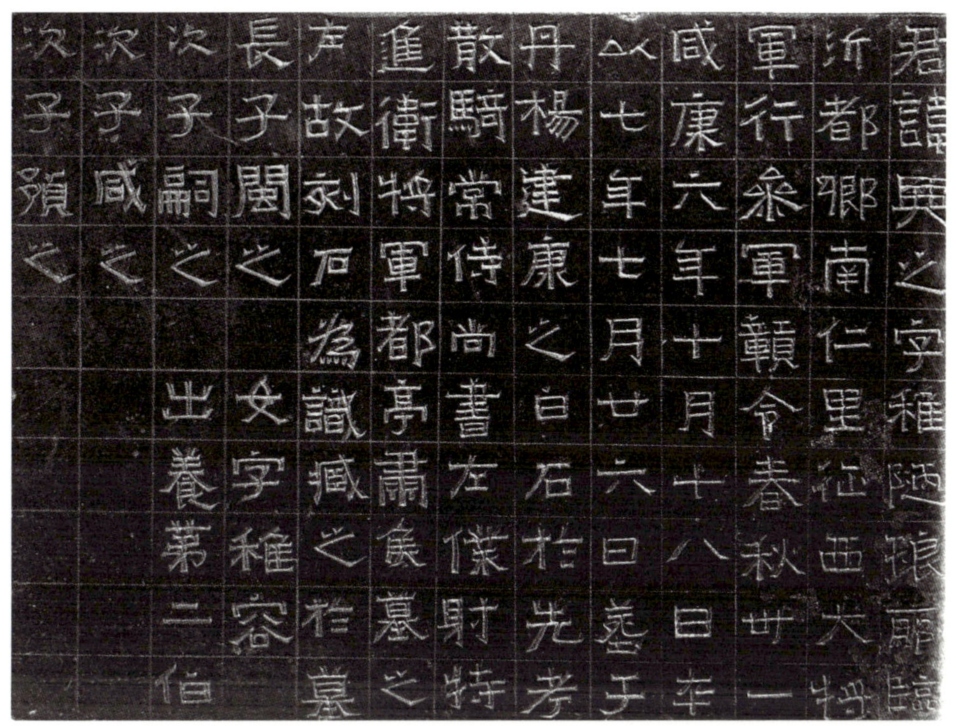
君諱興之字稚陋琅耶臨
沂都鄉南仁里征西大將
軍行參軍贛令春秋卅一
咸康六年十月十八日卒
以七年七月廿六日葬于
丹楊建康之白石于先考
散騎常侍尚書左僕射特
進衛將軍都亭肅侯墓之
左故刻石為識藏之于墓
長子閩之 女字稚容
次子嗣之 出養第二伯
次子咸之
次子預之

东晋王兴之石墓志

三年（407 年）谢球砖志、义熙十二年（416 年）谢球妻王德光砖志与宋永初二年（421 年）谢珫砖志。还在中华门外戚家山发现了谢鲲墓。其余的大族墓地，在南京也屡有发现，如在挹江门外老虎山南麓的琅琊颜氏的族葬墓地、仙鹤门外吕家山李氏家族墓地和仙鹤观高氏家族墓地等。其中象山王氏墓地的考古发掘，在 20 世纪 60 年代初（当时还仅只发现了其中的一号至四号墓）突然引起学术界的瞩目，除了历史学或考古学方面的意义外，那是因为当时墓地出土的几方墓志的书法，基本上都保持着隶书体段，因此钩稽起中国书法史上的一桩积案。

东晋永和九年（353 年）在会稽山阴之兰亭，大书法家王羲之曾与友人聚会，后写下了《兰亭序》这一书法作品，被后世尊为法书典范。据说传到唐代，存于僧辩才之手。由于唐太宗李世民极喜爱王羲之书法，监察御史萧翼便演出了赚兰亭的不光彩的一幕，于是《兰亭序》进入皇宫。唐太宗死后据说随葬于昭陵之中，传世的《兰亭序》帖，系唐人据真本所摹写者。到了清末，广东的李文田突然发难，对传世的兰亭帖提出疑问，他认为东晋人写的字不会有帖中那样的楷体，只能同云南发现的爨宝子碑及爨龙颜碑那样的隶书笔意，那两块碑分别刻于东晋与刘宋时期，但是这仍属缺乏实证的假设。当王氏墓群的王兴之夫妇石墓志和王丹虎、夏金虎的砖墓志被发现以后，在20世纪60年代就被人急迫地作为李文田主张正确的实物凭证，掀起了声势浩大的否定《兰亭序》书法的浪潮。在20世纪70年代初文物出版社编成的《兰亭论辩》一书中还把那场“笔墨官司”上升到是唯物主义还是唯心主义的高度，煞是吓人。

其实那些依据先出的几方王氏家族墓志，就武断地得出确定不移的结论，一方面是太性急了，因为田野考古发掘的结论总要在全部工作结束又经过认真的整理研究后才较准确，一处墓地最好是经全面揭露后再得出初步的结论。另一方面他们又缺乏对田野考古发掘的基本常识，也就是不懂得古人不是把什么都留在地下（也不是把什么都在留下的文献中写清楚了），今人更没有将尚留在地下的遗迹和遗物都发掘了出来。仅据一项尚未完成的工作的初步发现，就武断地得出结论，看来才真是“唯心主义”吧！

现在象山王氏家族墓已发现了11座墓，出土墓志也增加到10方，从这些墓志来看，并非其字体都属隶书体段。可以看出所出石志是刻工规整的隶书，而砖志的刻文就有所不同，有的笔体严谨，隶意浓郁；也有的笔体随意，隶味不浓；还有的已是尚带有隶书影响的楷体。在上述王谢家族墓中年代最迟的谢琉墓中，墓志分刻于6块砖上，连续刻出长达681字的志文，通篇楷书体清晰，纯熟流畅，刻划有力。另外，在南京太平门外发现的刘宋元徽三年（475年）的明昙僖墓志，由石灰岩刻成，志文30行，满行22字，全文超过600字，志文楷书，也是出土六朝墓志中文字较多的一件，表明在刘宋时期已流行用字体漂亮的楷书书写墓志了。所以仅据大明年间的爨龙颜碑，即说刘宋时全用隶体刻石是极不全面的。相信随着今后考古事业的进一步发展，会有更多的新材料出土，古代书法历史的本来面目，终会显露在世人面前。本来东晋时在造型艺术等方面（包括书法）以创新为时代风尚，认为大书法家王羲之仅固守所谓汉魏隶书的传统藩篱而不敢超越的看法，是没有什么根据的。至于有人再把王兴之墓志附会成王羲之所书，自然更是毫无根据的臆测。

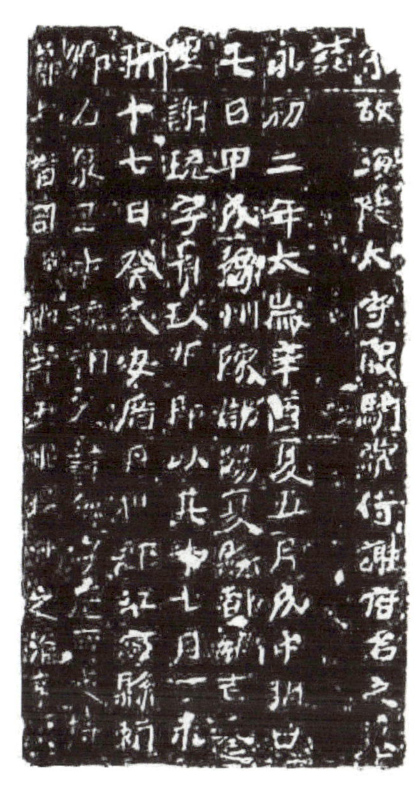

南朝谢琉墓志

当时东晋文化虽然可以说是直接沿袭自西晋，但是也融入了新的因素而有很大发展。中原世族和民众的大量南迁，促进了南方的经济开发，也进一步带去了传统的汉晋文化。而江南地区的孙吴文化，三国时已达到相当高度，在西晋短暂的统一时也仍然保持着原来的发展势头，这时就与南渡的汉晋传统文化相融合，形成新的东晋文化。由于动乱和长途搬徙，为突破汉晋文化的旧有藩篱提供了条件，与孙吴文化的融合又为其注入了新的养分，这种文化上的变化为艺术领域的创新提供了有利的土壤。因此东晋时绘画、雕塑、书法等方面的艺术之花竞相怒放，呈现出一派繁荣情景，涌现出如顾恺之、戴逵、王羲之等著名书画和雕塑家。他们都能在其各自从事的艺术门类中开风气之先，创造出具有时代风格的不朽艺术杰作，并对后世产生深远的影响。从这样的意义来考虑，可以断定王羲之书法之所以受人崇敬，正在于创新，在于前无古人而开一代风气之先。顾恺之的绘画也是如此，他的作品超越于汉魏绘画艺术，所以当时谢安称赞他的画是“自生人以来未有也”，自是前无古人之作。

绘画方面的创新，正在于突破汉魏画家的陈旧模式。画家不是着力于“应物象形”，而是力图达到“气韵生动”。故此唐张彦远《历代名画记》中论顾恺之用笔时，称他“意存笔先，画尽意在，所以全神气也”。据说瓦棺寺初置，请士大夫施舍，没有过十万的，到顾恺之时他一施注即为百万。由于他素贫，都以为他是说大话。当寺僧向他索钱时，他让在寺中准备一面墙壁，“遂闭户往来一月余日”，画成维摩诘像。画好后告诉寺僧第一天来看画的人须请施十万，第二天须施五万，第三天可随意施给。“及开户，光照一寺，施者填咽，俄而得百万钱。”可惜瓦棺寺等六朝名寺，早已泯灭，精美的壁画自然随之断踪。至于原作于纸帛上的画迹，更经不起岁月的销蚀和人为的损毁，以致帛朽纸败，丹青无迹。近世只能依据传说为顾恺之作品的后人摹本，来窥探推测当年顾画的原有风貌。20 世纪 50 年代以来的考古新发现，才又为人们开通了另一个得以窥视六朝绘画真貌的窗口，那就是在南京、丹阳一带东晋南朝时期墓室壁面上的拼镶砖画。

东晋南朝的拼镶砖画，是在汉代的画像砖艺术的基础上发展起来的，在形式上突破了原有的一砖一幅画的格局，在艺术上也摒弃了原有的模式，从技法到题材都反映出东晋时开始的造型艺术的创新精神。目前发现的最早的砖画，是南京万寿村附近的东晋永和四年（348 年）墓中的两幅。一幅是由两块砖的侧面拼合的龙，上有榜题“龙”字；另一幅是由 3 块砖的端面拼合成的，画面正中是一头蹲坐状的猛虎，昂首左顾，似欲张口狂啸，线条简练劲健。画面四角各有一隶书题字，为“虎啸丘山”。此后用增加砖数的办法，从用几块砖到用几十块砖，把画面扩大，到东晋末至南朝初，常能使画面的长度超过 2 米。题材也从龙、虎，扩大到日、

南京东晋墓“虎啸山丘”拼镶砖画拓本

月、狮子、披铠武士、甲骑具装、执戟侍卫、鼓吹乐队等多种，最有艺术价值的是“竹林七贤”和荣启期的画像。这样题材的砖画在南朝墓中已发现 4 处，都是分作两幅对应砌在墓室的两侧壁面上。其中以南京西善桥的一座砖墓中的拼镶砖画保存最好，一边的画面绘出王戎、山涛、阮籍、嵇康，另一边是向秀、刘灵（伶）、阮咸、荣启期。另外 3 处都发现在丹阳的大墓中，基本构图相同，但各人像的具体位置有些差异。根据像旁的题榜，吴家村墓的砖

南京西善桥墓“竹林七贤和荣启期”拼镶砖画拓本

画，一边是阮步兵、山涛、刘伶、嵇康，另一边是荣启期、阮咸、山司徒、王戎。金家村墓砖画，一边是阮步兵、山涛、刘伶、嵇康，另一边是王戎、山司徒、阮咸、荣启期。都是把向秀的名字漏掉了，而山涛的题名又搞重复了，而且有些人像与题名不合，看来是工匠据粉本刻模制砖时出现的差错。竹林七贤是西晋名士，但七贤的画像在东晋已颇流行，当时名画家如戴逵、顾恺之、史道硕等都画过这一题材的作品。南朝时七贤题材继续流行，刘宋时期的陆探微和南齐时期的毛惠远的作品，都流传到唐代。同时宫殿中壁画也出现过这一题材，据《南史·齐本纪》，东昏侯萧宝卷建玉寿殿时，就绘有七贤壁画，并以美女侍于七贤像侧。由此可以推测砖画所据确是出于名家粉本，但到底源于哪位画家，目前难于确定。或认为出于顾恺之，或认为出于戴逵，或认为出于陆探微，但都缺乏确证。倒是把这几幅砖画作为了解这一历史阶段绘画风格的代表，更为切合实际一些。由于中国古代绘画在技法方面，突出地运用了线条。不仅用线勾勒物像的主要轮廓，还靠它表现人物的眉目口鼻等五官的细部，至于衣带纹褶也莫不靠线条来表示，然后填涂浓色，也许就是“工笔重彩”的传统吧！模印的砖画，也正是以凸起的线条表示一切，因此恰好在这一点上比较真实地表现了当时绘画的特色。因为从文献资料知道东晋南朝的绘画大师，其作品的特色都是在于线条的运用，不论是顾恺之的“紧密联绵，循环超忽”，还是陆探微的“笔迹劲利，如锥刀焉”，以及张僧繇的“点曳斫拂”，“钩戟利剑森森然”，都主要靠劲健的或密或疏的线条来表现。砖画由于是模印烧制，因此线条硬挺，可以很好地表现出当时绘画用笔那种劲健的线条趣味。这是后世人摹顾恺之绘画时使用了唐宋人的笔法所无法比拟的。现在再来看一下七贤砖画所表现的对汉画的继承和突破吧！首先它在布局上是把整幅画分为对称的两部分，每一部分又匀称地分割为几个独立的片断，没有维系其间的有机联系，切割开都可以自成一幅。其次画面以人物为主，身旁的树木花卉等与人体不成比例，且具有图案意味。这些尚保留着汉画的遗风。但是它又显示了新的突破。首先是虽然还采取分割式的布局，但摒弃了汉画像习用的呆板的图案边框，以树木进行间隔。并且利用树木品种的不同，或槐或柳，或银杏或阔叶竹，加之位置前后错落，因而避免了呆板的缺点，使画面显得灵动而富有变化。其次虽仍以人物为主，且均为正面或微侧的坐像，但和汉画相比，已经能够明显地表现出不同对象的特定性格，而不仅是有年龄或服饰的差别。例如傲然端坐鼓琴的嵇康，侧卧舞弄如意的王戎，仰首吹指欲啸的阮籍，倚树闭目凝思的向秀等，无不表露出性格方面的不同特征，各尽其妙，是相当生动的肖像画。特别是刘伶

西善桥墓拼镶砖画局部刘灵（刘伶）图像拓本

的画像，他曲一膝踞坐，左手捧一大耳杯，双目凝视杯中美酒，并以右手食指微蘸了一些酒，正想举起先嗅一下酒香，把嗜酒如命的酒徒喜获佳酿的形象，活灵活现在观者面前，已经达到谢赫所谓“气韵生动”的境界。六朝书画划时代的创新，为中国文明的轨迹上增添了新的耀目的光斑。

大型的拼镶砖画，只是帝王勋贵的墓葬中才有可能享用的高级艺术品。至于那些由三五块或七八块砖拼成的小幅砖画，可能较为普及，分布范围也超出都城建康附近地区。例如在江苏常州戚家村的一座六朝晚期砖墓里，就有由7块砖拼成的青龙、4块砖拼成的神兽和飞天、3块砖拼成的朱雀等小型砖画，构图也颇生动，并具浮雕效果。至于一砖一画的画像砖，在六朝时也仍流行于江南，构图风格日益转向纤巧繁褥。同时不少具有佛教色彩的图像开始出现，例如飞天以及由莲花、荷叶和忍冬组成的各种图案，更富装饰趣味。人物形象也更生动传神，常州戚家村的画像砖中的一些侍女和仆僮的形象，就是很突出的例子。至于构图的变化和题材的多样，则推邓县的画像砖，由于发现时上面还保留有色彩，更加华美多姿。

江苏常州戚家山南朝画像砖持炉女侍

随着南方经济向东南沿海扩展，画像砖艺术也随之向东南沿海的广大区域扩展。福

建省闽侯的画像砖墓，大约是画像砖艺术扩展到东南的最远的例子。墓中的画像多模印在砖的长侧，也有印于端面或由两块砖拼成一幅的，题材除青龙、白虎、翔鹤、翼鱼等以外，多是与佛教有关的图像，如飞天、僧人、宝炉、狮子和各种忍冬、莲花组成的图案，纹样繁多，线条流畅，构图简练而富于变化，动感极强，显示了与江苏一带的画像砖颇为不同的独特风格。

地下墓室中成组的大型拼镶砖画，使帝王的陵墓更加富丽壮观。以保存最好的丹阳建山金家村大墓为例。从甬道口向内走，首先出现的是甬道顶上的两幅，偏东是内立三足乌的一轮圆日，靠西是内有桂树下玉兔捣药的一轮满月。再向里走，是对称地蹲踞在左右两侧壁面上的狮子，长鬣利爪，张口伸舌，形象威猛，为死者守门以辟除不祥。接着是一对手扶长刀的披铠武士。进入墓室以后，两侧壁面均拼镶有上下两栏砖画。靠前部上层是体态修长的青龙和白虎，它们既是表示方位的神兽，也是引导死者灵魂的前导，画面各长 240 厘米，气势宏伟。在龙和虎的前面，各有一位毛羽遍体的仙人，手执仙草，他回身引逗召唤着龙和虎，向天空飞去。在仙兽身躯上方，又各有三位凌空飞舞的 “天人”相随，或捧仙果，或捧丹鼎，体态婀娜，衣带飘飞，配上虎龙周围飞腾的朵朵浮云，更使得整个画面灵动起来，产生凌云飞升之感。在龙虎之后就是七贤砖画。在它们两幅的下栏，是死者出行的仪卫卤簿，自前而后排列着四幅对称的砖画，以人马都披着铠甲的“甲骑具装”为先导，随着是执戟的仪卫和高举伞盖的卤簿，最后是三骑一组的鼓吹乐队。全墓的砖画，组成一曲墓内死者企图带着人间的仪威权势于死后的梦幻曲。据考证，这座大墓有可能是南齐废帝东昏侯萧宝卷的陵墓。

如果说帝王陵墓地下墓室的砖画，是死者企望带着人间的威权于死后的梦幻曲，那么在陵墓地面冢墓前的巨型石雕群，则是显示着当时时代精神的一曲浑厚的交响诗。六朝陵墓前的石雕，目前只有南朝的作品保留了下来，共存 31 处。分布在南京及近旁的江宁、句容、丹阳 3 县。其中属于帝王陵前的有 12 处，王侯墓前的有 19 处，多数曾遭破坏，颇有残缺。原来大约是安置有石兽、

南京梁萧秀墓石刻

石柱、石碑各一对，但目前仅有一组保留完整，即南京市尧化门甘家巷的梁安成东王萧秀墓，其余各处全有缺失，但以石兽遗留下来的数量最多。现存南朝石雕以刘宋时期的石兽为最早，齐、梁时期的保存最多，品种也齐全，陈代很少且仅存有石兽。

南朝陵前的体量巨大的石兽，有人认为帝后陵前的头上生角，应称天禄（鹿）和麒麟；王侯墓前的无角，可叫辟邪。它们前肢肩部均雕有双翼，故此头是沿袭着战国汉魏以来有翼神兽的传统。以之与西汉霍去病墓前石雕相比，雕刻技法的进步极为明显，与东汉时四川或河南发现的石雕神兽相比，也有相当大的突破。表现出到六朝时期，大型立体造像的技法已相当纯熟。神兽的姿态，都作四足伏地、挺胸昂首状。过去有人认为颇有西亚北非雕刻的味道，其实它完全是中国文明的结晶。人们只要先去看一下战国时期中山王陵出土的错金银有翼神兽，就可看出南朝陵墓石雕姿态的渊源所在，四肢微曲，四爪按地，挺胸昂首的态势，神韵一般无二。两者只是质料不同，体量有大小，时代风格有所变化而已。南朝陵墓前的石兽，伏在绿野中，昂首直对苍穹，更加令人有积聚力量即将腾飞之感，颇有气势。不过又由于时间先后不同，作品表现的气势随之变化，宋刻的神兽稍感简朴，更显浑厚自然。齐、梁的作品态势更为生动，而王侯墓前的因兽体雕饰较少，故更觉简洁而蕴藏着无穷的潜力。到了陈代，国势日微，衰败之气自然反映到艺术作品上，所雕石兽的头颅颇大且向后仰，显得缩颈拱肩，无复过去那挺胸傲视的雄姿，且神兽的四肢矮短无力，四足的趾爪上翘，不是原有的用力按地而欲腾身飞跃的态势。它已经无法腾飞了，因为双肩的翅膀已退化，与身体不成比例，只能视作一种附加的装饰品。如此疲弱乏力的巨兽，只得把那还长得颇为硕大的趾爪翘起来，借以吓人，实足一副色厉内荏的姿态，似乎预示着王朝的衰微乃至覆亡。

南京梁墓
石神兽

三角缘神兽镜之谜

日本铜“天王日月”铭三角缘神兽镜

日本境内，曾出土过数量相当多的以神兽为主要装饰纹样的铜镜。纹样具有高浮雕那种立体感。特别是铜镜的外缘隆起甚高，顶端是尖的，断面呈三角形，所以习称“三角缘神兽镜”。过去一般认为它们是从中国用船运至日本的“舶载镜”，是三国时期曹魏的统治者赠给当时日本的倭女王卑弥呼的赠品。而且有的镜上出现了“景初三年”和“正始元年”的纪年，以及“铜出徐州，师出洛阳”等铭文，更与《三国志·魏书·倭人传》中所记，邪马台国女王的使者到曹魏都城洛阳一事相合。但是随着中国和日本两国境内考古调查发掘工作的开展，使人对上述看法产生了怀疑。因为在日本“古坟时代”的古坟中不断发现这种所谓“卑弥呼之镜”的三角缘神兽镜，数量已达300枚之多，早已超过《倭人传》所记曹魏赠倭女王铜镜“百枚”的数字。另一方面在中国全国各地虽然发掘出土大量铜镜，迄今并没有发现过一枚那种式样的铜镜。难道它们真是曹魏君主专门为倭女王设计制造的，然后又一面不剩地运去日本，因而在中国未留踪迹吗？这确实是一个谜。因此引起中日两国学者的重新思索，为了揭出谜底而进行新的研究。

近些年来中国学者提出了新的看法：认为三角缘神兽镜并不是中国曹魏时在北方铸造的铜镜，也不是魏帝给倭女王的赠品，而是渡海去到日本列岛的江南吴的工匠，在日本参照吴镜中的各种平缘神兽镜，以及三角缘画像镜，设计出来新的式样。在设计时不仅特别突出了三角形断面的镜缘，还重新调整了纹样的组合和构图，增添了中国铜镜中不见的“笠松形”等纹样。至于使用曹魏年号，那是由于中国工人出走国外，而当时北方的魏象征着正统，都城洛阳是中国传统的都城，故使用了魏的年号。“师出洛阳”则仅是匠师矜夸的虚词，而铭文中的“绝地亡出”等语也表露了工匠的“亡命而出，至此绝地”的心情。同时镜铭中也标明了工匠在中国时的故乡所在，铭文中有“京师”和“蔿师”，“师”是镜师，“京”和“蔿”是地名，吴时的“京”城，在今江苏省镇江市附近，后又叫“京口”；“蔿”即“州”，指扬州，都是江南的吴地。因此，这些式样特殊的铜镜是吴的工匠东渡日本在远离故乡的异地所铸造。1986 年 10 月，日本国京都府福知山市东羽合广峰古坟群第十五号坟出土了一枚有“景初四年”纪年铭的三角缘盘龙镜，作镜的工师是“陈是（氏）”，应该是与制造景初三年铭三角缘神兽镜的工师为同一个人。据《三国志》记载，曹魏的明帝死于景初三年正月，齐王芳继位，当年仍沿用景初三年的年号，到第二年改年号为“正始”，因此中国历史上并没有“景初四年”这一年号。发生这种差误，只能是因制镜的工师远在异国他乡，不知改元的消息，才会错误地沿用“景初四年”的年号铸镜。如果确为以上情况，正为中国工匠在日本作镜，增添了有力的证据。

目前虽然不能说三角缘神兽镜之谜已经解开，但是不论是哪一种主张，有一点却是不可动摇的：那就是从数量众多的日本发现的三角缘神兽镜，表明中国三国时期的文明对东邻日本有着深远的影响。从《三国志》的记载看，北方的曹魏与日本的邪马台女王有使节往来，还保存有当时魏皇帝赠物给女王卑弥呼的诏书的内容。同时《三国志》《后汉书》等史书中，都记载有吴地会稽的人民渡海去澶洲以及澶洲的人来会稽贸易的事，“澶洲”正是当时日本列岛的一部分，说明孙吴时中国江南与日本有海上交通。在日本古坟中出土的铜镜中，有许多吴的铜镜，有的纪年明确，例如山梨县鸟居原古坟出土有“赤乌元年”铭对置式神兽镜、兵库县安仓古坟出土有“赤乌七年”铭对置式神兽镜等。大量吴镜在日本的遗迹中出土，正是江南与日本间存在海上交通的物证。因此吴的匠师渡海东去日本，自然是可能的。到了东晋、南朝时期，古代日本与中国的使节往来，就正式由北方转至江南。从东晋安帝义熙九年（413年）到宋顺帝升明二年（478年），日本的倭王赞、珍、济、兴、武五位王先后约十次遣使来中国，到达建康。齐高帝建元元年（479年）和梁武帝天监元年（502年），中国方面又都授倭王武以封号和官职。据日本的《日本书纪》（雄略天皇十四年）记载，当时日本曾向吴国（指南朝）求织工和缝衣工。因此，日本的服饰受到了中国南朝的影响。据《三国志 · 魏书 · 倭人传》记载，3世纪时倭人男子“其衣横幅，但结束相连，略无缝”。妇女“作衣如单被，穿其中央，贯头衣之”。传世的《职贡图》中所画出的“倭国使”，上身赤裸着，仅仅披有结束相连的横幅，下面是光赤着双脚，没有穿鞋子，其形象确实同《倭人传》的记载相同。但是，我们再看一下从日本关东地区的许多古坟出土的人物“埴轮”（和中国的陶俑相近似的明器）看来，5世纪至6世纪的倭人，

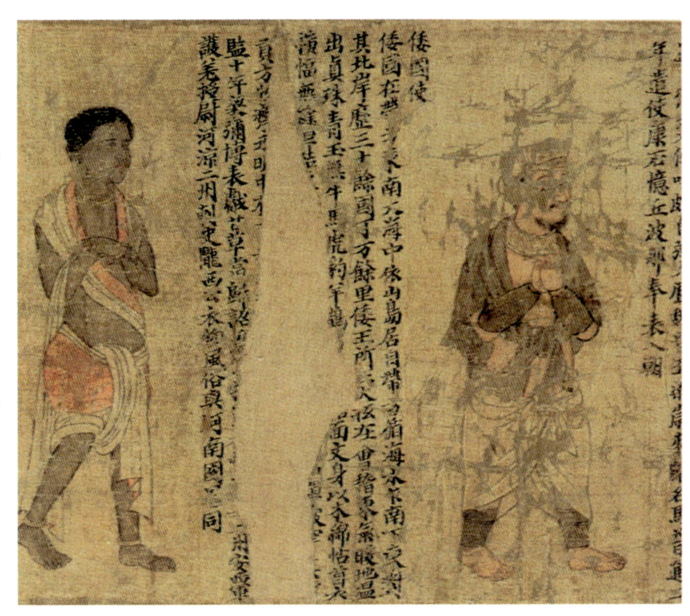

《职贡图》
倭人使像

日本古坟男子及女子埴轮

他们的服装已经与《倭人传》中所记述的有了很大的变化。以群马县伊势崎市八寸古坟出土的礼装男子埴轮和礼装女子埴轮为例，男子再不是结束相连的横幅，而是上身穿交领衣，下穿长袴，在膝盖以下用带结缚，很像当时中国流行的“袴褶”。妇女也不再穿“贯头衣”，而是近似中国的长裙。

据《宋书》记载，日本的倭王武派遣到中国南朝的使节，是经由朝鲜半岛上的古代国家百济，然后到达中国江南的，说明百济对中国古代文明传往日本，曾起过中介作用。据中国和日本两方面的文献记载，中国东晋、南朝的典籍、文物，有许多是通过百济传入日本的。令人感兴趣的是，目前日本还保存有4世纪时百济赠予的“七支刀”，刀上的纪年用的却是中国东晋的年号“泰和四年”。而在《日本书纪》中，记载了神功皇后五十二年时百济赠送过“七支刀”一口和“七子镜”一面，说明了当时海东这两个古代国家间的文化交流。“七支刀”既然保存至今，说明百济赠的“七子镜”也确有其事。那么所说的“七子镜”又是什么样的铜镜呢？

原来“七子镜”本是中国古代的一种铜镜，它的名字曾出现于南北朝时期的诗句中。当时诗人常喜用明镜来比拟明月，正如北周诗人庾信诗中所说“明镜如明月”。但是用特定式样的铜镜去比拟明月，则十分罕见，仅能在南北朝时的诗中寻到，能够举出的有南朝时梁简文帝的一首《望月》：“流辉入画堂，初照上梅梁。形同七子镜，影类九秋霜。”这里以“七子镜”来比拟明月，表明它是当时较为受人珍视的一种铜镜。由南方沦入北周的诗人庾信的一首《望月》，也有同样的比拟：“夜光流未曙，金波影尚赊。照人非七子，含风异九华。”这句中的“七子”也正指“七子镜”。所谓七子镜，是东汉时已流行的多乳兽带镜的一种，它的特征是除在镜纽周围分布八个小乳外，在镜的内区的兽纹带上又有七个较大的乳。这七个乳的形象与其他镜乳不同，中央有凸出的小纽，周雕连弧纹，做成七面小的连弧纹镜的样子。这七个拟镜形的乳，就被视为大镜的七子，由是名为“七子镜”。七子镜这种形制特殊的多乳兽带镜，在西安、广州等地的汉墓中常有出土，它盛行于东汉晚期。从南北朝诗中用它比拟明月来看，说明直到那时人们依然珍重这种形制的铜镜，所以才有被诗人写入诗句的荣幸。

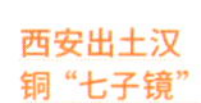

西安出土汉铜“七子镜”

那么百济的“七子镜”源于何处呢？这一问题由于武宁王陵发掘的收获而找到了答案。百济的武宁王，就是中国史籍《梁书》所记的百济王余隆。据出土的墓志，他死于癸卯年，即梁普通四年（523年），葬于普通六年（525年），为乙巳年，时间与《梁书》

百济武宁王陵

所记相近。他的墓葬明显是效仿中国南朝大型砖室墓的形制，也设有同样的砌于壁上的直棂假窗和桃形灯龛，灯龛内放置青瓷灯盏。墓中还放有用中国汉字书写的墓志和买地券，以及背有鬃毛的牛状石质镇墓兽。以墓志为例，从形制到内容都与南朝的墓志如出一辙，而且志文中称百济王为“宁东大将军”，也正与梁朝所赠官职相符合。这些显示出当时中国南朝和百济两国关系之密切，也显示出百济受南朝文明影响之深。墓室内随葬的青瓷器和铜器等物，有的就是从中国所输入的。其中就有一面至今保存完好的“七子镜”，正好与梁简文帝诗中所咏“七子镜”相对应。它应该是从中国南朝所输入的，正是当时两国友好关系的有力的物证。

在百济武宁王陵近旁的宋山里第6号坟的墓砖侧面，还曾发现汉字铭文“梁官瓦为师矣”，更表明当时百济制砖曾得到来自梁朝工匠的指点。那座墓也是拱券顶的砖室墓，在墓室四壁还按东、南、西、北四方位绘出青龙、朱雀、白虎、玄武四神图

百济武宁王陵铜“七子镜”

像，青龙、白虎等的形态特征也与东晋南朝墓壁画和拼镶砖画中的龙、虎相同，均可证明《梁书 · 诸夷 · 百济传》所记：“中大通六年、大同七年，累遣使献方物。并请涅槃等经义、毛诗博士，并工匠、画师等，敕并给之。”确是历史事实。除宋山里古坟群外，其他百济古坟中也常出土有显示南朝与百济联系的遗物，例如韩国江原道原城郡法泉里 2 号坟出土的卧姿青瓷羊，其造型完全与中国南京、镇江东晋墓出土的青瓷卧羊相同，同样是中国古代文化对百济影响的实物例证。

韩国青泉里瓷羊

除了古代墓葬方面的实例以外，在百济的佛教寺院遗址和出土物中更强烈地显示着中国南朝的文化影响。据《三国史记 · 百济本纪》，当东晋孝武帝太元九年（384 年）胡僧摩罗难陀自东晋来到百济，受到沈流王礼敬，于次年春二月创建佛寺于汉山，百济佛法始于此。到南朝萧梁时，不但佛寺建筑和造像受南朝影响，而且据《三国遗事》记述，在大通元年（527 年）丁未，也就是百济圣王五年，百济王曾为梁帝创寺于熊川州，名大通寺。熊川就是公州，当时属百济版图，现在韩国公州邑班竹洞发现的寺院遗址出土有百济时期的莲花纹瓦当以及押印“大通”铭文的残瓦，可能就是百济为梁帝所建的大通寺址。同时目前已发现的百济时期的佛寺遗址，平面布局主要都是从寺门向内的中轴线上，依次是佛塔、佛殿（金堂）和讲堂，四面围绕回廊。如扶余邑西琴江川西岸的金刚寺址、陵山里古寺址、军守里古寺址，最典型的是扶余郡扶余邑东南里的定林寺址和最近再次发掘的扶余王兴寺址。定林寺址在寺门前还设有东、西二池。这些百济佛寺中出土的造像和遗物，如扶余东南里古寺出土的蜡石雕菩萨残躯、定林寺出土的石三尊像残像等，都与萧梁造像近似。还有在陵山里古寺址出土的著名的金铜大香炉，更是中国文化影响的产物。更值得注意的是，在定林寺内出土的小型影塑残像，它们与北魏洛阳城内永宁寺塔基遗址出土的影塑残像，造型特征如出一辙，都是受到南朝以张僧繇为代表的绘画新风的产物。远隔大海互无联系，年代又有先后的北魏永宁寺和百济定林寺，由于同样仿效南朝的造型艺术，竟能塑造出造型特征如此雷同的佛寺影塑，足见南朝艺术新风的影响力，同时也更表明百济与中国南朝文化交往的密切程度。

如前所述，百济从中国输入了“七子镜”，又向日本输出过这种当时被人珍重的铜镜。尽管《日本书纪》所载的时间较早，但是这种古代中国、百济和日本之间的交流关系是清楚的。同时，百济从中国输入七子镜，又向日本输出七子镜的事实，不但证明了它与中日两国都有密切的文化交流关系，而且通过七子镜的传播，又一次表明百济在中日两国文化交流的中介作用。作为古代文明表征的一些精致的工艺品受到各国共同喜爱，它正如被诗人以七子镜去比拟的夜空中的圆月，把皎洁的光同时照射在中国、百济、日本的国土上一样，这也可以算是“千里共婵娟”吧！

韩国百济定林寺与北魏永宁寺陶像比较

永宁寺陶像

定林寺陶像

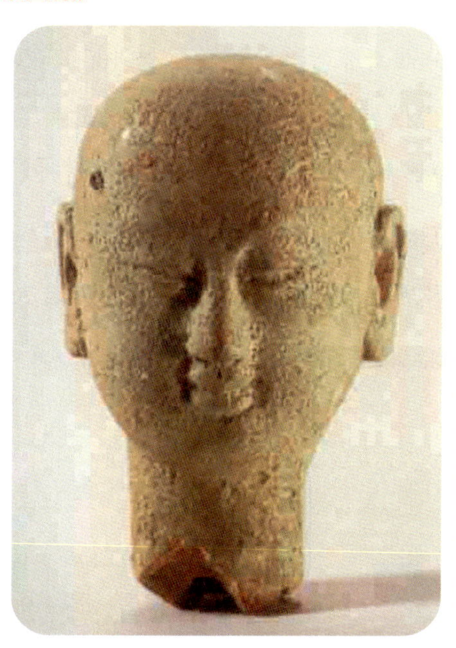

拓跋鲜卑的足迹

坐落在山西省大同市西郊武州山南麓的云冈石窟，至今吸引着酷爱中国石雕艺术的人群，当来到这东西绵延长达 1 公里的石窟群时，宛若进入了古代雕刻艺术的宝库。首先映入眼帘的是第 20 窟那高达 13.7 米的巨大佛陀坐像，由于那座洞窟的前部和顶部，早在辽代以前就已崩塌，如今坐佛已暴露于外，形同露天的雕像，因此显得更为雄伟，气魄浑厚。他安然地趺坐在岩前，头部微俯，庄严而慈祥地将虔诚的宗教信念播向人间，以引导那迷途的芸芸众生得以渡到光明的彼岸。

20 窟的大佛像，可以说是云冈早期佛像的代表：圆润的高肉髻，长垂肩头的双耳，面庞丰满，鼻梁挺直，嘴阔唇薄，眉目细长，呈现出与中原汉族不完全相同的容貌特征。他身披袒裸右体的袈裟，但其一角自背后露出而侧掩住右边的肩头，衣薄附体，所以衣纹显得细密而浮凸，从形态和雕刻手法上还都可以窥探所受佛教艺术故乡——印度次大陆雕刻艺术的影响。除第 20 窟外，云冈现存主要洞窟多达 53 个，还有不少小型的窟、龛，据统计，大小造像至少超过 51000 个以上，主要都是北魏的作品。当时所以修凿石窟于此，那是因为这里正好位于北魏都城平城（今大同市）附近，并且还是从平城到北魏旧都盛乐（今内蒙古自治区和林格尔附近）的交通要冲，过去就曾作为皇帝祈福处所的缘故。

修建云冈石窟的北魏王朝，是由鲜卑族的一支拓跋氏建立的政权。回溯自西晋王朝覆亡以后，古代中国的政治地图，长期被

山西大同云冈石窟第 20 窟北魏大佛

代表各地割据政权的不同色彩，分割成若干小的色块。长江以南自东晋建立后，浑然一色，但长江以北的广大地域，却陷入十六国时期的纷乱局面。随着那些割据政权的得势和消亡，不同的色块时而膨胀，时而收缩，有的色彩从地图上消失，另一些新的色彩又在地图上出现。直到 5 世纪初，才发生极大的变化，出现了相对稳定的格局，形成基本上由两种色彩把整个中国版图一分为二的情况，它们分别代表着南方由刘裕建立的宋，和北方由鲜卑族拓跋氏建立的北魏。

拓跋族本是鲜卑诸部中居于最东北的一支。它的社会发展也是较为后进的，早期活动在东北的大兴安岭北部，据文献记载，那里存在着它的旧墟石室。1980 年 7 月，在呼伦贝尔盟鄂伦春自治旗阿里河镇西北 10 公里的嘎仙洞中，发现了北魏太武帝拓跋焘遣中书侍郎李敞致祭时所刻祝文，纪年为太平真君四年（443 年），这一发现确证了拓跋鲜卑旧墟石室所在地。后来拓跋鲜卑逐渐向西南迁徙，经过艰苦的旅途，在克服困难中不断壮大成长。到 4 世纪初逐渐从部落联盟转向初期国家，活动范围集中于今内蒙古自治区的和林格尔、凉城与山西省大同一带，并与西晋王朝有了

黑龙江呼伦贝尔盟嘎仙洞遗址

内蒙古凉城
北魏金饰

较为密切的联系。例如曾在凉城县小坝子滩发现过《魏书·序记》中所记的神元帝力微之子猗㐌部的遗物，具有北方游牧民族风格的兽纹金牌饰，带有“猗㐌金”铭文，与金饰同时发现的还有“晋鲜卑归义侯”驼纽金印和“晋鲜卑率善中郎将”驼纽银印，表明了与西晋的关系。经过长期的奋斗，最后拓跋鲜卑终于建成强大的国家机器，统一了北方地区。

相对稳定的政局，有利于社会经济的恢复和发展，同样有利于文化的进步。对于连年因割据纷争而战乱不断的北方，尤其如此。北魏统一北方以后，为了巩固王朝的统治，进一步加速了与其他各族文化的融合，创造出新的北朝文明。北朝文明主要汇集了三个方面的积极因素：一方面是拓跋鲜卑民族文化的发展与改造，以及对北方其他族文化的汲取；一方面是对保留于北方和西北地区的汉晋文化传统的继承；另一方面是接受来自江南的吴晋文化的影响。同时又从对外的文化交流中，特别是佛教文化中汲取了养分。最后终于大放异彩，为以后出现的更加繁荣的隋唐文明奠定了基础。

当北魏领有了以汉族居民为主的中原大地以后，日益加快了对汉晋文化传统的承继与对鲜卑民族旧俗改造的步伐，留下了一行行前进的足迹。考古发掘获得的北魏墓葬资料，从墓室和葬具形制，特别是随葬俑群的变化，可以找到一处窥探这些足迹的窗口，显示出在埋葬制度方面已由以鲜卑习俗为主，逐渐转向接受汉晋埋葬制度的许多内容，汇聚改造成具有时代特点的新的制度。

在此以前，在辽宁省北票西官营子发现的北燕冯素弗家族墓，曾提供了鲜卑的另一支慕容部与汉族互相影响的实例。因为冯氏原籍信都（今河北省冀县），后徙居慕容鲜卑境内，并深受影响。冯素弗的坟墓表现出相当明显的鲜卑习俗，采用以石材砌筑的长方形椁室和前端高宽、后尾低窄的木棺，随葬有顶插步摇的金冠饰、满饰步摇片的佛像金冠饰，以及大量铁质工具、兵器和甲胄，还有成套的马具，带有北方游牧民族风格的镂孔高圈足铜鍑、提

辽宁北票北燕冯素弗墓步摇金冠饰

北燕冯素弗墓金冠饰

北燕冯素弗墓
高圈足铜鍑

梁铜罐等炊煮器等。但是椁内的壁画和棺壁彩画，表示墓内死者身份的印章，金蝉珰，各种仪仗用的鎏金铜具和铁质车器，漆案与铜、漆食具和用具，以及石砚和墨等文具，则显示着传统的汉文化特征。同时还发现有几件质薄透明、闪淡绿色或深绿色的玻璃器，那是来自罗马的物品。冯素弗墓显示的是一些汉人为了取得割据政权而与其他民族结合的实例。

拓跋鲜卑的表现正好与之相反，目的自然也是更好地维护其统治民族的地位。在内蒙古呼和浩特市东南的美岱村，发现过一些约 4 世纪末北魏建国之初的墓葬，可以看出颇受到汉族文化的影响。它采用了砖砌的墓室。随葬品除表现出民族风格的高圈足铜鍑、兽纹铜牌饰和铜制羊矩骨等器物外，尚有汉晋遗物中通常见到的铜鐎斗、铜勺、铜灯、

北燕冯素弗墓
金蝉珰

大同北魏太延元年墓壁画墓主画像

漆耳杯、漆鞘铁刀等，还有上有汉字铭文的铜虎符。再迟一些的一座墓中，砖室内使用了漆棺，放置有一组陶俑，包括牛车和舞乐，以及中原流行的陶仓、井、碓、磨、灶等模型，反映出生活中浓重的汉化色彩。但俑的造型颇为拙稚，而且也加入了反映鲜卑族畜牧经济的新内容，出现了陶塑的骆驼，而且人物的服饰也保持着浓厚的鲜卑民族样式。随着时间的推移，鲜卑族的特点日渐消退而汉化色彩更加浓厚，特别是在都城平城附近的墓葬，普遍采用砖筑墓室，连四壁微外凸呈弧线形和四角攒尖的墓顶，都明显地承继了中原晋墓的做法。早在太延元年（435 年）的破多罗氏太夫人墓中，已经是墓室内满绘壁画，甬道顶上的伏羲女娲画像和室内正壁墓主夫妇坐帐像，明显是延袭着汉魏墓室壁画传统，但壁画中出现的鲜卑服饰和毡帐等图像，则显露着鲜卑族的特征。后来在太和元年（477 年）宋绍祖墓中，使用了内壁绘有壁画的殿堂形石棺，并随葬有数量众多的施彩陶俑。更引人注目的一座是

大同北魏太延元年墓壁画毡帐图像

在大同石家寨发掘的司马金龙夫妻合葬墓。

大同北魏
宋绍祖墓石椁

司马金龙夫妻合葬墓，下葬于延兴四年至太和八年（474—484年），还处于孝文帝改制以前。司马金龙是降附北魏的西晋皇族后裔，生前深受皇帝宠信。他坟墓的形制和出土的珍贵文物，揭示了当时汉族世家豪门与拓跋族上层统治者之间的相互结合，以及各族文化的联系与融合。这是一座有两个墓室并有长墓道的大型砖室墓，使用了专门烧制的墓砖，上面印有“琅琊王司马金龙墓寿抟”，并放置了石质的墓表和墓志。虽然早已遭盗掘，但还遗留有400多件陶俑和一些陶器、瓷器、铁器、石雕和漆木器。墓室内安置有雕刻精美的石床，上放棺木，还留有一方石砚。室内原来安放有石础漆木屏风，虽已残损，但精雕的石础和带有漆画的屏板还保留了下来。漆画色泽鲜艳，分栏绘画列女图等题材的故事画，人物形象生动，画旁还有说明内容的墨书题榜。以之与传世的东晋顾恺之《女史箴图》摹本，东晋南朝的砖画和画像砖上的图像相比，题材及技法都极为相近，正是南方顾恺之创立的新的绘画风格影响之下的产物。出土物中的青瓷唾壶、漆槅等也显示同样的特点。可以说这座墓的构筑、式样和室内布置，都与同一时期江南上层统治人物的坟墓颇相近似。另一方面，墓内俑群数量庞大，已脱离了北魏早期拙稚的作风，但还是保留着大量人马都披铠甲的“甲骑具装”俑；许多陶俑的面相塑造成高鼻多髭的胡人面相；有反映马、骆驼等驮载畜群的模型，这些都充分显示出游牧经济和北方民族军队的特色。这座墓葬和出土文物，带给

大同北魏司马
金龙墓漆画
木屏风石础

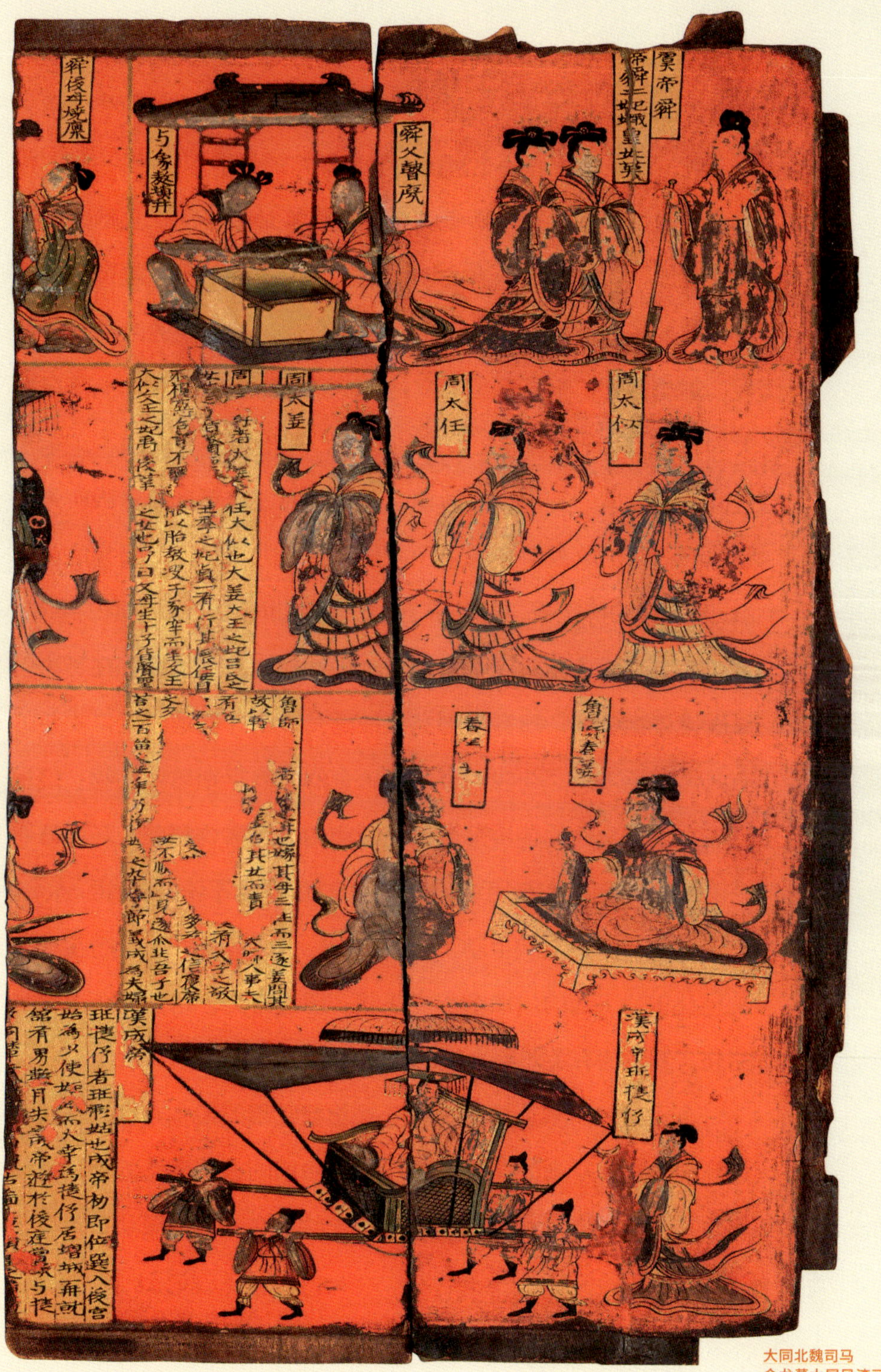

大同北魏司马金龙墓木屏风漆画

我们当时北方各民族之间文化相互影响和融合的步调日益加快的信息，它表明北魏孝文帝进行的改革，绝不是领袖人物个人意志的表现，而是顺应着历史潮流，有着深广的社会基础的。

北魏平城地区这种砖室墓中最大而且最豪华的，自然是皇帝的陵墓。目前发现的只有文明太皇太后冯氏的“永固陵”，因为她生前曾长期掌握朝政，所以与一般皇后不同。她的陵墓工程浩大，制度逾常。至今保留有高达22.87米的巨大墓冢，坐落在今大同市北25公里西寺儿梁山的南部，那里古称“方山”。冢下有砖筑的墓室，有前、后两室，主室平面近方形，四壁微向外凸呈弧形，向上收成四角攒尖顶，顶心嵌一方上雕莲花图案的白砂石。从构建的特征看，已与司马金龙等墓相同，仿效着中原的墓制，表明了当时鲜卑拓跋氏上层接受汉化的程度。可惜该墓在历史上多次遭盗掘破坏，随葬的物品已被洗劫一空。但是过道口安装的石门保留了下来，为我们留下了珍贵的北魏早期雕刻实物。门框浮雕有下具龛柱的莲瓣形券面，两侧的龛柱雕饰精美。各浮雕有一个体态丰腴的童子，手捧莲蕾，面带笑容，戴耳环，束短裙，赤足，衣带飘飞，姿态自然生动。童子下方，又各雕有一只口衔宝珠的长尾孔雀。下面的门墩雕作虎头状，浑厚有力。这是除了石窟雕刻外，发现的有关北魏皇室的石雕作品，颇为珍贵。

在永固陵的墓冢前方，有一处北魏时期的殿堂遗址。在这一遗址前方约200米处，还有一座周绕回廊的方形塔基的遗迹，说明这是一座佛塔。这种把墓地和佛寺结合在一起的做法，对北朝晚期统治集团陵墓的影响很大。墓地的建筑如此富有佛教色彩，正与大力凿建石窟寺和修庙建塔一样，反映出北魏皇室崇信佛教的虔诚程度。

大同方山北魏永固陵石雕童子像

佛教虽然在汉末已传入中国，但这种异国的宗教长期被视为传统的神仙信仰中的一种，不受重视。只是在西晋覆亡，中华大地又一次沦入大混乱的动荡时期，各少数民族纷纷进入中原，才得到广泛的传播，开窟造像之风，也从西北逐渐推向中原。目前所知有明确纪年的最早的作品，存在于甘肃省永靖县西南小积石山中的炳灵寺石窟，在第169窟中保存有西秦建弘元年（420年）的题记，还有当时的壁画和雕塑。举世闻名的敦煌莫高窟也创建于十六国时期，据传为前秦建元二年（366年）。

北魏统一北方以后，虽然曾遭太武帝拓跋焘太平真君七年（446年）下令灭佛，但到文成帝拓跋濬时已恢复了对佛教的信仰。

甘肃永靖炳灵寺石窟第169窟西秦壁画

到和平年间就由沙门统昙曜主持修凿云冈石窟，这就是前面讲到的包括第20窟大佛在内的五座洞窟，现在编号为第16—20窟，习称“昙曜五窟”。在皇室大力支持开窟造像的影响下，河西地区的石窟开凿自然也形成高潮，所以现存的重要石窟中，如敦煌莫高窟、天水麦积山、永靖炳灵寺等处，都保留有大量北魏时期的作品，为后人留下许多珍贵的北朝时期的雕塑和绘画艺术品。

云冈石窟因为在都城附近，因此格外兴盛。昙曜主持雕造的石窟完工后，继续有新的精美的石窟凿建完工。但是佛的形象，逐渐有了变化，从圆润的面宠逐渐转向瘦削清秀起来，服装也有了改变，不再穿从他的故乡传来的裸袒着右体的袈裟，改为中原世族中流行的褒衣博带式的佛装，只是双足还保持着赤裸的原状。这一变化实际是世俗间酝酿着的一次巨大的社会改革的反映。因为这时的北魏都城平城，社会文化虽然已有很大发展，但是它的发展远远不能适应形势发展的要求，缺乏成为中国北半部政治、

大同云冈石窟
第 6 窟北魏
立佛像

经济、文化中心的条件，不利于巩固王朝的统治和进行与江南的南朝的对抗。因此，为了王朝的巩固，促进各族文化的融合，更为了进一步扩大自己的统治范围，改革是势在必行，迁都也是势在必行了。

太和十七年（493 年），孝文帝拓跋宏当机立断，锐意改革，为了更好地和旧传统决裂，迁都洛阳。随着平城失去都城的地位，云冈石窟也随之失去皇室的垂青，不再有大规模的凿窟造像工程，无复昔日的繁荣情景。佛陀的威力也随着都城的迁徙而重新呈现在洛阳附近的龙门。北魏皇室又在那里重新开始了开窟雕像的势头，为后人留下了一处新的石雕艺术的宝库，自然这与凿建云冈一样，不知多少无名的工匠为此流尽了血汗。

荒废了的名城洛阳，又重新恢复了生机，北魏在汉代洛阳的基础上扩建了这座城市，这就是至今遗迹犹存的汉魏洛阳故城。对城市布局最大的改变，就是废除了东汉以来南、北两宫的制度，在原北宫的基础上修建了单一的宫城。据考古勘探，是在北部略偏西的宏大的长方形建筑群，外围的宫墙东、西两侧各长 1400 米，南、北两侧各长 660 米，正殿太极殿在宫城前部，基址南北长 60 米，东西宽约 100 米，原来是一座规模极为宏伟的殿堂。宫城的正门是有五个门道的阊阖门，向南是纵贯全城的大街——铜驼街，直通洛阳城南城中间的正门，形成全城的中轴线。在铜驼大街的两侧，分布着宗庙、社稷和太尉府、司徒府等高级官署。后来还在城外兴建外郭城，并划分为 320 个方形的“坊”，又把商业区设置在内城以南处，形成中国古代都城规划的新格局。

佛陀的威力也显现在这座都城中，皇室贵族竞相构筑佛寺，据杨衒之在《洛阳伽蓝记》书中所记，最盛时佛寺达 1367 所。他选著名大寺写入书中，计有城内的永宁寺等共六十多处。其中以孝明帝母胡太后所建永宁寺最著名，坐落在铜驼街的西侧，北魏宫城的西南侧，是专供皇室礼佛的场所，这座占地近 9 万平方米的寺庙，周围建有类似宫墙的上施短椽并覆瓦的围墙，四面有门，正面（南面）的门有高三重的门楼，并设有饰以金银、加之珠玉的四尊力士和四只狮子。院内以一座高耸的九重木塔为中心建筑，塔后又有一座可与北魏皇宫的太极殿相比拟的大型佛殿，供奉着一尊丈八金像，以及许多较小的金像、绣珠像、金织成像等精美的佛像。寺内的僧房楼观建筑，多达一千余间。其中最宏伟壮观的还属九重高塔，它高达九十丈（另据《水经注》记载为高四十九丈），塔顶还有高十丈的塔刹，据说在离洛阳城百里之

北魏洛阳宫城阊阖门遗址

外，就能遥望到这座高耸入云的永宁寺塔。据《洛阳伽蓝记》所记述，永宁寺塔极为雄伟华丽，在塔刹上有容二十五石的巨大的金宝瓶，宝瓶之下又有承露金盘三十重，周匝垂悬金铎，还有四道将刹固定在塔上的铁锁，四角也悬金铎。这些金铎形体也颇可观，“大小如一石瓮子”，由于塔有九级，角角都悬垂金铎，因此合塔上下共有 120 枚之多。每当夜风吹来之时，“宝铎和鸣，铿锵之声，闻及十余里”。塔身为方形，四面每层各有三门六窗，都髹饰朱漆。门扉上各有金钉五行，全塔共用金钉多达 5400 枚，又饰有美丽的金环铺首。所以杨衒之赞誉说：“殚土木之功，穷造形之巧，佛事精妙，不可思议。绣柱金铺，骇人心目。”这座高塔自孝明帝熙平元年（516 年）兴建，表现出北魏都城洛阳物质文化的高度发展，也显示了皇室的奢华无度。同时它又成为北魏晚期权力争夺的见证人。

公元 528 年，建造永宁寺塔的胡太后被尔朱荣拘送于河阴，沉河而死，同时被尔朱荣杀于河阴的北魏皇室王公及百官达千余人之多，当时永宁寺成为尔朱荣屯兵的处所。永安二年（529 年），北海王元颢又曾在永宁寺聚兵。永安三年（530 年），孝庄帝杀死尔朱荣以后，尔朱兆进军洛阳捉住孝庄帝，曾把他幽囚于永宁寺中。最后到永熙三年（534 年）二月，永宁寺塔突然失火，火从第八级开始烧起，越烧越猛，虽然有羽林军卒千余人去扑救，无济于事，最终全塔焚毁，余火三月不灭。这时北魏王朝也已濒临末日，不久就分裂为东魏和西魏两个对立的政权，而东魏的都

北魏洛阳永宁寺塔基遗址

城也于那一年十月北迁到邺城去了，一度繁荣的古都洛阳，从此又丧失了光辉。到元象元年（538 年），它再度毁于兵火，从此自东汉至北魏时的洛阳城遂被废弃。以后隋唐时则将洛阳城向西移建至现在的洛阳市区一带，汉魏洛阳从而成为任后人凭吊的历史遗迹。

北魏时的永宁寺遗址，到清代仍在地面上保留有高大的土台，因此曾被误认为是汉代的陵墓。清人曾在那里竖立刻有“汉质帝静陵”字样的石碑。到 20 世纪 60 年代，才对这里进行了考古勘察，以后在 70 年代末开始了考古发掘，从而揭露出那毁于大火的永宁寺塔的基址。塔基的平面略呈方形，用土夯筑，分为上下两层。基座的下层东西长 101 米，南北长 98 米，高度超过 2.5 米。在其中央筑起基座的上层，也呈方形，每边长 38.2 米，高 2.2 米。

在台基的四边，用青石垒砌压边，原来还安有石质栏杆。在基座的四面居中处，都铺设有可供上下的踏步。在上层基座上，还保留着124个方形的础石，分为内外五圈，排列成正方形的网格式。除了最外圈的檐柱下，每柱只用一块础石以外，其余的础石都是上下垒砌三重平石，包砌在夯土台基之内，在最上一重平石上刻有固定立柱的槽榫。在塔基中心，第四圈础石内，以土坯垒砌成方形实心体，作为木塔的中心柱。中心柱每边长2米，目前残存的高度为3.6米。在其东、西、南三面各辟有五个弧形龛，其中原塑有塑像，现在仅有少数残块有所保留。在北面，也就是后面，不设像龛，保留有方形柱槽，可能是支架木梯以登塔之处。该塔的檐墙外涂丹朱，内绘彩色壁画，地面铺一层很厚的白灰硬面。从揭露出的迹象观察，表明这座巨塔确实毁于大火焚烧，保留下的泥塑残像，都被烧得坚硬如陶质。这些残像有大小两种，其中大像较少，形象有佛和菩萨。小像残存较多，已获得300余件，多属贴置壁面的“影塑”，有飞天、菩萨、比丘和世俗供养人的形象，供养人中有高冠大履褒衣博带的上层人物和他们的侍从、文吏和武士等。这是目前确知属于北魏皇室所建庙宇中的塑

北魏洛阳永宁寺塔基遗址泥塑

像，塑造技艺极高，造型准确，形态生动，远远超出同时其他地区石窟中泥塑艺术的水平，确是北魏泥塑中的精品。

北魏嵩岳寺塔

北魏时期在洛阳建立的大量寺塔建筑已沦为废址，其他地区的建筑也没有能存留下来的。唯有屹立在嵩山之下的一座砖塔保存至今，只有它能带给今人以北魏时期精湛的建筑技术的准确信息，这座于正光四年（523 年）建造的砖塔，位于河南省登封县嵩岳寺内，全部用砖砌筑。按目前地表计算，塔高约 39.5 米。塔呈独特的十二边形，是逐层收缩以至封顶的筒形结构。下有露出地面约 1 米高的台基，其上塔身分为上下两段。下段为平素的墙面，设有倚柱、券门和壁龛。上段是 15 层密叠的塔檐，在各层塔檐之间，十二面上每面设三个小窗，但其中多为装饰性的盲窗，只有少数是供采光的真窗。塔顶有石雕的塔刹，由覆莲座、束腰、仰莲梭形相轮和宝珠组成。嵩岳寺塔是中国现存年代最古的砖塔，以其秀美的流线型外轮廓，吸引着人们的注意力，令人赞叹北魏建筑造型的高度艺术水平，以及精确的施工工艺。它正是中国文明那光辉的轨迹上又一颗耀目的光斑。

面向西方

云冈、莫高窟、炳灵寺、麦积山……一处处满布岩壁密如蜂房的佛教石窟，显示着佛陀的威力。他改变了万千中国居民的宗教信仰，对社会的思想和文学艺术乃至生活习俗，都有难以估量的影响，这充分显示了经由著名的丝绸之路而进行的文化交流不是单方面的。随着以精美的丝绸为标志的中国古代文化和产品的西传，同时由丝路东传的异域文明，也在古老的中华大地产生了深远影响。佛教正是最好的例证。它移植到中国以后，扎根生长，并不断与中国的传统文化融汇嫁接。日渐呈现出“中国化”佛教新面貌。除了佛教和佛教艺术以外，这一时期还从丝绸之路输入了许多精美的西方手工艺品，特别是金银器皿和玻璃制品，它们成为当时上层社会流行的奢侈品。因此从十六国到北朝，各族统

北燕冯素弗墓玻璃器

治集团的显贵人物，都常常面向西方，以获得那些可以向人夸耀的西方工艺品。前面曾经提到的北燕冯素弗家族墓中，出土有几件质薄透明、闪淡绿色或深绿色的玻璃器，正是由西方输入的产品。

冯素弗墓出土的玻璃器中，最引人注目的是一件鸭形玻璃器。它是无模自由吹制成形的。工匠从玻璃炉中挑出已烧熔的玻璃料，经过各种努力，直到吹成所想要的造型，要具有高超的技艺才能完成。在成型以后，还须从炉中挑出玻璃料拉成细条，在其冷却之前缠绕在器身上，形成盘卷状的美丽的装饰。冯素弗墓的鸭形器，体态修长，前有张开的如鸭的扁嘴，长颈鼓腹，背上粘出双翅，腹下粘出折线的双足。为了放置平稳，又在腹底粘一平整的玻璃饼。全器透明，呈淡绿色，外附白色的风化层，部分地方有蓝紫色的虹彩。它的器形与1—2世纪地中海地区流行的罗马鸟形玻璃器极为相似，颈腹部用玻璃条盘卷做出装饰的做法，也是罗马玻璃器皿上常见的装饰手法。同时出土的还有一件深翠绿色透明的杯，一件淡绿色透明的钵和残器座。对已残破的钵做了成分分析，它是钠钙玻璃，与罗马玻璃的基本组成相似。这些罗马制造的玻璃器，正是沿着漫长的丝路运来中国，再辗转经北路输入北燕，成为最高统治集团喜爱的珍贵品，最后随葬于坟墓之中，表明他希望灵魂到另一个世界以后还能继续享用这些珍贵的物品。

在十六国的统治者中，以曾经出兵西域攻克龟兹城的吕光所获得的西方珍奇物品最多。据《晋书·吕光载记》，吕光自龟兹东返时，“以驼二万余头致外国珍宝及奇伎异戏、殊禽怪兽千有余品，骏马万余匹”。任何商队也不可能拥有上万匹骆驼，由此可知这次东运的西方精美工艺品的数量是空前的。

北魏统一了中国北方以后．丝绸之路的东方的端点，移至北魏的都城平城，于是精美的西方工艺品就大量传入这座都城，形成新的东西文化荟萃、交流的中心。1970 年在大同市南郊发现的一处北魏时期的窖藏中，出土的三件高足鎏金铜杯和一件刻花银碗，正是提供了实物例证。在刻花银碗腹壁表面均匀地分布着四个圆形环状图案。每个圆环中都锤揲有一个侧面的人头像，并于四环之间的空隙处，填饰有枝叶蔓卷的植物形纹饰。碗足留有原曾装有圈足的痕迹，或许它的原貌和同出的几件高足铜杯相接近。三件铜杯都有较高的足，但具体形貌又各有特点，以一件饰有葡萄童子图案的艺术构图最佳。在杯体表面满饰缠枝的葡萄枝藤，上面悬坠着串串果实，五个裸身的活泼天真的童子攀枝嬉戏其间，显示出和平欢乐的情景。另外两件，杯壁表面饰有植物、动物和人物图像，都是浮出壁面呈浮雕状，其中一件还在纹饰间有红绿等颜色的镶嵌物，显得更为华美。这些精美的工艺品，带有强烈的希腊化风格，很可能是经由丝路运入的罗马制品。与上列物品一起被发现的还有一件银洗，器身呈椭圆形，洗体上部和口缘作八曲形，底部浮起造型奇特的海兽纹样。这件海兽纹八曲银洗，可以确定是波斯萨珊朝的制品。由于公元 493 年北魏王室和贵族都迁去新都洛阳，因此这处窖藏大概是 5 世纪时期埋进去的。在平城的北魏墓中，也还发现过与上述窖藏中出土相同的银碗，说明当时输入的同样的工艺品不止一件。

大同北魏窖藏
出土八曲银洗

在北魏时期的遗迹中，也发现过东罗马帝国（拜占廷）和波斯萨珊朝的金属铸币。在内蒙古呼和浩特市以西的土默特左旗毕克齐镇，曾发现一枚拜占廷金币，为东罗马皇帝列奥一世（457—474 年）铸。又在河北省定县北魏太和五年（481 年）舍利塔基的石函内，发现多达 41 枚波斯萨珊朝银币。银币的正面是半身的萨珊王像，旁有婆罗钵文的铭文。背面的图案是两位相对而立的祭司，在他们中间是燃烧着圣火烈焰的拜火教祭坛。其中 4 枚属于耶斯提泽德二世（438—457 年）时期所铸，其余的都是他的儿子卑路斯（457—483 年）时的银币。由于这座舍利塔的兴建与北魏孝文帝到该地巡幸有关，故此石函中的珍宝中有一部分便是他所施舍的，出于皇室的库藏。据史籍记载，在孝文帝太和五年以前的 26 年间，波斯萨珊朝使者曾五次来中国。前一次为耶斯提泽德二世所派遣，后四次都是卑路斯所派遣，因此当时皇室库藏中有波斯使者带来的银币，那是毫不足怪的。它们正是北魏王朝与波斯萨珊朝交往频繁的物证。

北魏平城地区发现最重要的波斯萨珊朝遗物，是从屯骑校尉建威将军封和突墓中发现的一件金花银盘。封和突是死后于正始元年（504 年）归葬故土的，那时平城早已不是北魏的都城了。银盘的直径达 18 厘米，盘心用凸纹法锤出盘面的狩猎图像，又在图像部分施以鎏金。画面中心是一位伊朗脸型并蓄有络腮长胡须的贵族武士。头戴帽额饰珠、后垂飘带的萨珊式圆帽，上体赤裸，颈悬珠串，腕套珠镯，穿裤踏靴，双手握持长矛。在他的身前和身后的芦苇丛中，都有长吻獠牙的野猪向他扑来。他已用长矛刺中面前一头野猪的头部，又回首以右足踢中另一头从后面扑来的野猪的头，充分表现出他那过人的胆量和威猛的英姿。据考证，它是属于萨珊朝美术的中期的作品。

大同北魏封和突墓银盘

到 6 世纪 30 年代，北魏王朝日渐衰落，实权落于掌握大量军队的大臣手中。由于两个拥有实权的大臣高氏和宇文氏之间对王朝控制权的争夺日趋白热化，终于导致了王朝的分裂，最后形成东魏和西魏两个政权东西对峙的格局。后来高氏取代东魏建立北齐，宇文氏也取代了西魏建立了北周。不论是东魏、北齐，还是西魏、北周的统治集团，都没有封闭通向西方的大门，他们仍然与北魏的皇室贵胄一样，喜好由西方输入的精美的工艺品，所以在北朝晚期的墓葬中，也常在出土的随葬品中发现有西来的金银器、玻璃器等，也有不少拜占廷的金币和波斯萨珊银币。出土器物中的精品，诸如河北省赞皇县北齐时葬的李希宗夫妻合葬墓中发现的锤雕水波莲纹银碗、镶有鹿纹轻精石的金指环，以及东罗马帝国皇帝狄奥多西斯二世及查士丁一世与查士丁尼一世合治时的金币。又如宁夏回族自治区固原县北周李贤夫妻合葬墓中的金花银胡瓶、玻璃碗和镶有轻精石的金指环。玻璃碗呈淡黄绿色，透明度好，外壁分布有凸起的圆形纹饰，正是来自波斯萨珊的制品。金花银胡瓶更是一件罕见的萨珊工艺品，除在把手上立雕一个深目高鼻戴帽的胡人头像外，还在器腹周匝锤揲出三对相向站立的男女，女像都着长裙，男像或裸体或着衣，或手持矛、盾或捧花蕾，可能分别表现爱情、离别等场景，姿态生动，颇为传神。它显示出萨珊艺术中受到的罗马造型艺术风格的影响。目前在世界其他地区收藏的波斯萨珊朝金银器皿中还找不到与它相同的标本，因此是研究萨珊艺术的珍贵资料。

宁夏固原北周李贤墓玻璃碗

在江南地区六朝墓葬的发掘中，同样获得过从西方输入的工艺品。前面引述过的南京市象山琅琊王氏家族墓群中，在七号墓里出土有两件玻璃碗和一件金刚石指环。玻璃碗中完整的一件呈圜底直筒形，透明泛黄绿色，腹壁有七个大椭圆形纹，在口缘下和壁上还磨有椭圆形花瓣。另一件已残碎，大致和前一件的器形、质料相近似，只是颜色稍深些，呈浅黄褐色，它们是罗马的制品。与之相类似的罗马磨花玻璃器皿，还在南京附近的东晋墓中不断有所发现，可惜都已残碎，如石门坎、南京大学北园和南京北郊等处的东晋墓中都有出土，都是由西方输入的罗马玻璃器。当时由于政治上的分裂，南北对峙，经由陆地的丝绸之路的输入品.很难能运到江南，因此南京东晋墓中出土的玻璃器，看来是经由海路运入中国南方的舶来品。由于广东省英德、曲江等地的南朝墓中出土有波斯萨珊朝的银币，这些发现进一步表明当时海上交通也在发展的历史事实。通过海路运到江南的舶来品，满足了南方的世家豪门对西方精美的工艺品的渴求，他们的目光也和北朝的统治集团一样，常常面向西方。

宁夏固原北周李贤墓金花银胡瓶

分久必合

1979—1981 年，山西省太原市南郊王郭村发掘了北齐东安郡王娄睿的坟墓，除了出土有许多精美的随葬品以外，墓内壁画保存基本完好，从墓道的壁面开始，天井、甬道和墓室的壁上，都布满彩色壁画，现存画面的总面积，超过 200 平方米以上。特别是在墓道的两壁，各绘出上中下三栏壁画，最下一栏画出军乐仪仗，上栏和中栏描绘出墓内死者在生前出行的盛大场面。画有大队跨骑骏马的随行吏卒仆从，还有载物的骆驼队相随，人物和马、驼形体准确，姿态生动，显露出高度的绘画技巧。发现以后，立即受到考古界和美术界的重视，有人还力图推测出墓中壁画的作者，甚至认为或许就是《历代名画记》中记载的北齐著名画家杨子华。这种推测虽无确证，但至少这些壁画出自画技高明的匠师

太原北齐徐显秀墓壁画鞍马图像

之手，显示出的可能是当时社会上流行的杨子华的绘画风格，可以从中窥知当时绘画技艺的高度水平，为中国美术史的研究提供了珍贵的史料。

由于太原市为北朝时期的晋阳，是高欢家族的主要基地，自东魏时期就与都城邺城同样重要，因此在太原及其附近常发现一些重要的北朝晚期墓葬。除了娄睿的坟墓以外，先后发现过坐落在寿阳的河清元年（562 年）顺阳王库狄回洛墓、祁县的骠骑大将军韩裔墓等。后来又在太原发掘了太尉、武安王徐显秀的坟墓，墓内壁画保存的情况好于娄睿墓，特别是娄睿墓中保存情况很差

太原北齐娄睿墓壁画出行图像局部

的墓室四壁的壁画，包括正壁的墓主夫妻坐帐像和左、右两壁的鞍马和牛车，徐显秀墓中都完整地保存下来，且色泽如新，只是徐显秀墓的墓道两壁的壁画与娄睿墓不同，没画马队出行，而是众多的步行仪卫。至于在都城邺城附近发现的东魏、北齐墓，数量更多于晋阳地区，除了前面曾讲到过的赞皇县李希宗墓以外，重要的东魏、北齐墓多坐落在邺城近郊今河北磁县一带。年代较早的有太平四年（537 年）元祜墓，以后值得注意的有东魏武定八年（550 年）的茹茹公主闾叱地连的墓葬、北齐武平七年（577 年）左丞相文昭王高润的墓葬，还有北齐骠骑大将军尧峻葬于天统三年（567 年）的坟墓以及他母亲赵胡仁葬于东魏武定五年（547 年）的坟墓等。其中规模最大、壁画最为精美的是湾漳大墓，推测是北齐皇帝的陵墓。西魏、北周的墓葬，目前发掘较少，其中重要的如前已讲过的北周使持节柱国大将军原州刺史李贤的坟墓，还有陕西发现的北周武帝宇文邕孝陵，以及咸阳市底张湾的北周建德元年（572 年）墓等众多墓葬。

湾漳北朝墓
陶大门吏俑

从已发掘的东魏、北齐和西魏、北周的墓葬及其中的出土物品，可以看出当时北方虽然分裂为东、西两个对立的政权，但是在物质文化方面仍都承袭着北魏的传统，都是带有长斜坡墓道的大墓，地表设有高大的封土堆。除了李希宗墓以外，都是只建一间墓室，常常是方形的，多用砖筑，也有土洞的。室门前有短甬道与墓道连通，有的在近甬道处的墓道上方设有天井。墓里又常绘有彩色壁画，地位越高则绘制得越精美。墓内都毫无例外地摆列数量众多的陶质俑群，也是地位越高则数量越多，例如閭叱地连的墓中出土多达一千多件，仅是完整的和可以修复的就有1064件。湾漳大墓出土的陶俑数量更多，总数超过1500件，特别是放置在门旁的两件门吏俑，体高达142厘米，是目前所知最高的北朝陶俑。

北朝时期的陶俑都是用模制成，焙烧以后再敷粉涂彩。俑群的内容，正是承继着北魏太和改制以后形成的规范。一般分为四组，第一组多放在墓门的两侧，一般

湾漳北朝墓
陶镇墓武士俑

形体高大，形象狰狞，目的是镇墓驱邪，防止墓外的邪恶侵入墓室惊扰死者。多有一对作披着铠甲的武士形象的，它们按盾执锐，姿容威猛。另外有两个镇墓兽，一个是人面，一个是狮面，鬃毛猬张，项后负有冲天利戟，极狰狞可怖。第二组的数量最多，模拟着死者生前出行的仪卫，以华美的牛车和漂亮的鞍马为中心，有人马都披着铠甲的“甲骑具装”，有不披铠甲的轻骑，有骑马的乐队“鼓吹”，还有步行击鼓的乐队，大量执盾的和身背箭箙的武士，另有文吏、风帽套衣的仪仗等。在这一声势浩大的队列后面，还随有许多背负物品的驴子、马匹和骆驼。第三组是供死者在家中驱使的侍仆，有男有女，以女侍的数量为多，常常是手捧各种器皿，或是持着鞋靴衣物。又有表演乐舞的乐队和舞女，大约是供死者宴饮时娱乐之需。第四组是庖厨操作的陶俑，还有

湾漳北朝墓
陶骆驼

各种厨房用具，如灶、磨、碓等，以及家畜和家禽，猪、狗、羊、鸡、鸭俱全。

太原北齐墓陶骑俑

这些数量众多的俑群，因为出土地点不同，虽然主要内容相同，但也显露出技艺方面的不同风格。以东魏、北齐的俑群来讲，邺城附近的作品塑工较细致，面相较清秀，但比北魏后期流行的那种面相清瘦、体态修长的风格稍显圆润，但肥瘦适度，头和躯干、四肢的比例较匀称。一些衣饰、器物等的细部装饰，都极细致。相比之下，晋阳附近出土的俑群，从技法方面看，塑工远远不如邺城附近的作品，人像的面相过分浑圆，下颐过于丰满，眉目口鼻挤于脸面中部。而且体型显得臃肿，腹胯圆鼓，下肢短而过细，使全身的轮廓近似梭形，比例不协调，因而体态不够美观。衣饰、器物等的细部装饰，颇显粗放简略。产生以上差异的原因，可能是因为邺城地区的工匠，原由洛阳迁去，更多地承继着北魏时期陶塑的技艺，而晋阳地区的工匠技艺水平稍差，并且具有地方色彩。

但是如果将东魏、北齐的作品，与西面的西魏、北周作品相比，则明显地看出西面的陶俑制作得更为粗放。北齐的陶俑都是

宁夏固原北齐
李贤墓陶骑俑

合模制成，头是另塑后再插合而成一体。北周的陶俑仅用单模，背部切抹成平面，头和躯体是一模塑出的，衣饰细部亦缺乏装饰，整体看来是远不如东面的北齐的俑群精美。上面叙述的差异，不久就由于北齐被北周所灭，后来杨坚又取代北周而建隋朝，因而逐渐融汇，最后形成了新的时代风格。那也是北方在政治上重新统一而在造型艺术领域的反映。

隋文帝杨坚采取了一系列加强中央集权、发展社会经济的措施，巩固了对北方的统治，增强了军事实力，于是把目光转向南方。这时江南的统治者是陈后主叔宝，他是一个只知享乐的庸人。虽然陈朝的形势危急，朝政江河日下，他仍然沉湎于宫廷的淫奢游乐之中，整日与张贵妃、孔贵嫔等欢宴，赋诗度曲，持以相乐。据说后主曾作新歌词，令后宫美人习而歌唱，音辞哀怨，中有“玉树后庭花，花开不复久”之句，颇为道出以他为首的陈朝统治集团面对强敌压境苦闷的心声，不过他们还企望长江天险也许会阻住强敌的进犯。

这种梦想在隋文帝下令伐陈后很快就破灭了，在晋王杨广统领下，五十一万八千隋军在开皇九年（589 年）正月，攻入建业，陈后主和张贵妃从井中被拉出来成了俘虏，于是自西晋灭亡以来接近 3 个世纪的分裂局面宣告结束，中国的政治地图又重新涂成统一的单纯色彩，开启了中国文明史上的又一新高峰，进入高度发展的阶段。

第七章 又入佳境 隋唐文明

东方的明珠——长安城

唐朝著名诗人王维和岑参，各写有一首七言律诗《和贾至舍人早朝大明宫之作》，吟咏了当时大明宫早朝的盛况。王维的诗句着重于描绘宏伟的场景："九天阊阖开宫殿，万国衣冠拜冕旒。日色才临仙掌动，香烟欲傍衮龙浮。"岑参注意于那剑佩鲜明的官员行列："金阙晓钟开万户，玉阶仙仗拥千官。花迎剑佩星初落，柳拂旌旗露未干。"大明宫，是唐代都城长安的重要宫殿，始建于唐太宗时期，唐高宗时期扩建，于龙朔二年（662 年）建成，以后取代了隋时修建的太极宫。皇帝迁居于此，于是一切典礼和政事活动都集中在大明宫，成为唐长安城的政治中枢。

对于这处坐落在今西安城北龙首塬上的重要宫址，从 20 世纪 50 年代起就开展了大规模的田野考古勘察和发掘，究明了宫城的总平面，先后发掘了一些重要的殿堂遗址。对于大明宫的总平面，宋代以来的学者在著作中都认为是长方的矩形，但那是不正确的，实际它的南半部呈矩形，而北半部则是两腰不等的梯形。宫城周围总长 7.6 公里，面积约 3.11 平方公里。宫城四面共设有 11 个城门，南面的正门称丹凤门，有五个门道，前通宽达一百二十步（约合 176 米）的大街，伸入长安城中。进入丹凤门，前（南）半部是理朝政的主要宫殿区，后（北）半部是以太液池为中心的园林风景区。在宫殿区由南向北依次排列着含元殿、宣政殿和紫宸殿。含元殿是重大的庆典和朝会之所，宣政殿是常朝之处，紫宸殿是便殿。含元殿的地势较高，正临龙首原的南沿，高出南面平地 15 米，因此可以俯瞰南面的长安城，使含元殿更显得宏伟壮观。在殿的东南和西南分别建有翔鸾和栖凤二阁，两阁都在北侧建筑廊道与含元殿相连接。

大明宫
丹凤门遗址

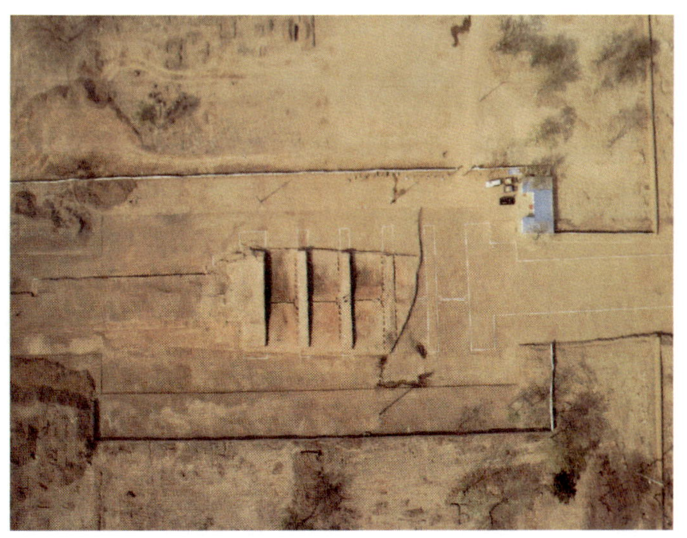

除了上述殿堂外，在大明宫的西部还有一处重要的

大明宫
含元殿遗址

建筑物，就是雄伟华丽的麟德殿，它由前、中、后三殿相连，殿庭广阔。据记载，在那里举行的规模最大的宴会，参加者多达3500人之多。事情发生在唐代宗大历三年（768年），当时宴请的是神策军的将士。这座宫殿的遗址已经发掘，它坐落在周围嵌砌砖壁的巨大夯土台基之上，台基南北长130米，东西宽77米，是上下两层的重台。在台基上构筑殿堂，以东西广九间、进深五间的中殿为主殿，尚可看出柱础的遗痕，但础石则已无存。地面原均铺石或方砖，现在残存不多，但铺砌的遗痕仍清晰可辨。在发掘时出土的砖瓦构件中，有花纹精美的莲花纹，也有忍冬纹或蔓草纹的，瓦当的花纹都是莲花图案，还发现有绿色琉璃瓦的残片，可以想见原来宫殿的建筑装饰是极为华美的。

大明宫是唐朝时修建的，在其建成以前长安城的政治中枢在城内的太极宫，那是在隋朝创修大兴城时建成的。唐代仍旧以大

大明宫麟德殿遗址

兴城为都城，也同样沿用太极宫为政治中枢。大兴城的兴建，是隋文帝时期的事，他于开皇二年（582 年），命高颎、宇文恺等在汉长安城故址东南，另行规划，建设新的都城，名“大兴城”。唐代建国后，仍然以这里为都城，改名“长安”。随着唐王朝的兴盛和经济文化的空前发展，使得这座都城光彩日增，并成为东西文化交流的中心。是当时国际上的重要都会，闪烁在东方的一颗明珠。

唐长安城莲花纹瓦当

隋兴建大兴城时，是先建宫城和皇城，后修外廓城。外廓城于开皇三年（583 年）开始修建，到隋炀帝大业九年（613 年）征发夫役十万人再次修城。进入唐代以后，也不断对城墙（这时已改称长安城了）进行重修。在唐高宗永徽五年（654 年）和玄宗开元十八年（730 年）都曾修筑过外廓城。据考古勘察，这座隋唐的都城的平面形状规整，呈矩形，南北长 8.6 公里，东西宽 9.7 公里，周长 36.7 公里，面积约为 84 平方公里。

唐长安城平面图

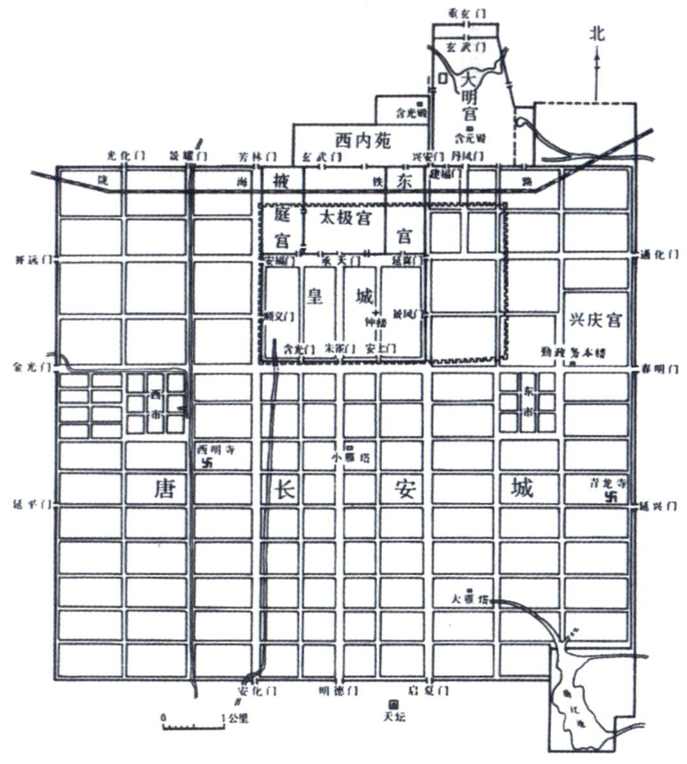

城墙用土夯筑，一般宽9—12米，高度原为一丈八尺，约合5米多。只是在城门两侧的墙皮上才贴砌砖头。在城内北部居中处构筑宫城和皇城。宫城中央是太极宫，是隋朝时期和唐朝初年皇帝居住和施政的处所，太极宫的正南门承天门，是举行典礼的地方；宫内的正殿太极殿，是每月朔望举行朝仪的地方；太极殿后的两仪殿，是皇帝处理日常政事的处所；两仪殿东西两旁，有皇帝居住的寝殿。直到前面讲的大明宫修筑以后，太极宫才丧失了原有的光彩，唐代的政治中枢转移到大明宫去了。

后来在开元年间（713—741年），又在兴庆坊唐玄宗旧日宅邸处，扩建成兴庆宫，成为另一座豪华的皇宫。为了皇帝来往于大明宫和兴庆宫，乃至于去长安城东南隅的风景区曲江池芙蓉苑游玩，而不为外人所知，又在外廓城内傍东墙修筑了一条夹城，其间复道宽约50米，正如唐诗所咏："六飞南幸芙蓉苑，十里飘香入夹城。"在宫城南面的皇城之中，集中构筑有太庙、太社和中央官署。

长安城布局规整对称，外廓城周围共设城门13个。南墙中央的明德门，向内有一条大街伸延到皇城正门朱雀门，就是著名的朱雀大街。此街宽达150米，由于它向北再可伸延到太极宫的承天门，所以又被称为"天街"，它正是全城的中轴线，把全城对称地分为东、西两部分。除朱雀大街外，城内还有另10条南北向大街，和14条东西向大街，这25条大街纵横交错，将全城分割成110个"坊"和两个"市"。坊和市都筑有围墙。每坊各

唐长安城圜丘遗址

设四门，坊内有十字街，又在东、西、南、北四隅各设十字小街，再各分割成四小区。在外廓城南郊，分布有礼制建筑，已发掘了圆形的圜丘。

长安城内的西市和东市较坊的面积大，分别设在皇城的东南和西南，各占两坊之地，称为东市和西市。市墙共开 8 个门，市内设井字形街，将市分割成九区，每区临街开设各种行业的店铺。通过考古发掘，已经发现有饮食店、珠宝店和手工业作坊等不同店铺的遗址，还有专卖供陪葬于坟墓中的“明器”的店铺，称为“凶肆”。据记载，当时市中店肆有“行”的组织，东市的行多达 220 行，可见商业活动是极为繁盛的。

长安城中还分布有许多著名的佛寺，例如大兴善寺、大慈恩寺、大荐福寺、青龙寺、西明寺等，可惜均已损毁，遗迹深埋地下。目前只有两座砖塔还保留完好，一座是著名的大雁塔，原建在慈恩寺内。慈恩寺是唐高宗为纪念他母亲而修造的佛寺，后来有名的玄奘法师在永徽三年（652 年）请在该寺西院建塔以藏从西域取来的经像舍利，于是建造了大雁塔，原为石塔，不久坍废，后来在长安元年（701 年）重修成砖塔，保留至今。它曾为许多唐代的诗人吟咏过，被描绘为“塔势如涌出，孤高耸天宫”。目前保留的另一座唐代砖塔，是在荐福寺的小雁塔。至于青龙寺和西明寺，虽然早已湮没无存，但近年来已先后发掘了埋于地下的部分遗迹，引起了学术界的重视。

大雁塔

小雁塔

由于长安城是唐代的政治、经济、文化中心，并且是中国古代社会中期封闭式里坊制城市规划的典型，又是当时世界上著名的大都会和东西文化交流的中心，因此对这处重要的古城遗址的考古发掘工作一直在持续地进行着，不断有新的重要的收获，日益丰富了对长安城的了解，并且也发掘到许多显示唐文化风采的珍贵遗物。

在距离隋大兴城即唐长安城不远的地方，还分布有不少离宫，最值得注意的是在陕西麟游的九成宫遗址，由于著名的九成宫醴泉铭碑的书法成就，所以后人常听说这处唐太宗曾多次去避暑的离宫。对九成宫遗址的发掘，除唐代遗迹外，更揭露出有原来隋代宫殿的基址，使我们得以探查隋代宫殿建筑的情况，这是颇为难能可贵的发现，基址中的石雕建筑构件，更是少见的隋代石雕艺术品。

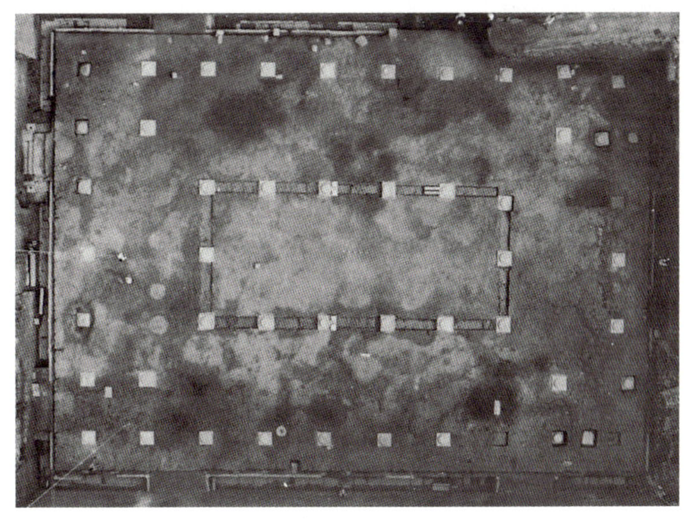

九成宫 37 号
殿址隋台基遗址

无字丰碑

乾陵无字碑

古人在陵墓前立碑，无不在上面满刻是为了彰显死者生前的地位和功绩的碑文，唯有一通矗立在唐代帝王陵墓的巨碑，在巨大的碑体上平素无字。这座无字丰碑目前仍完好地保留在唐高宗和武则天合葬的乾陵前，它是遵照那位中国古代历史上唯一的女皇帝武则天本人的意愿建立的，与由武则天撰文为唐高宗立的述圣记碑对

称地立在乾陵前左右，用它巨大的无字的碑体，任凭后人去评说。在这两座石碑前的神道两侧，排列着长长两行石人兽雕像。这组陵前石刻象征着唐代陵墓石刻步入成熟阶段。在乾陵的陵园4门各立1对石狮，在北门又有6匹石马。陵前神道石刻，自南向北（由外向内）排列着石柱、翼马、驼鸟（朱雀）各1对，仗马和控马官5对，石人10对和石碑2通（无字碑和述圣记碑），还有“蕃臣曾侍轩禁者”立像61件。石刻技法成熟，加强了细部刻划，不论人、兽皆选取端正恭谨的姿态，开始呈现程式化趋向，形成整体庄重肃穆的氛围，呈现出稳定、永恒的美感，汇成一曲对兴盛的唐王朝的颂歌。

乾陵神道石刻

唐朝皇帝的陵墓，主要坐落在陕西省的乾县、礼泉、泾阳、三原、富平和蒲城等6县境内，由西向东分布着18座陵墓，习惯称为“关中唐十八陵”。高宗李治和女皇武则天合葬的乾陵以前有高祖李渊的献陵和太宗李世民的昭陵，以后有中宗李显的定陵、睿宗李旦的桥陵、玄宗李隆

乾陵石翼马

基的泰陵、肃宗李亨的建陵、代宗李豫的元陵、德宗李适的崇陵、顺宗李诵的丰陵、宪宗李纯的景陵、穆宗李恒的光陵、敬宗李湛的庄陵、文宗李昂的章陵、武宗李炎的端陵、宣宗李忱的贞陵、懿宗李漼的简陵和僖宗李儇的靖陵。此外，在咸阳陈家庄还有武则天为她母亲杨氏修筑的顺陵。这些唐代皇帝的陵墓多是依山为陵，只有少数是在平地构筑巨大的封土墓冢，但都构筑有宏大的陵园，并且设有成组合的陵墓石刻，造型雄伟，形体稳重，形成庄严、威猛的氛围，是唐代的纪念性大型组合石雕艺术的代表作品。在乾陵以前的初创阶段的献陵和昭陵，神道石刻各具特色。

献陵在陵园四门各有1对石虎，南面神道有石犀及石柱

献陵石柱

献陵石虎

各 1 对。虎、犀均立姿，造型拙朴而气势雄浑，承袭着西魏文帝元宝炬永陵前石兽的造型风格。石柱为八棱柱体。顶承上有蹲狮的圆盖，下是双兽蟠转的石础，明显承袭南朝陵墓神道石柱的风貌，应表现着初唐杂采南北朝造型艺术风格，尚未融成新的时代风格的情况。

昭陵的石刻，最著名的是阙前所立高浮雕“昭陵六骏”石刻，为贞观年间作品，每石雕出一匹战马，或行走，或奔驰，形貌写实，有的马身上带有箭伤。六骏模写的是唐太宗李世民在历次重大战役中乘骑的战马，分别是飒露紫、𫘪騧、白蹄乌、特勒（勤）骠、青骓和什伐赤，仅在飒露紫前面雕有人像，是全装甲胄的将军邱行恭正为它拔箭。这 6 匹意态雄杰的战马，呈现出一往无前的雄浑气势，用以象征唐太宗李世民的丰功伟业，是一组成功的纪念碑性质的石雕作品。近年清理陵前北司马门遗址时发现放置六骏的长廊遗址，在两侧各面阔 7 间的廊房中，北 3 间放六骏石

“昭陵六骏”之青骓

“昭陵六骏”之飒露紫

昭陵司马门遗址

昭陵石残像

雕中 3 件，南 4 间放“十四国蕃君长”7 件。蕃君长像现仅存部分无头残像，原应为端立姿态。

乾陵的石刻规制严肃齐整，虽雕刻精美，但造型已丧失昭陵六骏那种写实、生动的作风，亦无初创阶段石刻拙朴雄豪的气势。后续的定陵和桥陵石刻，大致保持着乾陵石刻同样的风采，同属唐陵石刻成熟阶段的作品，石刻组合日趋制度化，与陵园建筑群及宏大的山陵相呼应，共同形成肃穆、庄严、神圣的气氛。

安史之乱以后，唐王朝政治、经济日趋衰落，自玄宗泰陵，继之建、元、崇、丰、景、光、庄等陵石刻与社会现实相呼应，也日趋衰落，渐失风采，无法与成熟阶段的作品相比，但尚能延续乾陵石刻创始之规制，雕刻也还精细可观。等到文宗章陵和以后的端、贞、简、靖 5 陵，唐陵石刻进入衰微阶段，虽然仍保持着陵前神道石刻的设置，但体姿已廋小，雕工更粗率，显示出衰微破败的气氛，尽失初盛唐时陵前石刻原来具有的艺术风采，确是唐王朝每况愈下，终至衰微覆亡的写照。

靖陵墓室壁画十二辰

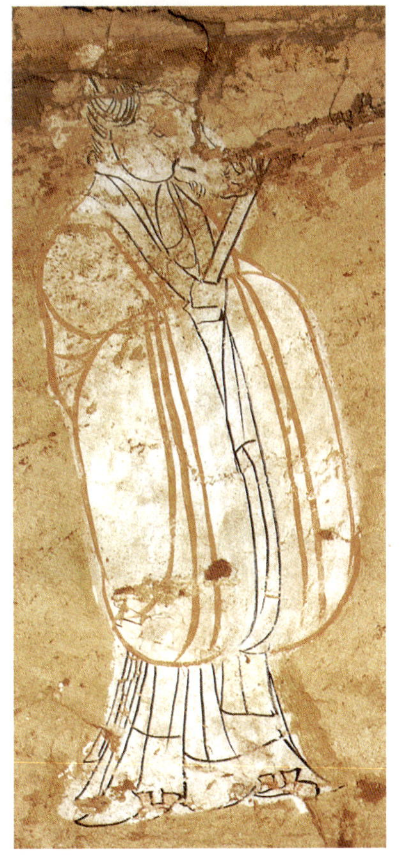

在唐代的帝陵中，目前只发掘有靖陵 1 座，规制简陋，仅为前有阶梯墓道和甬道的土洞墓室，壁面绘有壁画，但多已残损，只存部分仪卫武士和兽首人身的十二辰图像，这座僖宗靖陵是关中十八陵年代最迟的，距唐朝覆亡不足 20 年，其陵墓规模和

壁画水平完全无法代表唐陵壁画艺术。

目前唐代兴盛时的帝陵墓室还没有被发掘的标本，已发现的更具代表性的唐代皇室成员墓的壁画，是在陪葬初唐、盛唐时期帝陵的一些太子、公主或郡王墓中发现的。自唐高祖到唐太宗时期，墓室壁画的布局与内容尚多沿袭北朝，如淮安郡王李寿墓壁画（贞观四年，630 年）和长乐公主墓壁画（贞观十七年，643 年）。也可视为唐墓壁画发展的初始阶段，时间可延续到高宗当政时，如陪葬昭陵的新城长公主墓壁画（龙朔三年，663 年）。当武则天主政时期结束，于神龙二年（706 年）陪葬乾陵的懿德太子李重润墓、永泰公主李仙蕙墓和章怀太子李贤墓等墓的壁画，已脱

永泰公主墓壁画宫女

懿德太子墓
壁画朱辂仪卫

离北朝影响，显示出唐代墓室壁画独特的时代风貌。特别是永泰公主墓的宫女壁画，绘画技法极佳；懿德太子墓的城阙和宏大的朱辂仪仗壁画，显示出盛唐气势；章怀太子墓的出行游猎和马球比赛，更具生动情趣。这些都标志着唐墓壁画艺术已进入成熟阶

章怀太子墓
壁画出猎

西安唐墓壁画
仕女屏风

西安唐墓壁画
仙鹤

段。到开元天宝时期，唐墓壁画步入发展阶段，壁画人物形貌已追随当时风尚，崇尚体态丰腴，特别是仕女造型，更是衣裙宽肥，身姿胖美，模拟着贵妃杨玉环式的美人。在各级官员的墓葬里开始出现模拟六曲屏风的壁画，天宝四年（745 年）苏思勗墓壁画屏面绘各种姿态的老人图像，以后又有壁画屏面绘树下仕女，或转向绘花鸟云鹤，还出现了山水画，画家韩滉之父韩休墓中的大

西安唐韩休墓
壁画山水

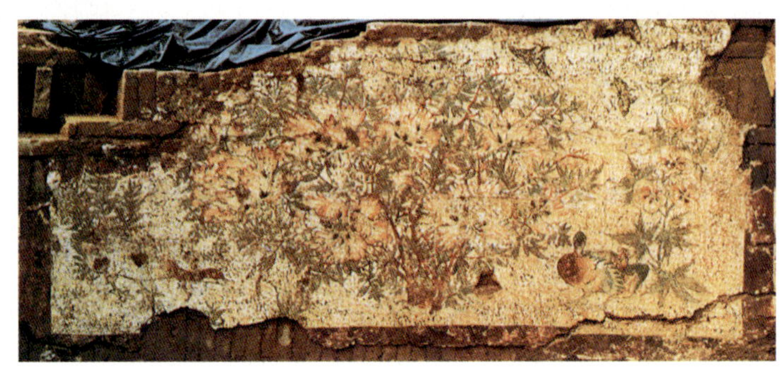

北京八里庄唐墓
壁画花鸟

幅山水壁画，是最具代表性的作品。到宪宗元和年间以迄唐亡，唐墓壁画日趋衰微，前述靖陵残画，只可视为以前唐墓壁画艺术之余响。

除都城长安以外，在河南、山西、北京、宁夏、新疆乃至湖北、广东等地区也发现有绘壁画的唐墓，构图技法大致与都城长安墓室壁画近同。山西太原的唐墓中，多模拟屏风的壁画，屏面画为各种姿态的老人图像。北京海淀区八里庄唐墓北壁绘大幅花鸟壁画，画面长290厘米，高165厘米，正中是一丛牡丹，花上彩蝶飞舞，花两侧绘芦雁，芦雁背后又有秋葵等花卉，反映出唐朝晚期花鸟画之盛行。宁夏固原、新疆吐鲁番唐墓壁画也多屏风式构图，屏面绘有骏马、花鸟等，新疆吐鲁番唐墓还出土有木骨绢面屏风实物，绘有伎乐、仕女、儿童及牧马图，可以对比研究。

新疆阿斯塔那唐墓屏风画牧马

金银器的光彩

唐墓壁画中常见骏马图像，唐诗中不乏吟咏骏马的诗句，特别还有关于舞马的描述，那些舞马被教会做各种舞姿，可以“腕足徐行拜两膝，繁骄不进踏千蹄。□鬃奋鬣时蹲踏，鼓怒骧身忽上跻。更有衔杯终宴曲，垂头掉尾醉如泥”。据记载，唐玄宗时曾教舞马四百匹之多，除按“倾盃乐”的乐曲应节起舞外，还可做各种表演。有时安设三层板床，乘马登床后可以在上面旋转如飞。又有时由一个大力士举一榻，让马舞于榻上。那些舞马表演时装饰华美，“衣以文绣，络以金银。饰其鬃鬣，间杂珠玉”。可惜唐代马舞久已失传，光读诗文难于想象舞马衔杯的真实形象。

1970 年在长安城内兴化坊（今西安市何家村）发现了一处埋有大量金银器等的窖藏，一般认为是 8 世纪安史之乱中长安陷落前逃难的贵族所埋藏的。那处窖藏出土的物品都装在两件大瓮之中，然后埋存地下。瓮中藏品共计千余件，其中金银器皿等就多达270件，其中的一件鎏金的银质仿皮囊壶，是过去没有发现过的器形特殊的珍贵唐代文物。这件金花银壶的壶体仿效皮囊的形态，上面有鎏金的提梁。提梁前面是直立的小壶口，上面覆盖着鎏金的覆莲纹盖，还从盖纽引着一条细银链，套连在壶提梁后部。在壶体两侧各锤揲出舞马衔杯图像，恰好给人们提供了唐代舞马的生动的形象。那马后肢曲坐，前肢直挺，全身呈蹲踞状，张口衔着一只酒杯。长鬣覆颈，长尾舞摆，颈上悬结飘于颈后的彩带流苏。马体鎏金，由于是锤凸成像，所以浮出于银白的壶体面上，显得分外华美。正好与前引唐诗“更有衔杯终宴曲，垂头掉尾醉如泥”的诗句相印证。

西安何家村唐窖藏舞马金花银壶

除金花舞马衔杯银壶以外，何家村出土金银器中还有许多罕见的精品，诸如刻花银碗、刻花金碗、金花银碗、金花银盒、金花银耳杯、金花八曲银杯、金花八棱银杯、金花双狮纹银洗、金花鹦鹉纹提梁银罐、五足银熏炉、镂空银香囊（熏球）、龙形金饰等。还有许多金银制造的药具，包括单流金锅、金小盒、单流折柄银铛、双耳护手银锅、三足小银鼎等，以及装盛药物的各种银盒。在一些银药盒盖的内里，还墨书有盒内所盛装的药物的名称和数量。由何家村出土的金银器皿，可以看出唐代金银细工的工艺颇为复杂精细，已经使用了扳金、浇铸、焊接、切削、炮光、铆镀、锤打、刻凿等技术。多数成品是综合运用了几项不同的工艺才制造成的，达到最佳效果。在造型设计方面也达到很高的水平，特别是香囊（熏球）的精巧的结构最为突出。在直径仅 4.5 厘米的香囊（熏球）外壁，上下两半球上都透雕有精细的飞鸟、葡萄等纹饰。在其内部设有两个同心圆机环，机环有轴以承托香盂，无论球体怎样转动，香盂都可以保持平衡，充分显示出唐代金银匠师的高度技巧。

西安何家村唐窖藏刻花金碗

西安何家村唐窖藏银香囊(熏球)及其内部结构

除了何家村外，在唐长安城遗址及其附近曾不断有唐代金银器出土。如西安市和平门外（相当于唐长安城的平康坊）、东南郊沙坡村（相当于唐长安城的长乐坊）、南郊曲江池村（相当于唐长安城的曲江池）等处，都有成批的金银器出土。至于零星的发现就更多了，其中形体最大的一件是西郊韩森寨出土的鎏金鸾鸟大银盘，直径达 84 厘米，可惜已残缺过半，鸾鸟的头部和上身都已无存，但目前已发现的唐代金银盘中，它的形体还是最大的。除了都城长安地区以外，在全国许多地方都发现过唐代的金银器。在陕西省境内，咸阳、耀县、蓝田等地都有出土。陕西省以外，在河南省偃师县、河北省宽城县、内蒙古自治区敖汉旗，以及南方的江苏省丹徒县等地，都有重要的发现。1987 年在陕西省扶风县法门寺塔基的地宫中，更发现了大量晚唐时皇室制造的金银器皿，许多带有咸通年间的纪年铭文。其中除了常见的食器、酒器、香囊等外，还出土了成套的金花银制茶具，包括茶槽子、碾子、茶罗子等器，是过去没有发现过的，对了解中国古代饮茶风习提供了珍贵资料。法门寺地宫的出土品，使人们对晚唐金银

扶风法门寺
唐塔地宫
金花银茶碾

器的器形和装饰纹样的特征，有了较为清楚的认识。

在各地出土的唐代金银器皿中，造型精美的金花银盘最引起人们的注意。金花银盘之所以引起注意，首先是它曾经出现于唐玄宗赏赐给安禄山的物品之中。那是天宝九年（750 年）的事，当时的赏赐物品中有许多金银器皿，其中有四件“金花银盘”。其次是由日本奈良时期的遣唐使带回日本的唐代金银器皿中有一件极精致的金花银盘，现藏于正仓院中。盘缘呈葵形，盘心锤出一头顶芝草的立鹿，盘附有三个卷叶形足，纹饰上鎏金，被称为“花鹿纹银盘”。一向被各国学者视为唐代金银器中的代表作品，并且在中国境内长期缺乏与它相同的标本。

进入 20 世纪 50 年代以来，由于中国田野考古的蓬勃开展，不断在陕西、河北、内蒙古等省区发现了精美的唐代金花银盘。造型也不仅是葵花形，而是形式多样，除葵花形，还有圆形、菱花形、桃形、海棠形各种形状。盘上所饰纹样，除了头顶芝草的鹿纹以外，还有鸾鸟、狮子、对凤、双鱼、鹦鹉、翼牛、立熊、黄鹂、摩羯等，以及各种花卉和云朵，内容丰富，构图精美。其中河北省宽城县出土的金花银盘，盘径达 50 厘米，高 10 厘米，菱花形缘，下有卷叶形三足。在六组花卉图案围绕中，有一头顶芝草的立鹿，恰可与日本正仓院收藏的花鹿纹银盘相媲美，同样显示了盛唐金花银盘的时代风格和工艺特色。进入中唐以后，装饰花纹日趋细密，更富于图案化，多以双鱼、对凤等组成的团花图案，代替过去的单躯动物主纹。迨至晚唐时期，装饰纹样中以动物图像为主的做法已不时兴。流行以单纯花叶组成的团花，还出现了由对凤演变的衔绶带的双凤图案，同时人物图像成为新出现的装饰题材。还可以从带有铭刻的金花银盘看出，进入中唐以后江南地区制造金花银器的手工业相当发达，所以江苏省丹徒县丁卯桥出土的许多晚唐的金花银器，正是在这一基础上进一步发展的产物。

河北宽城出土
芝鹿纹
金花银盘

唐代金银器皿制作工艺的发展，正是与当时上层统治集团的喜好分不开。特别是宫廷中大量使用各种金银器皿，诗人王建《宫词一百首》中曾有诗句：“一样金盘五千面，红酥点出牡丹花。”虽有夸张，但正反映出宫廷生活的豪华，因而大量使用金银器皿的事实。另一方面，金花银器这种在唐代兴起的新工艺，还应和丝绸之路运入的西亚、中亚金银器的影响有关，前面已讲到过南北朝时的显贵喜好波斯萨珊甚至罗马风格的鎏金银器的事例，但当时中国的工匠还没有掌握这种技术。正是进入唐代以后，中国工匠在西来的纹饰鎏金的银器工艺的启示下，创制了具有中国风格的精美的金花银器，满足了皇室贵族的需求，也为中国的物质文明增添了新的光彩。

丁卯桥唐窖藏
金花银酒筹筒

三彩的魅力

一提到唐代的精美的工艺品，除了金银器外，人们立即会想到“唐三彩”，它以其优美的造型、绚丽的釉彩吸引着现代的人们。特别是三彩的骏马和骆驼，更为人喜爱，连那些现代制作的造型颇为拙劣的仿制品，也常常被当成受人欢迎的装饰品。但是在唐代，按当时的社会文明观念来看，金银器和三彩器都不是专门制造出来供人们作艺术欣赏的作品，而是分别具有不同功能的实用品。它们之间最大的功能方面的区别，就是金银器皿是人们日常生活中所使用的，也是可供显示的财富，自然它本身的工艺越高，装饰越华美，则价值会随之增高。而三彩制品，则具备两种不同的功能：一种是三彩的实用器皿，主要是日用的盘、碗等物，在对大明宫太液池遗址的发掘中曾有发现；另一种也是发现数量较多的那就是专门为死人设计、制造的明器，只供陈放于坟墓之中。这些明器通过其品种、数量和大小尺寸，还可显示死者生前的官职和地位。自然在唐代不会有人把它们放在自己家中作为陈设的艺术品，除非他的头脑不正常，按坟墓的样子去布置居室。

那么唐朝时为死人制作的明器为什么到今天具有诱人的艺术魅力呢？首先是唐代承继了中国古代文明中制作陶俑的传统，在造型方面尽力忠实地模拟现实社会中的人物。在这一基础上，唐代的匠师充分发挥了艺术的想象力，寻求新的可以为作品增添光彩的艺术手段，创出利用低温烧成的一种釉彩华丽多变的特殊釉陶。它的胎土除了少数仍采用普通陶土，烧制后呈红色以外，大部分改用烧造瓷器的瓷土——高岭土，因此胎质较普通釉陶洁白细腻。烧成的温度比瓷器低，在800—1100℃，而瓷器的烧造需达1300℃以上。与瓷器不同处还有它的釉色鲜明但是并不透明，色彩以黄、绿、赭三色为主，所以习称“三彩”。实际上它的釉色并不只这三色，还有蓝、黑等彩，这些色彩是利用不同金属呈色剂的特点及控制同一金属呈色剂的不同含量而获得的。至于三彩出现的时期，从唐长安郊区的唐墓中出土的成品，大约最早见于高宗时，武则天当政时转盛，盛唐时长安、洛阳两京地区的三彩工艺达到了它的最盛期。安史之乱以后，两京地区三彩工艺日趋衰落，而江南地区如扬州一带的唐墓中，仍常见三彩器的身影。此外，在甘肃、山西、辽宁、安徽、湖北、湖南等省的唐墓中，也发现过三彩制品。不过从数量到质量，特别是造型的精美程度，都无法与两京地区的出土品相比。

由于三彩工艺当时主要用于制作专供丧葬的物品，因此从各地唐墓中常被大量发掘出土，体型大而保存完整。而在人们生活过的遗址中获得的三彩器皿相对颇为少见，且多系残片。所以今天人们看到的唐三彩文物多为墓葬明器，常见的品种大致可以归纳为两大类：一类是各种俑人和动物的塑像，另一类是模拟生活用器或建筑物的模型。此外，只有少量盘、罐等器可供日常实用。目前受到人们重视，而被举为唐代手工业工人智慧和才能结晶的作品主要属于前一类。

三彩制品中的俑人，包括虚构的神怪形象和世间真实人物的模拟像。神怪的形象主要是用于镇墓的“四神”，他们

章怀太子墓三彩
镇墓武士俑

的名字分别称为“当圹”“当野”“祖明”“地轴”。前两位神怪被塑造成身擐甲胄姿态威猛的天王形象，后两位则塑造成狰狞的兽形，头生长角，怒目巨口，毛羽飘拂，或蹲踞或张牙舞爪，通常称为“镇墓兽”。

模拟世间真实人物的三彩俑，包括文臣、武臣、乐队和男女侍仆，他们可算是古代现实主义艺术造型的杰作，从面容到体态乃至服饰细节，都力求模拟着唐时人物的原貌。特别是那些面相丰腴的女侍俑，以杨贵妃为代表的盛唐时美女的形貌，生动如实地再现于人们面前。也有些女俑塑造成梳发或照镜的生活姿态，更为生动传神。如从西安市王家坟唐墓出土的一件高 47.3 厘米的女坐俑，身着黄花绿色长裙，坐

章怀太子墓
三彩镇墓兽

西安唐鲜于庭诲墓三彩女俑

西安王家坟唐墓三彩对镜女俑

在一个束腰圆凳上，左手捧镜（可惜所持镜已残损无存），正对镜整容。她头梳高髻，丰腴的面庞，露出微笑，也许是从镜中映出的影像使她极感满意，陷入自我陶醉的境界。

除了人物以外，最令人赞赏的三彩作品是骏马的塑像。在文化艺术空前发达的隋唐盛世，描绘骏马的造型艺术品达到了一个新的高峰。在绘画方面，许多名家精于画马，仅在大诗人杜甫的诗作中，就可以读到《天育骠图歌》《题壁上韦偃马歌》《丹青引·赠曹将军霸》《卫讽录事宅观曹将军画马图》等吟咏马画的诗篇。诗人称颂这些画家的作品形神兼备，赞美所画骏马“是何意雄且杰”，赞扬画家下笔如神，“戏拈秃笔扑骅骝，欻见麒麟出东壁”。

“须臾九重真龙出，一洗万古凡马空”。在雕塑方面，“昭陵六骏”的巨型浮雕，更是著名的古代艺术珍品。因此，使得塑造三彩马的匠师，在艺术方面可以师法和借鉴，创作出造型生动的作品。

从神龙二年（706 年）葬的懿德太子李重润墓中出土的三彩俑群中，已可见到三彩马的风采。它头部微侧，避免了呆板的造型，轮廓线颇为流利活泼，它鬃剪三花，鞍披鄣泥，张口作嘶鸣状。美中不足的是马的体态塑制得过于圆腴，因之缺乏气韵，使人观后颇有“画肉不画骨”之感。大约比其迟约四分之一世纪的右领军卫大将军鲜于庭诲的坟墓中出土的三彩马，从艺术造型方面又进了一大步。那座葬于开元十一年（723 年）的墓室中随葬有 4 匹三彩马，身高都超过半米，色泽鲜明，体态雄健，制工精美。其中两匹是颈部带有白斑纹的白蹄黄马，长颈小头，体骨匀称，鬃剪一花，长尾结系成角状，辔和鞅、鞦的绿带上缀饰着漂亮的金花和杏叶。另一对是白马，鞍披绿色鄣泥，鬃剪三花，辔和鞅、鞦的带上也缀饰着漂亮的杏叶，还在马额正中装饰一朵矗立的缨饰。马嘴微张，嚼啮着黄色的衔勒，两侧是绿色的镳，杜诗中的“白马嚼啮黄金勒”的诗句，正好是这匹白马的写照。与懿德太

西安唐鲜于庭诲墓三彩马

洛阳关林唐墓
三彩蓝釉马

子墓三彩马相比，显得更为雄劲神俊，似乎可以透过那刚劲有力的躯体轮廓内，显现出锋棱多力的马骨，更有怒马如龙之感，使人忆起李长吉的马诗：“此马非凡马，房星本是星。向前敲瘦骨，犹自带铜声。”

值得指出的是唐代的三彩马，绝不只有上述几例精品，其艺术造诣普遍较高，形态多变，或伫立，或行走，或俯首觅食，或仰天嘶鸣，无不气韵生动，栩栩如生。同时不仅那些形体较大的作品，就是只有10余厘米高的小型作品，其造型之美亦毫不逊色。同时，在色彩方面除了习见的黄、白等彩外，在洛阳地区出土的三彩马中有通体墨色的黑马，甚至在关林唐墓中竟然出土了一匹通体施蓝彩的马。蓝色躯体上又间有乳白色斑纹，长鬃雪白，四蹄橙黄，釉色莹润，色彩鲜明。虽然在现实的自然界中看不到这种毛色的骏马，但是古代匠师如此大胆的设色，突破常规，既写实又超越现实，使观者为其绚丽多彩的色泽所吸引，得到特殊的艺术享受，实为不同凡响的佳作。

这种使用既写实又赋以想象色彩的创作手法，还用于去塑造三彩狮子的形象。在西安市王家坟唐墓中出土有一对三彩狮子，形体很小，仅高19.5厘米，它们一反兽王那威猛的态势，也不作宗教中护法那种吓人的雄姿，而是塑造成扭头向后，用嘴啃舐后足的姿态，给人以憨态稚拙之感，颇像一对顽皮的幼犬，令人爱怜。同样造型的狮子，竟然又出现在庄严的佛塔地宫之中。那是在陕西省临潼县唐庆山寺舍利塔基的地宫内被发现的，放置于甬道与主室之间门前两侧。形体颇大，但造型与王家坟出土的小型作品如出一辙，亦为三彩作品，釉色鲜明。将这样两头顽皮憨稚的狮子安置在瘗埋佛“舍利”的庄严场所，其目的到底是为佛护法，还是让它们以活泼逗人的憨态，去慰藉被深埋于地下的佛那种无聊孤寂的心情呢？在这座地宫内出现的三彩作品，除了狮子外，还有三个三足供盘，其中一个盘内还放有一个造型逼真的三彩南

咸阳庆山寺
地宫三彩狮子

瓜，它也是迄今发现的唯一的瓜果形象的唐三彩制品。

与狮子的形象不同，三彩的骆驼则是极为写实的作品。在各地唐墓中发现的三彩骆驼中，最为著名的是两件背上负载舞乐的骆驼，都出土于西安郊区的唐墓中。一件出土于鲜于庭诲墓中，在负载的乐队中起舞的是一位男性胡人；另一件形体稍小，负载的舞蹈者是一位头梳高髻的妙龄女郎，乐工也多达七人，分别演奏的乐器是笙、箫、琵琶、箜篌、笛、排箫和拍板，出土于西安市西郊的中堡村唐墓。关于前一件载舞乐的骆驼，我的老师夏鼐先生曾有准确而生动的描述，现照录如下：

骆驼本是一种笨大呆滞的动物，但唐人塑驼俑，常有轻健之感，并不显得臃肿。我们这件俑，骆驼是站立在长方形的底座板上，四肢强劲有力，头部高扬。全身白釉，颈部上下和前腿上端生毛处涂黄釉。尾部也是黄釉，已中断。脸上加绘黑色线条，眼瞳点黑，眼角加朱色。背有双峰，可见是中亚细亚的巴克特利亚（大夏）种的双峰驼，不是阿拉伯种的单峰驼。背上垫一椭圆形的毯子。这毯子周缘蓝色，毯身刻划菱形图案，上涂绿、白、黄三色釉。毯上以木架成平台，并铺一条长毯向两侧下垂。这条长毯周缘的垂丝作绿色，毯身周围有一道绘有一系列白点的黄带，毯身是平行的五色条纹——白、蓝、浅绿、浅黄、赭黄。

最有意思的是驼背平台上的一队舞乐。四个乐俑分坐两侧，中间一个舞俑。这可能仍是写实的。精壮的骆驼可以负重达千磅，普通的可负重达500—1000磅。五个普通人的体重，合起来不会

西安唐鲜于
庭诲墓三彩
骆驼载乐俑

西安中堡村唐墓
三彩骆驼载
女乐俑

达到千磅的。所奏的乐当为胡乐，因为五个俑中有三个便是深目高鼻多须的胡人。所用的乐器，虽仅保留琵琶一件，但是可以推测其余三件也是胡乐系统的。隋唐时代的龟兹乐和源出于它的西凉乐，都是“以琵琶为众乐之准，而主要的佐以鼓及觱篥”。左侧前面的乐俑是胡人，身穿翻领的蓝色长衣，领作黄色。左手托琵琶，右手握拳，似原来执有拨子。琵琶体部作鸭梨形，颈部蓝色，已中断，原来可能是曲颈。琵琶体部的边缘作黄色，中间白色有横贯的蓝色条纹，近下端处有结弦用的横板，涂以黄釉，并以赭黄勾出四道弦丝，可知这是波斯式的四弦曲颈琵琶，不是印度式的五弦直颈琵琶。唐时称前者为“琵琶”，后者为“五弦”或“五弦琵琶”，都用拨弹，不用手搊。白居易的《琵琶行》“曲终收拨当心划，四弦一声如裂帛”（《白氏长庆集》卷一二），便是指此。左侧后方的乐俑，貌不类胡，身穿圆领绿衣，双手举于颈间作吹奏状，当是吹觱篥。这是胡乐中主要乐器之一，形制略似今日的唢呐，但没有下部的喇叭头。成都王建墓中有两个乐伎奏演这种乐器，这里或可依之复原。

右侧前面的乐俑，貌不类胡，穿圆领浅黄色长衣（这俑满面挂绿色釉，是由于舞俑右臂涂釉过多以致下淋所致）。右侧后面的一个是穿赭黄色翻领长衣的胡人。这二俑双手都放在胸前作拍击状，但是所用的乐器已失。在唐代胡乐中，鼓是占很重要的地位，尤其是以两杖并击的羯鼓，唐玄宗以为是八音的领袖。王建墓中的乐伎，击鼓的达八人之多，所击的鼓计 7 种，其中和鼓、毛员鼓二种是拍鼓。我们这二俑都是双手伸掌作拍击状，所击的当是拍鼓一类。

在四个乐俑中间站立着的舞俑，也是胡人。身穿圆领的绿色长衣，为了舞蹈的方便，将前襟下半撩起束于腰带中。右手向前屈举，左臂后伸，左手藏在长袖中。五个舞乐俑都戴软巾，但只这个舞俑在脑后塑雕出打结下垂的两条后脚。这舞俑面部向前，正在应着音乐起舞。乐俑也都神注于演奏乐器。千余年前的舞乐，今日重现于我们的眼前。演员们似乎正在那里聚精会神地表演，以图吸引我们观众的注意。他们也许正在等待我们的喝彩呢！

丝路更加通畅

唐代三彩骆驼的生动造型，是与那时丝绸之路呈现的空前繁荣分不开的。因为在丝路上负重运输的重任，是由它主要承担的。

平沙莽莽的大漠荒碛，万籁俱寂，突然一阵清脆的驼铃声冲破了戈壁滩那永恒的沉静，随着闪现出一列满载货物的骆驼的健伟身影。它们迈着稳重的步伐，把宽大的蹄迹叠印在平沙上，旧的蹄迹被戈壁的风吹乱了，后继者新的蹄痕又印得更加清晰，标志出通向西方的古老的“丝

西安唐墓三彩卧姿骆驼

路”。如果缺少了这些茹苦耐饥的牲畜，人们如何能够保持这条长达 7000 公里横贯亚洲腹地的古代商路持续畅通？所以唐代的无名艺人会刻意求工地塑造这些人类忠实的旅伴的形貌，呈现出多彩的姿态，或者仰天嘶鸣，或者侧首旁顾，有的屈膝欲卧，有的伏地将起，自然生动。不过最常见的还是驮物负载的姿容，就是乘骑者困倦地伏在它的驼峰上酣睡，它也还是继续前行。除了墓内俑群中塑造的骆驼形象外，它也出现在隋唐其他造型艺术品中，并且更逼真地反映着它在丝路上行进的形象。例如在敦煌莫高窟附近佛爷庙唐墓中，出土有胡人牵驼行进图像的画像砖，就是很好的例子。更引人注意的作品，是 1964 年从新疆吐鲁番阿

西安唐墓陶骆驼载睡眠仕女

西安中堡村唐墓三彩载物骆驼

敦煌佛爷庙唐墓牵驼画像砖拓本

斯塔那墓群中发现的一件隋代织锦残片。在带有波斯萨珊意味的联珠纹圆环中间，有正、倒相对应的一组图案，表现的是一人牵驼前进。旁边还有汉字榜题“胡王”二字，也是正反相对织成的。猛然望去，下面倒置的图像正像是上面正立图像的水中倒影，不禁使人联想到行走在丝路上的骆驼商队，行经波光荡漾的罗布泊旁，人、驼的影像都倒映在水中的情景，颇为意境深远。

上面讲到的对驼纹织锦，由于上面织出的汉字“胡王”，表明它确是中国的织工所设计织造的。但是它那带有波斯萨珊意味的联珠圆环，又清楚地显示那是受到西方影响而发展起来的中国丝织品，这又是表明丝路通畅的实物证据。这种波斯萨珊式的以联珠缀成的圆环作为主纹的边缘的做法，在唐代颇为盛行，常常在圆环中织出对鸟纹、对马纹和对鸭纹等，也可见到波斯萨珊式的猪头纹和立鸟纹。同时西方式的植物纹，如忍冬、葡萄纹等，也成为唐代丝织品盛行的纹样。但这些织锦的织法仍是经纬起花的平纹重组织，保持着汉锦的传统。或者认为这些采用波斯萨珊式花纹的织锦，有一部分是为了外销而生产的。但是在阿斯塔那的唐墓里，也发现有的织锦不仅具有萨珊式的纹饰，织法也是波斯锦中通行的采用斜纹的重组织，纬线起花，夹经常是双线的，而且所用的丝线更加拈得较紧，这些应是由波斯萨珊朝输入的波斯锦，是在伊朗东部地区织造的。阿斯塔那第 325 号墓出土的猪头纹锦和 331 号墓出土的立鸟纹锦，都是这类经由丝绸之路输入的波斯锦。由于西方这种斜纹组织的织法，织物表面布满浮线，

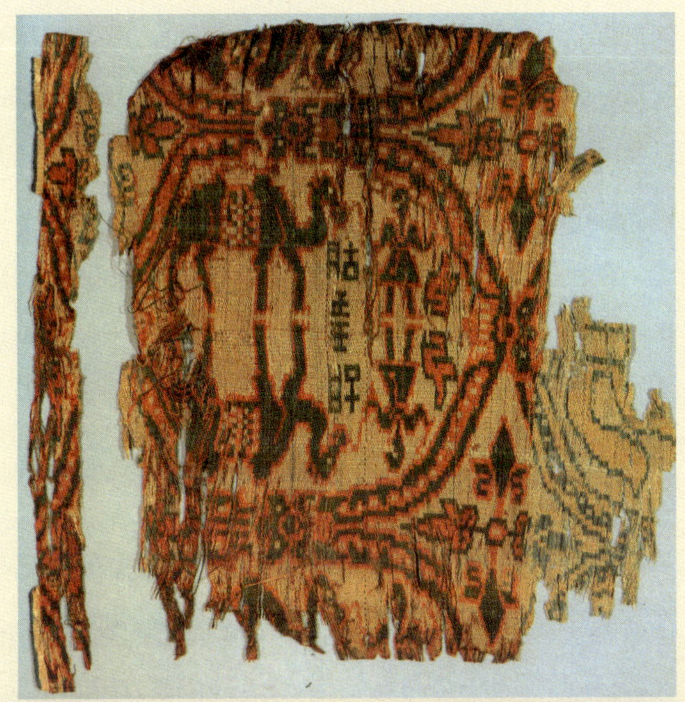

新疆阿斯塔那
唐墓出土胡王锦

新疆阿斯塔那
唐墓出土猪头
纹锦

能更充分地显示丝线的光泽，所以后来也为中国织工所采用。而阿斯塔那出土的一些带有中国式花纹的织锦，如花鸟锦和彩条锦，已经采用了这种萨珊式的纬线起花的斜纹重组织的织法。这也是由于丝路畅通而引致的文化交流的事例。

在吐鲁番的阿斯塔那、哈拉和卓墓群的发掘中，不断获得大量精美的唐代丝织品绝不是偶然的，那是由于这一地区当时正处于商旅繁忙的交通线上。在墓区南面是高昌古城遗址，原是高昌国都，后为唐代西州的州治（7 世纪中至 8 世纪中），而西州恰好是丝路上的纺织贸易中心。根据从吐鲁番唐墓中过去获得的一件唐天宝年间的文书，当时曾将西州改为交河郡，所以这件文书被称为交河郡物价表。其中记录了很多纺织品的名称和价目，而且每种纺织品都区分为上、中、下三等，分别列出价目。在文书里还可以看出其中许多是自唐朝内地运来的产品，而且常是当时国内闻名或比较有名的货色。例如从四川运来的“益州半臂”和“梓州小练”，产于河南的“河南府生絁”和“陕州絁”，产于山西的“蒲州絁”，还有来自江苏的“常州布”，等等。当时河南府生絁的价目，上等六百五十文，中等六百四十文，下等六百三十文，平均值为六百四十文。价目表中还有些产品没有注明产地，如“火麻布”和“赀布”。但据《唐六典》所载，生产上述纺织品的产地都在今中原和江南地区，因此也可以肯定是自内地运至西州的商品。

这件文书所记内容，恰好透露出当时西州为丝绸之路上唐代纺织品重要集散地的历史事实。饶有兴味的是，在敦煌曾发现过天宝四年的文书，里面列有与交河郡物价表相同的品种及其价格，与交河郡的价格相比，都略低些。如河南府絁，敦煌为每匹六百二十文，比交河郡的平均价低二十文。又如陕郡絁，敦煌每匹价六百文，而交河郡平均价为六百二十文，也是敦煌低于交河二十文。这也许是因为敦煌距内地的距离较交河为近，因而产生的价格方面的差异，表明路途增远则价格增加的一般物价规律。总之，唐代的纺织品源源不断经由丝路西运，正如诗人张籍所咏："无数铃声遥过碛，应驮白练到安西。"为东西经济文化的交流写下了光辉的一页。

畅通的丝绸之路，也不断将西方的产品输送到隋唐的都城，长安就成为它的东方的端点，来到长安城的胡商，多集中在西市开肆经商，所以文献中常见西市有收买各种宝物的胡商和"波斯邸"。在《太平广记》所引《续玄怪录》中记有胡客买"罽宾国镇国碗"的故事，大意谓唐大历中洛阳刘贯词求乞于苏州，偶遇龙神，得所赠一黄色铜碗，告其可卖得钱十万。后刘到长安西市，果遇胡客，售得百缗。胡客告诉他那碗是"罽宾国镇国碗"，四年前为龙子所窃，以致其国大荒、兵戈四起，现国君以该国半年之赋召赎。所以有这样的传奇故事流传，正表明当时西市胡商众多，商业繁盛，交易金额颇为巨大，因此在市民间产生一些神奇的传闻，最后形成引人入胜的传奇故事。通过发掘，在西市南大街中部的一个店铺遗址中，发掘出了大量用骨料、玛瑙、水晶制作的装饰品，还有料珠、珍珠和少量金饰品，极有可能是一处出售珠宝的商肆。就在这处遗址中，还出土有大量骰子，它们是双陆的附件，原属流行于中亚、西亚一带的玩具，唐初以来才风行于内地。由于骰子与珍宝饰物伴同出土，自然会令人联想到这处商肆遗址很可能与来自中亚或西亚的胡商有关。田野考古的发现，居然和带有神秘色彩的胡商购宝的传奇故事发生了联系，确是引人兴趣的事情。

与西市及其附近居住的中亚、西亚的商人和居民相联系，在西市附近各坊还建造有供他们进行宗教活动的庙宇，那就是流行于中亚、西亚一带的拜火教庙宇，称为胡祆祠或波斯胡寺。到开元年间，至少有五处之多，分布在布政坊、义宁坊、醴泉坊、崇仁坊等处。还发现过胡祆教徒的墓坟。在来自波斯萨珊朝的苏谅妻马氏的墓中，出土了咸通十五年（874 年）石墓志，它是用汉文和波斯萨珊朝流行的婆罗钵文合刻的。他们是在阿拉伯人入侵伊朗以后，沿着丝路流亡到唐朝境内的萨珊朝贵族的后裔。苏谅本人当时已是唐朝的武官，担任左神策军散兵马使。

在隋唐时期，皇室贵族仍和北朝时期一样，喜爱由丝绸之路输入的西方制造的金银器、玻璃器等物品。例如在西安近郊发现的隋大业四年（608 年）埋葬的九岁小女孩李静训的坟墓中，出土有高足金杯和银杯各一件，足作喇叭形，足部和杯身中腰都有一道凸棱。还发现有一枚萨珊朝卑路斯（457—483 年）银币。同时还出土了嵌有凹雕驯鹿纹青金石的制工精美的金项链，以及一对嵌有青绿玻璃珠饰的金手镯，前者可能原产于今巴基斯坦或阿富汗地区，后者被怀疑是北印度的产品。李静训的外祖母是隋文帝的长女杨丽华，她是周宣帝的皇后。因受外祖母的宠爱，这个小女孩一直生活在宫廷之中，在她的坟墓里放置了这许多西方输入的工艺品，正表明当时社会上层对中亚、西亚的工艺品喜爱程度之深。在西安地区的隋唐墓葬里，还不断发现随葬有东罗马（拜占廷）金币、阿拉伯仿制的拜占廷金币、阿拉伯金币和波斯萨珊朝银币。发现的阿拉伯金币共三枚，其中最早的一枚铸于奥梅雅朝（白衣大食）第五位回教主阿布达·马立克在位期中，约当公元 702 年；最晚的一枚铸于奥梅雅朝最后的回教主马尔凡第二时期，约当公元 746—747 年，它们是在中国境内目前所发现的时代最早的一些伊斯兰铸币。西方的玻璃器皿，隋唐时期也有输入，西安何家村窖藏中出土的稍泛黄绿色的凸圈纹玻璃杯，是波斯萨珊朝的玻璃器，而在扶

西安隋李静训墓
金项链

西安何家村
唐窖藏玻璃杯

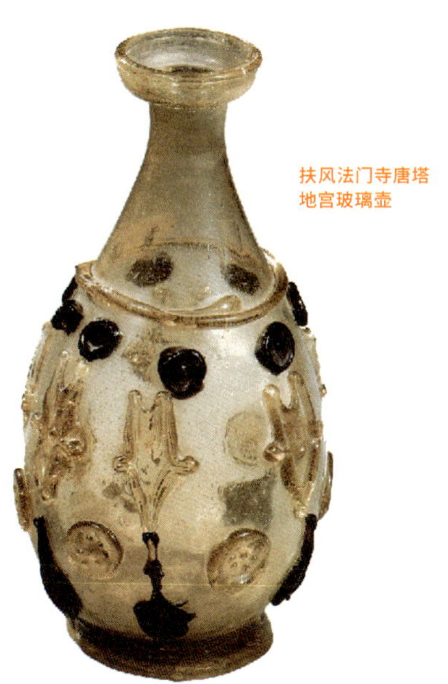
扶风法门寺唐塔
地宫玻璃壶

风法门寺地宫中发现的玻璃器皿中有些是伊斯兰玻璃。

值得注意的是，唐代不仅输入中亚、西亚的工艺品，更多的是汲取了外来工艺品的制作工艺和装饰手法，从而创造出具有浓厚中国特色的新的工艺品，这样的产品看来更受国内人们的喜爱。前面已提及受到波斯萨珊工艺影响生产的织锦和金花银器。在何家村窖藏的金银器中，还有另一些器型是萨珊式的，但装饰花纹的风格却是唐代中国型的金银器。例如那处窖藏中出土的3件八棱鎏金银杯，八棱器身每面浮雕有乐工或舞伎。圆圈形柄上有放置拇指的平板，有的柄上还饰有高鼻深目的胡人头像。足部边缘饰联珠，各棱面的分隔处也各饰一列竖直的联珠。除了各面上人像和衣服有的具有中国风韵以外，其余都呈现着萨珊式的特征，表明它们是在中国的仿制品。另外还有类似萨珊式的刻花高足银杯。上面的装饰图像是唐代中国式的狩猎纹，猎人的衣冠面貌都是中国型，明显的是中国工匠的制品。这些都表明由于丝绸之路畅通带来的中西文化交流，对中国的物质文化所产生的积极影响。

西安何家村唐窖藏八棱银杯

另一件引起人们兴趣的是自隋朝开始

日本的使者不断来到中国。进入唐朝以后，自舒明天皇时第一次派出“遣唐使”来中国起，共派出过 18 次遣唐使，同时还有很多留学生和学问僧随同来华。同时，唐朝也有使臣去日本，更有如鉴真等名僧东渡，从而跨越海洋架通了中日两国友好交往和文化交流的桥梁。因此通过丝绸之路输入中国的西方工艺品，有的又经由中国而传输到东邻日本。至今在日本正仓院的藏品中，还保存有一些来自西亚或是模仿西亚器形的产品，它们正是由唐朝传往日本的。其中最值得注意的是玻璃器皿。正仓院所藏玻璃器中，蓝色环纹高柄杯、白琉璃碗等都应是来源于伊朗高原的波斯萨珊朝玻璃。至于把手上端带有翘首的白琉璃瓶，则应是伊斯兰玻璃。这些玻璃器都是通过中国而传入日本的，已为学术界所公认。至于模仿西方器形的产品，可以银平脱雁花草纹的竹胎漆胡瓶作为例子，器形明显地模仿了波斯萨珊朝的金属胡瓶。至于萨珊银胡瓶实物在中国境内如宁夏、内蒙古等地都曾出土过，它们是经由丝路而传入中国的。或者可以认为，丝绸之路这条历史上各国文化交流的友谊之路，从它的东方端点唐代都城长安，又可以向东伸延，跨越海洋，到达当时日本都城所在的奈良。正仓院所藏的那些表明日本、中国与西方文化交流有关的遗物，正为丝绸之路向奈良的延伸提供了重要的实物证据。

日本正仓院藏
白玻璃碗

世俗的企望

在丝绸之路上艰苦跋涉的并不全是贩运货物的商贾，还可以寻到西去求法的僧徒们的足迹。他们为了获取西天“天竺”的佛教“真经”，不远万里，克服千难万险，往返于丝路之上。许多人为了信仰而默然无闻地丧身于大漠荒碛之中。其中到达印度又学成返回长安的最著名的一位，是玄奘法师。他于 28 岁时，即唐太宗贞观三年（629 年）秋出发，经 17 年以后返回长安，受到唐太宗和京城居民的盛大欢迎。关于他沿途克服艰险危难的传闻，为后人所铺衍，成为引人入胜的传奇故事，最后明代吴承恩据以创作了炙脍人口的著名长篇小说《西游记》。

贞观十九年（645 年）正月二十四日玄奘回到长安，第二天在朱雀大街展出了他携回的如来舍利 150 粒，金檀佛像 7 躯，所得经论 520 夹 657 部。以后他在长安专心译经传法，前后 19 年中译经 75 部 1335 卷。由于他文学造诣很高，又深谙佛学，精通梵文，所以所译的经的译文最精，达到中国历代佛经翻译事业的最高峰。同时他还写出了《大唐西域记》一书，记述所见闻 138 个国家、城邦、地区的历史、地理、民俗、物产、宗教等，是研究古印度和中亚地区的重要史籍。

像玄奘这样精求佛法经义的佛教徒，毕竟是少数，而大部分信徒所以崇信佛教，目的是求得解脱现实的苦难。广大的劳苦大众都是如此，而上层统治者则是企望保持自己的地位和享受，也希望来世以及自己的子孙，能够同样处于和自己相同甚至更好的境域，得到更好的生活享受。因此热衷于造像祈福，修寺建塔，凿窟开龛，供养礼拜，以期实现那些世俗的企望。深奥空玄的佛学哲理反而无法拨动他们的心弦，卷帙繁浩的佛教经典也是与他们无缘的。正因为如此，现存的各处佛教石窟寺中，唐代的雕塑和壁画常是数量众多而且引人注目，向人们显示着当时无名匠师的艺术才华。当人们来到著名的敦煌莫高窟，规模宏大、装饰华丽、色彩鲜明的唐代洞窟，总会在头脑中留下最深刻的印象。特别是

敦煌莫高窟
唐窟彩塑

敦煌莫高窟唐
148 窟壁画
药师经变

窟内壁面上分布着的大幅经变画，有的甚至占满整面墙壁，常常用浓艳的色彩精细地描绘出世人所向往的佛的世界。东方的药师和西方的阿弥净土的庄严华美、幸福安谧，弥勒下生时带给人间的神奇而美好的景象，虔信观世音菩萨可以解脱一切苦难的事例，在漫天花雨、伎乐歌舞面前，使观众沉浸在奇妙的佛的世界的美好境界中，注入了解脱现实苦难的希望。那些呈现在窟内佛坛上的佛陀造像，也一改北朝时矜持超然的姿态，转而显露出慈祥和善的面容，撤除了人神之间的屏障，使信徒感到亲切自然，如同面对亲密的长者。至于旁边随侍的两个弟子，一老一少，更是常人模样，迦叶老成持重，阿难少年美貌。旁边还有面貌娇美的菩萨，以及虽然威猛但并不是狰狞可怖的神王护法。这样一组造像，富于人间情味，诱使信徒相信他们会满足人们的世俗的企望。虽然有的佛像塑造得形体高大，如通常说的“北大像”，体高达33米，自下仰视，自然显得雄伟高大，但是仍然保持慈祥可亲的态势。这尊大像塑造于延载二年（695年），明显的是受到当时武则天在洛阳附近雕造大像的影响而塑造的。

敦煌莫高窟唐159窟彩塑菩萨像

武则天雕造大像，正显示了唐代皇室佞佛的历史事实。至今在洛阳龙门石窟的奉先寺大卢舍那像龛佛座北侧的碑文中，明记在咸亨三年（672年），“皇后武氏助脂粉钱二万贯”用于雕造，直到上元二年（675年）雕造工程才最后完成，表明那还是唐高宗在位时的事。后来武则天当政，久视元年（700年），她又曾计划在北邙山的白司马坂建造大佛，并想令天下僧尼每日捐一钱助成此事，曾遭狄仁杰、张廷珪等先后谏阻，但看来最后还是建造成功。不过由于这尊大佛像早已无存，难以弄清原貌，推想其形态大约与奉先寺大佛不会相差太远。而现存的奉先寺大卢舍那佛像，经实测自顶髻至底座（地面）高17.14米，加上背光火

龙门石窟唐奉先寺大像龛

龙门石窟唐奉先寺大佛

四川唐乐山大佛

焰纹，全高约20米。大佛是趺坐像，仪貌庄严。但面露微笑，略呈低头俯视的姿态，令信徒仰观时顿生亲切慈祥之感，具有极大的宗教魅力。

武则天所以大兴佛教，其实也是为了达到她自己的世俗的企望，利用宗教为她自己做皇帝制造舆论。最突出的是载初元年（689年）沙门怀义、法朗等造《大云经疏》，陈符命，喻武则天是弥勒下生，因经中有女主之文。武则天得《大云经》以后，重赏怀义等9人，封为县公，赐给他们紫袈裟和银龟袋，并颁《大云经》于全国，令每州都要建大云寺。当然武则天信崇佛教的事迹还很多，常将大量财物奉献给佛寺。例如显庆五年（660年），她与唐高宗至并州童子寺、开化寺瞻礼大佛像时，大舍珍宝财物衣服。同年她又将岐州（今扶风）法门寺“佛骨”迎至东都洛阳供奉，并舍所寝衣帐直绢一千匹，为“佛骨”舍利造金棺银椁，雕镂穷奇。

由武则天掀起的修造大像的热潮和迎奉“佛骨”的迷信之风，在唐代延续很久。以修造大像而论，甚至影响到东邻日本，据说著名的奈良东大寺大铜佛像，就是这一影响的产物。在中国，修造大像之风到开元年间仍很盛行。例如敦煌莫高窟那体高26米的“南大像”，正是开元年间（713—741 年）塑造的作品。

在那一时期兴工雕凿大像用工最为浩大的一处，是至今仍端坐在乐山凌云山栖鸾峰下的弥勒佛像。大像通高 71 米，肩宽 28 米，一只巨足的宽度即达 8.5 米，其上可容数人并立。他面容肃穆慈祥，面对三江激流汇合处，目送过往于足下的舟船，已历经千年风雨。更为可贵的是，当年发愿建像的并非皇室贵胄，而是一位见到凌云山下江流汇聚汹涌倾舟，想要努力制止船毁人亡惨剧的普通僧人海通，他想靠修造佛像，凭借神力以镇波涛，从而造福百姓。因此靠个人的毅力和诚心，筹集经费，动工凿建。为了完成这一理想，他坚决抵制当地官吏的无理勒索，宣布“自目可剜，佛财难得”，最终竟用“自抉其目，捧盘致之”的凛然正气，镇服了那些勒索钱财的官吏，使工程得以顺利进行。海通这种为完成造福于人的理想而专诚忘我的精神，也正反映了中华民族传统精神文明的一个可贵的内容，它最终化成那千年矗立的巨佛。巨佛雕成后缓解了江流的水势，并使舟船从远处就可看到那慈祥面容，向人们发出三江汇聚的怒涛就在前面的信息，从而早做准备，免遭危害。大像的工程开始于开元初年，但为其奋斗终生的海通没能等到大像雕成便已去世，最后由西川节度使韦皋续造，于贞元十九年（803 年）竣工，前后历时 90 年。这尊汇聚了人们将近一个世纪的心血和劳动结晶的巨大雕像，不仅是中国古代佛教造像中最为高大的，而且也是世界上最高的古代佛教石雕像，确实又为中国古代文明光辉的轨迹上增添了新的耀目的光斑。

满城尽带黄金甲

“待到秋来九月八，我花开后百花杀。冲天香阵透长安，满城尽带黄金甲。”这首诗是唐末一位考进士未中的文人落第后的作品。他后来参与贩运私盐，最终走上领导民众起义的道路，他就是黄巢。也正是他，最终率军攻占唐王朝统治的心脏长安城，引致了唐王朝的崩溃。

导致唐末民众大起义的起因，至少应追溯到开元盛世以后。经历安史之乱，唐王朝由盛转衰，黄河流域遭战乱破坏，经济凋敝，因而把税收榨取的重点移向江淮甚至岭南，使那里的人民负担骤增，困苦日甚。因此不分南北，民众普遍产生了反抗朝廷压榨的积怨，但唐王朝的统治集团日趋腐朽，荒淫享乐一如既往，加上连年灾荒，战乱不断，朝廷反而加重盘剥，终于触发了导致唐朝覆亡的民众大起义。

就在唐朝的统治日益走下坡路的时期，皇帝依然沿袭武则天开创的迷信邪风，耗费大量民脂民膏去演出迎奉法门寺“佛骨”舍利的无耻闹剧，还散布佛骨舍利三十年一开，开则岁丰人安的鬼话。同时也引出以韩愈为首的正直的知识分子反对迎佛骨的斗争，抒发出中华民族的正气。

事情发生在唐宪宗元和十四年（819 年）正月，皇帝命中使杜英奇领禁兵押宫人三十人持香花与僧徒赴临泉驿迎所谓“佛骨”，开光顺门迎入大内，留禁中三日，乃送京城佛寺。当时“王公士庶，奔走舍施，唯恐在后。百姓有废业破产、烧顶灼臂而求供养者”。一时好端端的长安城中，宗教迷雾弥漫，愚昧迷信泛滥，正常的社会生活遭到极大干扰，社会财产遭到严重浪费，人们思想极度混乱。正如韩愈所指出的“皆云天子大圣，犹一心敬信，百姓微贱，于佛岂合惜身命。所以灼顶燔指，百十为群，解衣散钱，自朝至暮，转相仿效，唯恐后时，老幼奔波，弃其生业。若不即加禁遏，更历诸寺，必有断臂脔身以为供养者。伤风败俗，传笑四方，非细事也”。面对佞佛兴起的妖风迷雾，韩愈力行反对，因而写出了著名的《谏迎佛骨表》，上疏宪宗，严正指出：“今无故取朽秽之物，亲临观之……臣实耻之。乞以此骨付之水火，永绝根本，断天下之疑，绝后代之惑。……岂不盛哉！岂不快哉！佛如有灵，能作祸祟，凡有殃咎，宜加臣身，上天鉴临，臣不怨悔。”显示出中国正直的文化人的骨气。自然在昏聩的缺乏知识的皇帝统治下，韩愈的下场是可以想见的。结局是“一封朝奏九重天，夕贬潮州路八千。欲为圣明除敝事，肯将衰朽惜残年”。被贬官为潮州刺史。于是那所谓“佛骨”，仍能保存下来继续去愚弄可怜的无知民众。在此以后虽因统治者的内部倾轧，出现了唐武宗灭佛之举，但宣宗继位后立即复法，佞佛之风更盛。到懿宗咸通年间，再次演出了奉迎法门寺佛骨舍利的闹剧，这也是唐末演出的这类闹剧的最后一次，也是最恶劣的一次。

唐懿宗咸通年间，唐王朝已处于风雨飘摇的危局，就在他继位的时候，正值江南发生裘甫领导的民众起义，攻取剡县（浙江省嵊县）。虽然这次浙东农民起义仅几个月就被镇压下去，然而已揭开了唐末民众大起义的序幕。但懿宗还是不顾人民饥苦，压榨如故，并一心佞佛，企望靠迎奉舍利表明他的统治仍属“太平盛世”。他一意孤行，于咸通十四年（873 年）决定要奉迎法门寺佛骨舍利，当时群臣谏者甚众，甚至有人举宪宗因迎佛骨很快就死去为理由，进行劝阻。但他却说：“朕生得见之，死亦无恨！”拼死也得演出奉迎佛骨的丑剧。于是在三月派人去迎佛骨，“广造浮图、宝帐、香舆、幡花、幢盖以迎之，皆饰以金玉、锦绣、珠翠。自京城至寺三百里间，道路车马，昼夜不绝”。四月，“佛骨至京师，导以禁军兵仗、公私音乐，沸天烛地，绵亘数十里；仪卫之盛，过于郊祀，元和之时不及远矣。富室夹道为彩楼及无遮会，竞为侈靡”。许多被愚弄的百姓，竟然为了迎舍利，“断臂截指，流血满道”。浪费大量金钱的闹剧尚未收场，懿宗

扶风法门寺唐塔地宫遗址

即于六月生病，七月就死掉了，他想借佛骨三十年逢太平盛世而做的美梦随之破灭。于是新继位的僖宗李儇匆忙把“佛骨”送回法门寺，重新瘞埋在塔基地宫之中，那已是咸通十五年（874 年）的事了。

1987 年在陕西扶风法门寺塔基发现的唐代遗物，正是那次瘞埋进去的。唐朝皇帝的迷信佞佛，倒为后人留下了这许多珍贵的文物，自然是他本人所始料不及的。法门寺地宫中共出土了金银器皿 120 件（组）、玻璃器 17 件、瓷器 16 件、漆木及杂器 19 件、珠玉宝石约 400 件，以及大批丝织物及残品。其中属于盛放舍利的容器就有四组，以懿宗供奉的一组最为豪华，

扶风法门寺唐塔地宫玻璃盘

扶风法门寺唐塔地宫秘色瓷瓶

扶风法门寺唐塔地宫八重宝函内七重

共有八重，最外为银棱盝顶檀香木宝函（木函已朽毁），其余七重由外及里顺序为：鎏金四天王盝顶宝函、素面盝顶银函、鎏金如来说法银宝函、纯金六臂观音盝顶宝函、金筐宝钿珍珠装珷玞石宝函、宝珠顶单檐四门纯金塔。虽然与记载中武则天奉献的金棺银椁九重之数还差一重，但也使我们得以看到在晚唐经济凋敝的情况下，皇帝还能如此以大量珍宝奉献佛寺，而不顾人民的死活。可以说长安城中迎取佛骨的公私音乐喧闹，实际奏出的李唐王朝末日的哀鸣，人为的宗教狂热，难以阻挡历史巨轮的前进，今天发掘出土的瘗埋舍利的银函金塔，正道出这样的真理。迎奉“佛骨”舍利后还不及一年，传到僖

扶风法门寺唐塔地宫鎏金四天王盝顶宝函

宗耳中的不是什么岁丰人安的喜讯，而是王仙芝率众在长垣起义的噩报。第二年黄巢率众起义，响应王仙芝，于是民众起义军的怒潮日益强烈地震撼着唐王朝统治的基石。

时隔六年，广明元年（880年）十二月曾经掀起过宗教迷信狂热的长安街头又一次掀起热潮，那是民众欢迎黄巢起义军入城。黄巢起义由于本身的弱点，并遭到纠集在一起的唐朝军队的拼死反扑，最终虽告失败，但唐王朝的崩溃已无可挽回，借对抗起义军而膨胀起来的地方割据势力，恶性发展。勉强支撑了十几年，公元907年，唐朝终告覆亡，古代中国陷入五代十国的分裂与混乱之中。

扶风法门寺唐塔地宫真金小塔和内置舍利

第八章

技术之光

宋代文明

455—517

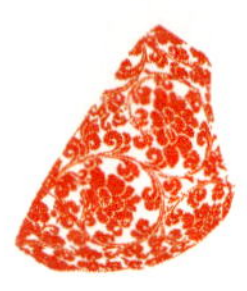

从制瓷谈起

稚朴天真的孩童形象，历来为中国民众所喜爱，因此是古代造型艺术品经常表现的题材。面前展现的这件瓷塑作品，实是其中少有的佳作。伏卧着的童子将头偏枕在前屈的双臂上，两腿略微蹺曲故两脚上扬，姿态自然而气氛恬静。孩童的面孔塑得丰满而不显肥腴，五官比例适中，睁着眼睛，目光凝视前方。盘压在下面的右手还握着系有长穗的彩球，似乎是玩耍得疲倦了，伏卧在地上稍事休息。但从那紧闭的口唇和凝视的目光，看来似乎还在回味刚才玩耍时发生的最有兴味的事情。孩子的习性是好动的，但宋代制瓷艺人的着眼点与众不同，偏偏选取了静止的卧姿。艺人着重刻画其与成年人的不同之处，那呈俯伏回首而蹺腿扬足的态势，恰是寓动于静之中，表明暂时的休止并未能掩盖童稚好动

定窑白瓷孩儿枕

的本性，卧伏的童子随时都会爬起来再去尽情地戏闹，因此使作品极富神韵。同时，作者还成功地将生动的造型和物品的实用功能很好地结合在一起。头部较高，蹺腿而形成臀部也高凸起来，使童子全身形成头、臀两端较高而腰部自然低凹的总轮廓线，于是凹曲的腰部正好形成适于人头枕卧的枕面，使其具有实用价值。加上全枕遍施白釉，更显得洁净宜人。上述的白瓷孩儿枕，底部还有乾隆三十八年刻上的御制诗铭，现藏于台北故宫博物院中，是宋代定窑的产品，它以生动的造型和精湛的烧造工艺，把人们引向宋瓷那丰富多彩的艺术天地之中。

20 世纪 60 年代末期，在河北省定县先后发现了两座宋代修筑的舍利塔基，分别是北宋太平兴国二年（977 年）的静志寺真身舍利塔和至道元年（995 年）的净众寺舍利塔的基址。塔基下

河北定州宋净众寺塔地宫涅槃壁画

部砌筑有地宫，里面瘗藏着盛装“佛舍利”的各种容器，以及供奉的许多器物。地宫的壁面上还有精美的壁画，内容有天王、弟子、伎乐等。净众寺舍利塔地宫内还有一幅描绘释迦牟尼涅槃的大幅画面，构图和绘制技巧都很出色。在这两处地宫之中，都放置有许多精美的定窑瓷器，仅在静志寺塔基地宫中，就出土多达115件瓷器，几乎都是北宋早期定窑产品，包括杯、盘、碗、碟、洗、瓶、炉、盒、罐、托盏、净瓶等多种。每种器物又有细部造型和纹饰的不同，以盒类为例，外形就分别制成石榴形、桃形、竹筒形、圆纽高足等，富于变化。净众寺塔基出土的瓷器，也达55件，有盒、罐、瓶、壶、净瓶等器物。这一大批时代明确的北宋早期定窑精品，胎薄质细，器壁平薄，釉色柔润，洁白匀净。装饰手法多采用贴塑，也有划花、刻花和印花等。器物造型秀美，其中有体高60.7厘米的龙头刻花净壶，还有上刻水波纹的白瓷海螺，都是罕见的艺术品。有的器物底部刻有“官”字，表明是官窑定瓷，原是供宫廷或官府烧造的。同时也从瓷器的刻款中有“至道元年四月日弟子……”字样，了解到有些瓷器是专为寺庙烧制的产品。这样众多的精美定窑瓷器，使人们清楚地了解到北宋初年定瓷的制瓷工艺已达到相当高的水平。

对烧制定瓷的窑址，也进行过考古勘察和发掘。它坐落在河北省曲阳县涧磁村。该地宋属定州，故称“定窑”，虽然在唐代后期已烧造瓷器，但到北宋才达到盛期，逐渐形成具有特色的北方名窑。由于宋窑所在地层中普遍发现煤渣，表明已用煤作

河北定州宋塔地宫定窑白瓷海螺

河北定州宋塔地宫定窑白瓷净瓶

河北定州宋塔地宫定窑刻至道年款白瓷壶

耀州窑瓷炉

为烧窑的燃料。当时已采用覆烧的装窑方法，这可以提高产量，制成品因覆置而口沿不挂釉，称为“芒口”，常加上漂亮的金属边缘。釉色洁白润泽，但也有少量的黑釉、酱釉或绿釉产品，是少见的“黑定”“紫定”“绿定”。由于在窑址发现有刻划“官”“尚食局”“尚药局”等款的瓷片，表明已设置有专为宫廷和官府生产精致产品的窑场。由于定窑白瓷在宋代被视为名品，所以对当时其他地区的瓷器烧造工艺产生很大的影响。有的模仿定瓷的器形，有的模仿定瓷的纹样，更有的仿效它那可以提高产量的覆烧工艺。连江南地区的名窑，如景德镇窑和吉州窑，都可以看到定窑的影响。在北方的今山西省、河北省境内，更形成了以定窑为中心，分布于河北省临城，北京市龙泉务，山西的平定、介休、长治、太原、榆次、河津、盂县、交城、阳城、霍县等地的诸多生产类似定州白瓷的窑址，覆盖了北方的广大区域。

定窑的繁荣兴盛，在北宋的制瓷业中并不是独放的奇葩，还有许多名窑与它争奇斗艳形成制瓷工艺百花齐放的情景。在北方，有以烧制青瓷为主的分布于陕西省铜川市西南一带的耀州窑，以烧造白釉黑花瓷器为主的河北省磁县境内的磁州窑，以及另一处以烧制青釉瓷器为主的河南省禹县境内的均窑。在江南地区，著名的景德镇窑自北宋中期发展起来，以烧造青白瓷为主。还有分布于浙江省南部专烧青瓷的龙泉窑，分布于福建省建阳水吉镇境内专烧黑釉瓷的建窑，以及福建省德化县境内的德化窑、江西省吉安县境内的吉州窑等。产品各有特色，有官窑也有民窑，呈现出釉色缤纷、形态各异的瓷器艺术世界。据 1982 年所做的不完全的统计，在全国 19 个省、市、自治区，多达 132 个县、市境内，都发现过这一时期的瓷窑址，可以反映出宋代制瓷手工业所具有的规模。近年来不断对均窑、磁州窑、耀州窑等窑址进行考古发掘，发现许多窑炉遗址和制瓷遗迹，以及大量的瓷器标本。特别值得注意的是破解汝窑之谜。因为对于历代鉴赏家习称的宋代五大名窑（汝、官、哥、钧、定）中的汝窑，人们长期以来不详其窑址所在，加之汝窑

磁州窑瓷器

汝窑窑炉遗址

汝窑瓷器

产品传世最少，且缺乏大件器皿，其釉色呈现一种淡淡的天青色，釉面多无光泽，胎色多呈香灰色，色调与南宋官窑近似，显示出二者间的密切关系。2000 年，考古工作者终于在河南宝丰大营镇清凉寺村发掘到汝窑的窑址，清理出汝官窑炉 15 座，还有作坊、釉料坑、澄泥池等相关遗迹，以及一大批汝官窑瓷器，器形除瓶、尊、洗、炉、壶等陈设用瓷外，还有不少碗、盘、盆、碟、注子、盏托、套盒等生活用具，并发现有龙、鸟首及镂孔等装饰，这在以釉色取胜的汝窑传世品中实属罕见。

到了南宋时期，位于当时都城临安的官窑，是专为宫廷烧制精美瓷器的处所，已经发掘过杭州的乌龟山窑址和老虎洞窑址。在乌龟山窑址发现了长条形的龙窑遗迹、马蹄形的素烧窑炉遗迹，还获得了大量瓷器标本及窑具。这里主要烧造宫廷使用的青釉瓷器，产品有薄胎薄釉和薄胎厚釉两种，有的胚体厚度在1毫米以下，胎质细腻，制作工整。创造了素烧与多次上釉的厚釉工艺，即将器坯先用低温素烧，以增加机械强度，再上三至四次釉，使瓷釉厚若堆脂，乳浊性良好，晶莹类玉，以提高瓷器质量。烧制时将足底端釉刮去，以垫饼垫烧，故成器足底露胎呈褐色，即所谓“铁足”，形成薄胎厚釉、开片铁足的独特艺术

南宋官窑龙窑遗址

南宋官窑瓷器

特色。老虎洞窑址被认为是南宋的修内司官窑，不仅出土有精美的生活用瓷，而且还有许多器形较大、仿青铜器的用于宫廷祭典的礼器。南宋官窑青瓷工艺，明显是受北宋汝窑瓷器工艺技术的影响，后来又对龙泉窑瓷器的生产有深远影响，对促进龙泉瓷艺的提高起了很大作用。

如果我们认为宋代只生产供皇室和贵胄使用的高级瓷器，那种认识就太过于片面了，因为大量的瓷器是供应人民大众的日常用品，特别是磁州窑更是如此，其中最大众化的产品是瓷枕，有的枕上书写着诸如："众中少语，无事早归""过桥须下马，有路莫行船。未晚先寻宿，鸡鸣早看天。古来冤枉者，尽在路途边"等俗谚，清楚地反映出磁州窑的主要消费者一般民众的观念和意识。正因为是大量生产的民众日用品，所以常在产品上加印生产者的戳记，以起广告效果。磁州窑生产的瓷枕中，有相当数量带有"张家造"的标记。传世的文物中有一件"张家造"瓷枕，上有"明道元年"（1032 年）的纪年，是其中年代较早的作品。甚至还有专烧瓷枕的窑址，坐落在河北省邯郸市的东艾口村，出土有带"张家造"戳记的标本。另外，磁州窑的瓷枕中，除"张家造"标记，还发现过戳印"刘家造""李家造"等戳记款识。十分明显，这些可以起到广告作用的标记，充分显示出瓷枕的商品性质。

磁州窑张家造
瓷枕

磁州窑瓷枕

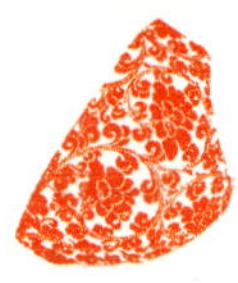

什么都有规范

宋代制瓷手工业的空前繁荣，反映出这一历史时期文明的发展，突出地表现在制作工艺的提高和科学技术的进步方面，在文明的光辉轨迹上闪烁的是技术之光，表明当中国历史再一次结束分裂状态，由赵匡胤建立的北宋王朝统一全国以后，社会经济稳定，提供了科学技术得以发展的适合土壤。当时，手工业的工艺水平普遍有所提高，并对许多学科或手工业部门进行了科学总结，写成专著，成为指导性的各种规范。例如建筑方面的《营造法式》、军事方面的《武经总要》、法医方面的《洗冤集录》、医药方面的《重修政和经史证类备用本草》等。

如果你被指定负责建筑一座殿堂，应该按什么标准进行设计，如何确定木架结构，怎样用料，又怎样计算劳动定额，所有这一切应遵循的规范，都可以从《营造法式》中查阅清楚，然后依例执行。这部书是北宋政府主管工程的部门“将作监”的少监李诫，奉皇帝的旨意进行编修的一部官书。它是在总结有关建筑的传统规范的基础上，全面汲取了当时工匠的实践经验而编订的。全书共分 36 卷，计有 357 篇、3555 条。除详尽的文字记述外，内有 6 卷是颇为精确的图样。最后于元符三年（1100 年）编成，又过了三年，在崇宁二年（1103 年）刊印颁发，作为北宋从京城到地方进行宫室、坛庙、官署、府第等建筑工程时，设计、结构、用料和施工的“规范”。

在《营造法式》卷首的“序目”中，包括有“看详”和“目录”各一卷。“看详”中分“方圆平直”“取径围”“定功”“取正”“定平”“墙”“举折”“诸作异名”“总诸作看详”九个方面，对营建工程技术的一些基本的规定和数据，首先做了说明。指明屋顶坡度曲线的画法，计算材料所用各种几何形的比例，定垂直和水平的方法，按不同季节订定劳动日的标准等的依据。正文的前两卷是“总释”和“总例”，第三卷至第十五卷，分别是壕寨、石作、大木作、小木作、雕作、旋作、锯作、竹作、瓦作、泥作、彩画作、砖作、窑作十三个工种的制度。以后的十卷，则是按照各作制度的内容，规定了各工种的构件劳动定额和计算方法，称为“工限”。第二十六卷至二十八卷，是“诸作料例”和“诸作用钉料例”“诸作用胶料例”等，规定了各工种的用料定额和有关工作的质量。最后的六卷，即二十九卷至三十四卷，是详尽

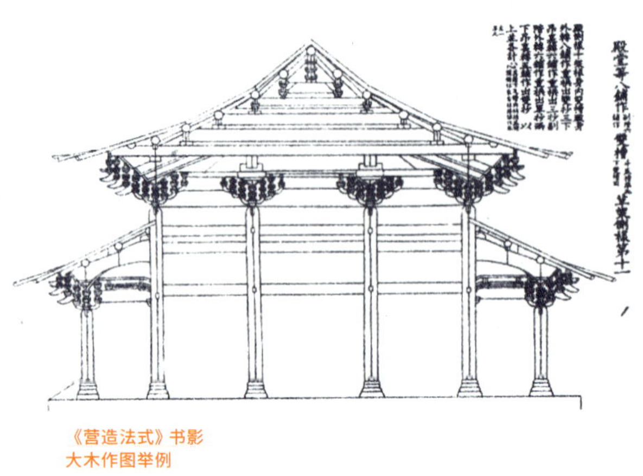

《营造法式》书影
大木作图举例

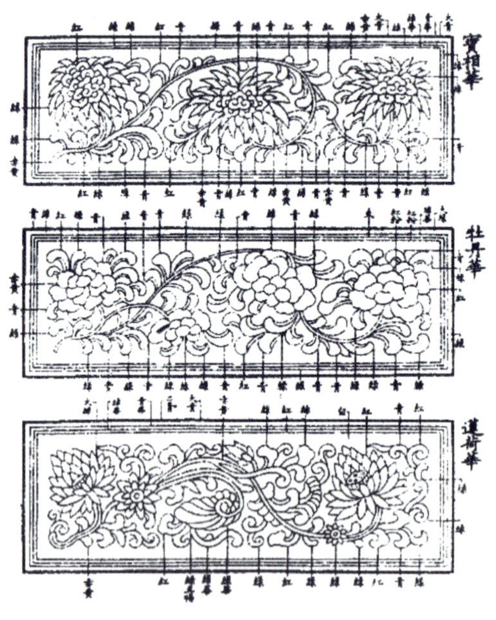

《营造法式》书影
彩画图举例

的各种图样，分“总例图样”“壕寨制度图样”“石作制度图样”“大木作制度图样”“小木作制度图样”“细木作制度图样”“彩画作制度图样”“刷饰制度图样”八方面。内容包括各种建筑的平面图、断面图、构件详图，还有当时的测量工具的图像，以及各种雕饰及彩画图案是为了以详尽的图样，让人们形象地了解法式规定的规范，从而能准确地依照施工。保留到今天，则为我们提供了研究宋代建筑的极其珍贵的资料。

由于中国古代建筑的特点是以木构架结构为主要的结构方式，因此《营造法式》中有关“大木作”和“小木作”的文字和图样占有几近三分之一的篇幅。在“大木作”的制度中首先明确规定：造屋以“材”为祖，将材定为八等，随着所建房屋的等级和大小而决定，一切大木作的尺寸和比例都是用“材”作为基本模数来制定的，这一直影响到整个中国古代社会，始终沿用。

据中国古代建筑史专家研究的结果，将《营造法式》的特点归纳为下列五点：一是模数的制定和运用，二是设计的灵活性，三是技术经验的总结，四是装饰与结构的统一，五是建筑生产管理中的严密性。它力图能在人力、财力、物力都很困难而统治者的要求日趋铺张奢华的矛盾情况下，防止贪污浪费，还能保证设计、材料和施工的质量，从而定出严格可行的规范。在将近 9 个世纪以前出现的如此规模的建筑学方面的专著，几乎可以称为中国古代建筑的“百科全书”。同时它也从一个侧面展示了宋代文明的高度成就，为中国古代文明的光辉轨迹上，又增添了耀目的光斑。在世界文明史中，它也是人类建筑遗产中一份珍贵的文献。

北宋庆历四年（1044 年）由曾公亮、丁度等编撰成书的《武经总要》，又是一部具有“百科全书”性质的军事方面的专著，它也是由皇帝命令而编写的官书。这部书共40卷，分为前、后两集。前集包括制度 15 卷，边防 5 卷；后集收故事 15 卷，占候 5 卷。其中后集主要是历代军事史实，还有包括迷信色彩的占候等，故价值不及前集。前集是集中记述宋代的军事制度、训练、阵法及兵器装备，特别是其中第十三卷“器图”中，集中记录了当时军队使用的各种兵器装备，每一件还配有明晰的插图。在第十卷至第十二卷内，有“攻城法”“火攻”“水战”“守城”4 篇，同样详尽地记录了与这几种战法有关的兵器装备，还有战船和城防工事的情况，也都附有图像，使得各种兵器装备的具体形貌，得以展现在人们面前，令读者可以对北宋的兵器有全面的了解，因此具有颇高的学术价值。因为汉魏以后，经过南北朝和隋唐时期，以钢铁冶炼工艺的发展为基础的中国古代“冷兵器”，已经达到它的顶峰。而《武经总要》一书，正是将汉唐以来传统的冷兵器中当时还装备军队的类型，以及北宋以来新发展的兵器和装具，进行了总结性的记录。从这一角度来看，它确可称为中国古代兵器的百科全书。

在《武经总要》中，所记录的传统格斗兵器仍以刀和矛枪为主，但剑和戟已被淘汰出实战兵器的行列。其中剑还保留了两个图像，但以文字注明“今不用于阵，以失其传也”。至于汉魏时作为标准兵器的戟，则连图形也没收入书中，说明它早已被从军队的正式装备中淘汰了。只是在刀类中出现一种与原来的戟形制完全不同的“戟刀”，这种“刀”就被后世不知古代兵器真面貌的人看作是戟了。它就是今日京剧舞台上出现的道具“方天画戟”的原型。

另外，在《武经总要》中收录了各种棒类兵器的图像，这是以前少见的，表明它们这时已成为经常装备军队的实战兵器。在刀、枪（矛）类中，为了适应各种特殊的军事需要，每类都分别形成许多分支。例如刀有 8 种，包括手刀、掉刀、屈刀、掩月刀、戟刀、眉尖刀、凤嘴刀和笔刀，其中手刀是手握的短柄刀，其余各类都装有长柄。枪（矛）分 9 种，包括双钩枪、单钩枪、环子枪、素木枪、鸦颈枪、锥枪、梭枪、槌枪和大宁笔枪。它们分别用于

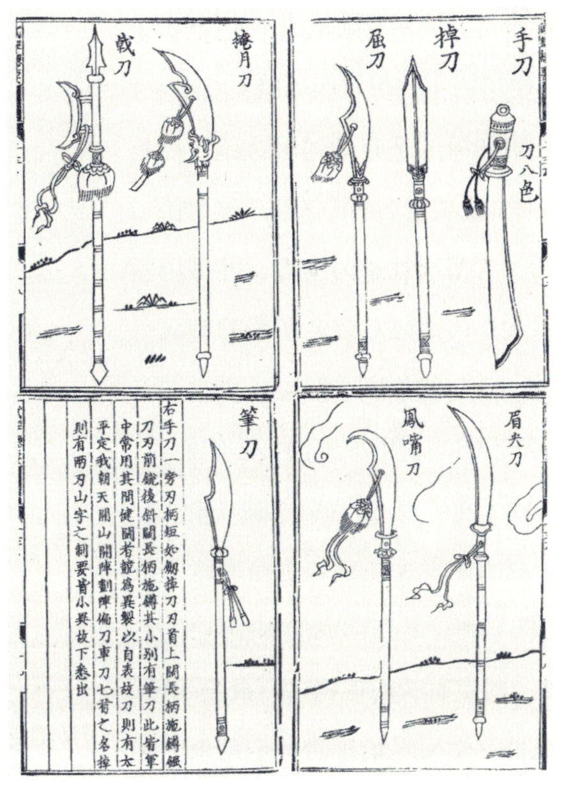

《武经总要》书影
刀图

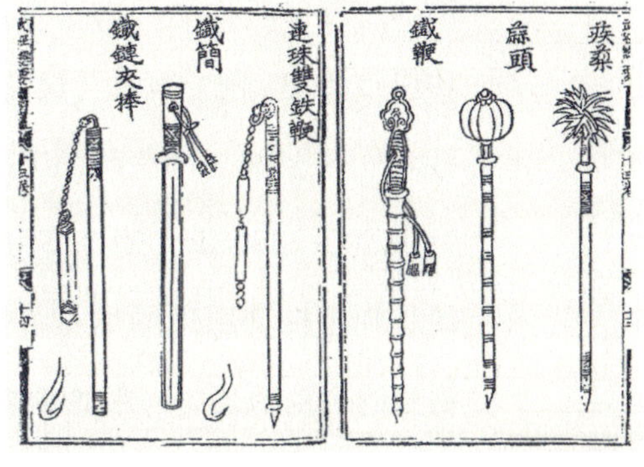

《武经总要》书影
砸击类兵器图

装备步兵和骑兵，还有的无刃而专用于教阅训练的槌枪。各类棒类兵器，除常见的白棒、桿棒外，还有附加尖刃、倒钩、钉头等的特殊形制，如钩棒、抓子棒、杵棒、狼牙棒等。另有一些以链连接几节棒体的特殊兵器，如铁链夹棒、连珠双铁鞭，是向西北少数民族学来的兵器类型。同样用于砸击的兵器还有“骨朵”，并且是宋代常用的新型兵器，是在直柄上安装一个大体呈圆球形的锤头，依形状不同，又有“蒜头”“蒺藜”等名目。大量使用砸击类兵器，可能与宋代以步兵对抗骑兵的战斗需要有关。至于远射兵器，仍以弓箭为主，也使用弩。防护装具有各种铠甲和保护战马的马甲，以及步兵和骑兵使用的不同形状的盾牌。

在宋代兵器中，给人留下突出印象的是重型远射兵器，都是成功地利用物理学原理制成的机械，主要是各种“床弩”和“炮”。床弩是以绞车张发的强弩，用几十人甚至牲畜为动力，并采用两张以上弩弓的合力，因此威力强大。《武经总要》所载的有双弓和三弓两类，前一类如“双弓床弩”“大合蝉弩”等；后一类如“三弓弩”“三弓床子弩”等。以三弓弩为例，需用70人绞张才能发射，射程200—300步，为今370—560米远。“炮”或写成“礮”，就是利用杠杆原理的炮石机具，在火炮发明以前，它是军队中最重型的远射兵器，一般炮射巨大的石弹。是在巨大的木制炮架上，装有一根可以转动的横轴，横轴上固定着长的炮梢（一根长木杆，把它中央部位固定在轴上），炮梢一端用绳索连着一个用来兜装石弹的皮窝，另一端系上几十根长长的拽索。发射时由一个战士负责把石弹定置在皮窝上，另外几十个战士猛然地拽动拽索，于是炮梢一下子反转上来，利用杠杆原理产生的炮力把石弹炮射出去，沿炮物线轨迹射向敌方。《武经总要》中记录的各种炮，大致有三类：一类是固定放置的，有单梢炮、双梢炮、七梢炮、虎蹲炮等；另一类炮架可以旋转，改变射击方向，有旋风炮、独脚旋风炮、旋风五炮等；还有一类下面装有车轮，可以随时移动位置，如炮车、旋风炮车、卧炮车、行炮车等。其中威力最大的七梢炮，炮梢由7根巨大的梢材合成，长二丈八尺，需用150人拽索发射，

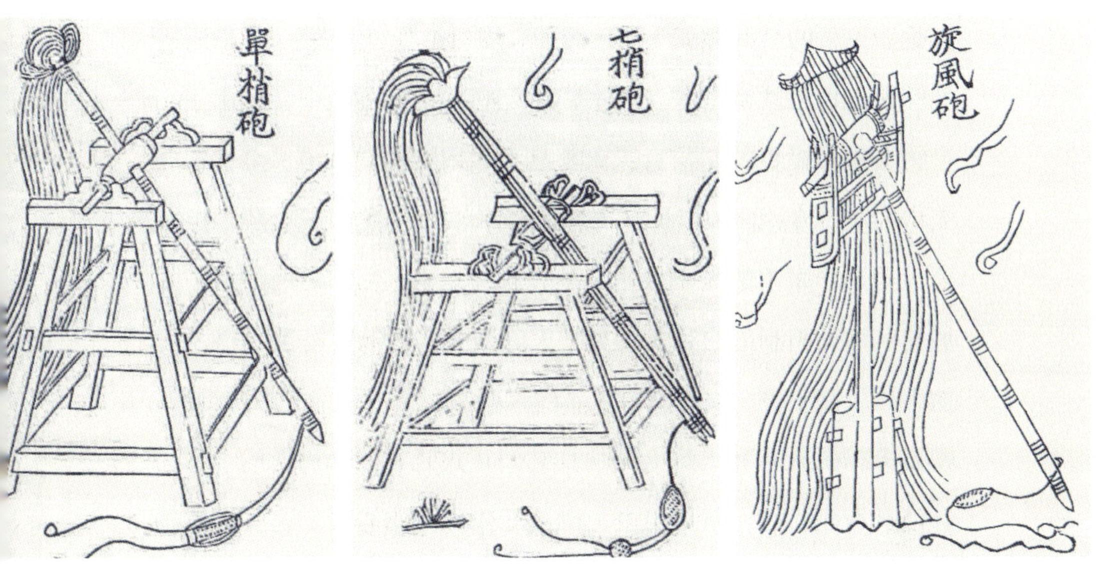

《武经总要》
书影炮图

可以把 90—100 斤重的石炮弹炮掷到 50 步远的地方。

随着筑城技术的提高，使得用于攻城和守城的器械有了空前的发展，前面讲过的重型远射兵器床弩和炮，对于攻守双方都是重要的装备。此外攻城器械方面，主要有用于跨越深壕的“濠桥”“折叠桥”等，攀越高墙的“飞梯”“云梯”等，掩护战士抵近城垣的“尖头木驴”“木牛车”“轒轀”等，登高侦察城内敌情的“巢车”“望楼车”等。守城器械主要用于毁坏敌方的攻具和杀伤敌方登城士兵。包括各种形状和质料的礌石、櫑木及“铁撞木”，用以烧毁攻具的“燕尾炬”“飞炬”“猛火油柜”等火攻器械，以及塞补被敌方摧毁的防御工事用的“塞门刀车”“木女头”等；还有对付火攻的灭火器材，如唧筒和各式皮水囊；防御炮石飞矢的“垂钟板”“篦篱”“皮竹笆”等装备。

特别值得注意的是，在书中所列举的守城器械中，传出了一个将会震惊世界的新信息：火药已正式用于制造兵器。至迟在唐宪宗元和三年（808 年），道教炼丹术士已经发明了火药。但对于火药用于军事的准确记录，是《武经总要》，书中所记用于守城的利用火药制造的兵器，包括“火球”“火药鞭箭”“蒺藜火球”“霹雳火球”等多种。同时列出了 3 种火药的配方，即用于毒药烟球、蒺藜火球的火药和火炮火药法。它们正式冠有“火药”的名称，并已具有硝、硫、炭三组分，确是近代火药的雏形。这些都明确证实：在公元 1044 年以前，中国古代军队中已装备有多种原始的火药兵器。所以英国著名科学史专家李约瑟博士正确地指出，《武经总要》中记载的三种火药配方，“是所有文明国家中最古老的配方”。火药用于军事，揭开了古代兵器发展史上的新篇章，宣告冷兵器阶段的结束，火器与冷兵器并用的阶段到来了。火药的发明和应用，是中国古代的伟大发明，对世界文明是一重大贡献。北宋时期战场上火药兵器的轰鸣和闪光，正是呈现在中国古代文明轨迹上空前耀目的光斑。

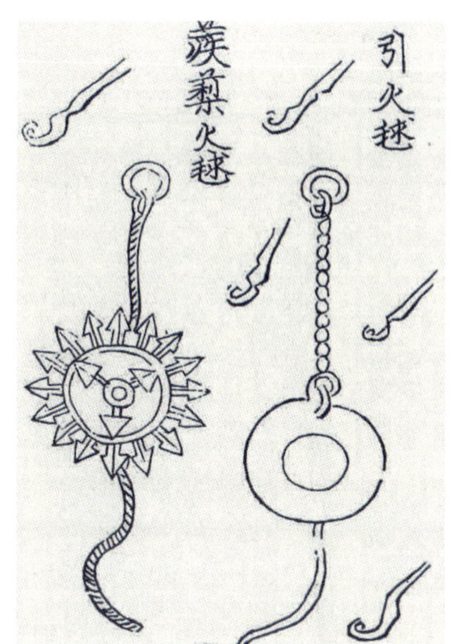

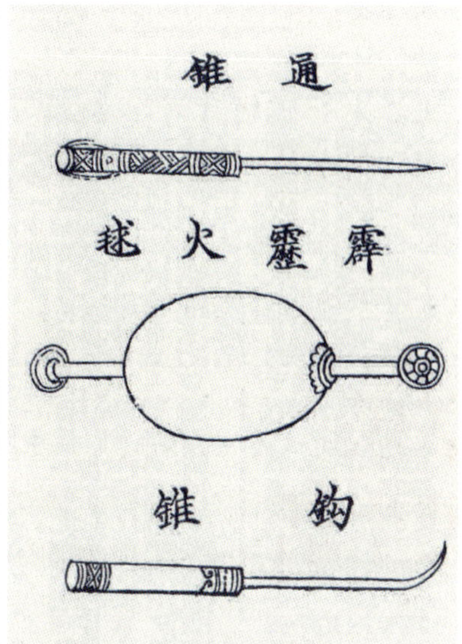

《武经总要》
书影火药兵器图

毒藥煙毬

毬重五斤用硫黃一十五兩草烏頭五兩焰硝一斤十四兩芭豆五兩狼毒五兩桐油二兩半小油二兩半木炭末五兩瀝青二兩半砒霜二兩黃蠟一兩竹茹一兩一分麻茹一兩一分擣合為毬貫之以麻繩一條長一丈二尺重半斤為弦子更以故紙一十二兩半麻皮十兩瀝青二兩半黃蠟二兩半黃丹一兩一分炭末半斤擣合塗傅于外若其氣熏人則口鼻血出二物並以砲放之害攻城者

火藥法

晉州硫黃十四兩　窩黃七兩　焰硝二斤半
麻茹一兩　乾漆一兩　砒黃一兩
定粉一兩　竹茹一兩　黃丹一兩
黃蠟半兩　清油一分　桐油半兩
松脂一十四兩　濃油一分

右以晉州硫黃窩黃焰硝同擣羅砒黃定粉黃丹同研乾漆擣為末竹茹麻茹即微炒為碎末黃蠟松脂清油桐油濃油同熬成膏入前藥末旋旋和勻以紙伍重裹衣以麻縛定更別鎔松脂傅之以砲放復有放毒藥煙毬法具火攻門

蒺藜大毬以三枝六首鐵刃以火藥團之中貫麻繩長一丈二尺外以紙并雜藥傅之又施鐵蒺藜八枚各有逆鬚放時燒鐵錐烙透令焰出火藥法用硫黃一斤四兩焰硝二斤半麄炭末五兩瀝青二兩半乾漆二兩半擣為末竹茹一兩一分麻茹一兩一分剪碎用桐油小油各二兩半蠟二兩半鎔汁和之外傅用紙十二兩半麻一十兩黃丹一兩一分炭末半斤以瀝青二兩半黃蠟二兩半鎔汁和合周塗之

《武经总要》
书影火药配方

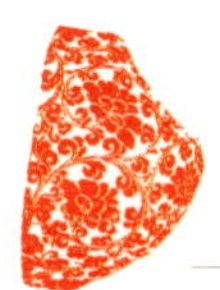

追求享乐的市民生活

社会经济的发展，工艺水平的提高，商品生产的繁荣，使北宋城市的面貌呈现出与前代不同的特点。最大的变化是由隋唐时期的封闭式的里坊制，改变成开放式的街巷。商业区由原来固定在由坊墙围圈起来的“市”内，改变成分布于开放式的街道两侧。北宋的都城汴梁城（开封）已是如此，虽然对那座古代城址还没有进行全面的考古发掘，但是关于汴京的文献记载很多，特别是南宋时孟元老追忆汴京盛况，逐项详细地记录在《东京梦华录》一书中，读后掩卷冥想，当时北宋都城的繁荣景象如现眼前。同时传世的张择端所绘《清明上河图》，详尽地描绘出一座城门和其内外的部分景物，也给今天展示出当时汴京的局部风貌。

据《东京梦华录》记述，当时商业活动几乎遍于宫城以外的街巷，甚至皇宫大内正门宣德楼前的御街两侧，都允许“市人买卖于其间”。而在宣德楼前省府宫宇之间，也分布有许多商业店铺，下面录举一些内容为例：“景灵东宫南门大街以东，南则唐家金银铺，温州漆器什物铺。”“至州桥投西大街，乃果子行。街北都亭驿，相对梁家珠子铺，余皆卖时行纸画，花果铺席。至浚仪桥之西，即开封府。御街一直南去，过州桥两边皆居民。街东车家炭、张家酒店，次则王楼山洞梅花包子、李家香铺、曹婆婆肉饼、李四分茶。至朱雀门街西，过桥即投西大街，谓之曲院街。街南遇仙正店，前有楼子后有台，都人谓之台上。此一店最是酒店上户，银瓶酒七十二文一角，羊羔酒八十一文一角。街北薛家分茶、羊饭、熟羊肉铺。向西去皆妓馆舍，都人谓之院街。御廊西即鹿家包子、余皆羹店、分茶、酒店、香药铺、民居。”仅由上面的引文，已经可以想见街道两旁开设的各种店铺，从茶酒饮食，到金银珠子、漆器什物、花果铺席、纸画香药，品类繁多。凡生活日常所需，沿街多可买到，还有供人淫乐的妓院。至于汴京店铺的具体形象，从书中文字描述还难以了解，传世的名画《清明上河图》正好为人们提供了极珍贵的资料。

目前收藏于北京故宫博物院的传世名作《清明上河图》，是绘于绢上的长卷，着有淡色，画幅高24.8厘米，现存长度528厘米，卷后还保留金代人张著题写的跋。画卷选取了汴京市民扫墓、郊游为题材，模写了内城东角子门内外的景象。可惜现存的画面并未能伸延到城内街区中心的繁华地段，而主要绘出城门外汴河的

《清明上河图》
局部

桥梁、漕船及郊区农村的景色，仅在卷末才描绘了进入城门内附近的部分街景。不过仅就这部分街景反映出的商业活动，已令人可以想见汴京的高度繁华。在城门以内，街道两侧排列着瓦屋店铺，紧密相连。入门不远右侧就有一座规模可观的酒楼，前面高搭招揽顾客的彩门，后面是宽敞的两层楼房。从开启的楼窗望进去，可以看到正在隔桌对饮的食客。此外，绘出的店铺中，有的专营布帛，有的经营肉食，还有卖茶、卖药的，也有的专供应祭扫用的香火纸马。还有经营其他行业的，如修理车辆，乃至看相算命等。许多店铺的招牌匾额也模写如实，字迹清晰可辨。例如全卷末尾处绘有一栋瓦房，前开店面，内设桌椅及交椅，有人物活动其中。门额题榜横

《清明上河图》中“赵太丞家”药铺图

悬“赵太丞家”四字，两侧竖立的高大市招书有“治酒所伤真方集香丸”“太阳中丸医肠胃口”等，大约是一位治肠胃病的医生的住所和药店。除了店铺以外，临街还有小贩摆设的许多货摊，也有小贩沿街肩挑叫卖，确实显示出商业活动的繁荣情景。

除了繁荣的商业活动以外，随着经济的繁荣和商业的兴盛，宋代市民生活的另一个侧面是对生活享乐的追求，讲究美食。当时在汴京市民中流行的饮食品种，著名的有“王楼梅花包子、曹婆肉饼、薛家羊饭、梅家鹅鸭、曹家从食、徐家瓠羹、郑家油饼、王家乳酪、段家烧物、不逢巴子南食”等，至于在著名的酒楼饭店大肆宴饮，名色更多，费用也很贵。例如在新门里会仙楼酒店，“止两人对坐饮酒，亦须注碗一副，盘盏两副，叶菜楏各五片，水菜碗三五只，即银近百而矣”。

此外在汴京中适于市民欣赏口味的各种大众化的文化娱乐活动有了空前的发展，演出的场所集中在皇城东角楼附近的“瓦子”。据说“瓦子”一名含有“来时瓦合，去时瓦解之义”，表明易聚易散。汴京的瓦子“街南桑家瓦子，近北则中瓦，次里瓦”，共有大小勾栏50余座。著名的有中瓦子的莲花棚、牡丹棚，里瓦子的夜叉棚、象棚。最大的是象棚，可容数千人之多。除了演出以外，里面还有卖药、卖故衣、卖卦，以及探搏饮食、剃剪纸、画令曲等做生意的人。瓦子里演出的节目，有小唱、杂剧表演。有各种木偶戏，当时的著名表演者有演枝头傀儡（杖头木偶戏）的任小三，悬丝傀儡（提线木偶）的张金线、李外宁，药发傀儡的张臻妙、温奴哥等。有说书讲史的艺人表演，如说三分（三国）的霍四究、说五代史的尹常卖。还有表演如今日的相声口技的，如张山人说诨话、李敦等杂嗍（多是借装为山东、河北村人以资笑）、文八娘叫果子等。表演杂技的，如“小掉刀筋骨上索杂手技”“球仗踢弄”等。此外，表演的节目还有“小儿相扑”、影戏、弄虫蚁、诸宫调、舞旋等。这些表演在“瓦子”里常年都有，寒暑不断，天天吸引一般市民前去观赏，人们可以整日游乐其间。但在瓦子里的节目中，对后世影响最为深远的是“杂剧”。

宋代的杂剧，是中国古代戏剧发展史上一个重要的阶段，可能是在唐代“戏弄”的基础上形成的，因受到广大市民等一般民众的欢迎，日益发展。有关宋代杂剧的文献颇为零星，更缺乏当时舞台演出的具体形象。幸而在有关的考古发现和传世文物中，还能获得一些资料，使今天对这种戏剧的表演情况得以有了较为形象的认识。在河南省偃师县酒流沟的一座宋代砖室墓里，北壁嵌有6块上有画像的雕砖，其中3块引起人们很大的兴趣，因为它们雕出的正是有关戏剧表演的画面，它们大约是北宋末年相当于公元12世纪的遗物。在那3块雕砖上，刻出了5个演剧人物的形象，只是表演的剧目尚无法查考。这些人像都刻画得相当精细，人体比例匀称，线条流畅，姿态也很生动，颇为传神。

酒流沟北宋墓杂剧雕砖：艳段拓本

酒流沟北宋墓杂剧雕砖：正杂剧拓本

酒流沟北宋墓杂剧雕砖：杂扮拓本

其中一方砖上，刻着一个人站在那里，双手张开一幅小巧的立轴画。她身躯微向前倾，正像是面对台下的观众在独白。从鬓边露出的短发和面相，可以看出演员是女性。北宋时期杂剧分三段演出，这是第一部分，称为“艳段”或“首引”，系引起戏剧开场的意思。另一方砖上雕有两个人物，左边的一人右手托着一个包袱，用左手指着右边的另一个人，并且侧着头面对着他讲话。右边的那个人头稍前倾，好像正在倾听左面那位讲话。这两位演员大约表演的是第二部分——“正杂剧”。最后一块砖上也雕有两个人，都是男性演员扮演的。左边的人左手高托着一个鸟笼，笼内伏着一只鸟，他还用右手指点着那笼子。右边的一个回转身看着左边的人，还把右手的拇指和食指含在口中，正在吹口哨。两个人的双脚都踏着“丁字步”，好像按着同一节拍，扭摆着身躯，形态滑稽，引人发笑，这是杂剧的后散段“杂扮”。这种耍笑的活泼的演出形式，也可以说是后代戏剧中丑角艺术的早期形态。

北宋杂剧“眼药酸”图

另有一幅传世的宋画，藏于北京故宫博物院。左侧画着一个头戴高帽的人，身穿宽袍，在帽子上和身上装挂着许多眼睛。右面的一人是着短装的乡下人，左手执竹篦，右手指点着自己的眼睛，腰带后斜插着一把上写一“谭”字的破团扇。据考证，大约是描绘着正杂剧“眼药酸”演出时的生动情景。

至于杂剧演出时伴奏的乐队，在另一座宋墓内的雕砖中有他们的图像。那是在河南省禹县白沙发掘的宋墓。墓内有一组杂剧雕砖，4 块砖上各刻有一个戏剧人物，但雕刻技巧不高，远远无法与酒流沟出土雕砖的生动形象相比。不过这里除了演剧人物外，却有酒流沟雕砖所缺少的乐队。乐队由 7 个演奏者组成，使用的乐器有大鼓、拍板、觱篥、腰鼓和笛 5 种，其中觱篥和腰鼓各有两个演奏者。同时击大鼓和拍板的两位是女性，其他的都是男子。

就在汴京的市民沉湎于享乐之中，统治者更是奢华无度，朝政腐败的时候，他们的头上早已笼罩着亡国的暗影。科技发达、工艺先进的北宋，在军事上却总是无法与北方的强敌抗争。最后这座繁华的都城，终于在靖康元年（1127 年）为金兵所攻占，遭到战火和胜利者的劫掠而彻底被破坏。以后金兵北归，获取了大量的战利品，除了各种珍宝、书籍、天文仪器、舆图等物品，以及百工技艺等工匠和平民以外，还包括有北宋的两个皇帝（徽宗和钦宗）以及他们的家族成员。只有康王赵构在主张抗击金兵的民众和官兵阻拦下，得以留在长垣，以后建立了以他为皇帝的政权，保住了江南一带，史称“南宋”。

赵构把都城迁到临安（今杭州市）。虽然偏安江南，但是临安的城市生活一如汴京，市民的追求享乐有过之而无不及。吴自牧在他仿效《东京梦华录》写成的《梦粱录》一书中，有颇为详尽的描述，由于他认为“缅怀往事，殆犹梦也”，所以借唐人小说中的“黄粱梦”故事，而把书名叫《梦粱录》。腐败的南宋朝廷在临安度过了如梦的 149 年以后，蒙古骑兵的铁蹄踏破残梦，于 1276 年攻陷临安。再过 3 年，中国重归统一。

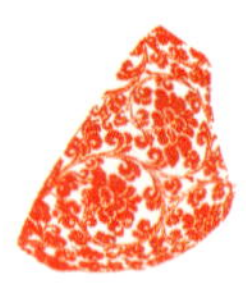

木塔、辽瓷及其他

辽佛宫寺释迦塔

在山西省应县城内，矗立着一座世界上现存最高大的古代木构建筑，总高67.31米的佛宫寺释迦塔。这座木塔建成迄今已超过900年，历经多次地震灾害，但依然完整屹立，不能不说是古代建筑史的奇迹之一。木塔平面八角形，外观塔身五层，由于塔内有四个暗层，所以实为九层。又因最下一层是重檐，所以外观为五层六檐。它是在唐代及以前的方形木塔的基础上，将中国式的楼阁型木塔进一步发展，改用八角形平面，使应力分布比方形均匀。同时改变了早期的中央贯穿各层的中心柱的做法，采用内、外两圈柱的布局，形成连接内、外槽所构成的筒形框架的结构方式，既使中部形成可供造像和进行礼拜活动的空间，又提高了塔身的抗弯、抗剪的能力。各层的上下柱不直接贯通，而是上层柱插在下层柱头斗拱中的“叉柱造”。在四个暗层中，

辽佛宫寺释迦塔实测图

后来金代加增了许多梁柱斜撑，使它们形成四个刚性很大的环箍，更加强了塔的整体性，因此具有很强的抗震能力。虽然塔高超过67米，底层直径达30.27米，但由于对该塔立面外观的精心设计，并不显得庞大笨重。各层高度均匀，具有韵律感。在各层屋檐上，又配以向外挑出的平座与走廊，绕以栏杆，不但避免了形体上的单调而富于变化，还具有供人登塔后凭栏远眺的实用功能。顶部采用攒尖塔顶，再竖立由仰莲承托的铁刹。全塔外观比例适度，显得雄伟端庄，形象华美。这座代表了中国木构建筑重大成就的

木塔，建造于契丹族建立的辽国统治时期，在辽道宗耶律洪基清宁二年（1056 年），时当北宋仁宗至和三年。

据对 1961 年公布的中国第一批重点文物保护单位所作统计，其中年代确切的建于公元 11 世纪及以前的木结构建筑物，包括佛殿、木塔、山门、窟檐等仅存 16 座，它们可算是中国古代建筑中的瑰宝。其中除两座唐代佛殿和 4 处敦煌莫高窟的宋代窟檐以外，尚有 10 座，宋代建筑占 3 座，而辽国的建筑则有 7 座之多，分布在河北、山西、辽宁三省境内。除了佛宫寺释迦塔以外，有辽统和二年（984 年）的河北省蓟县独乐寺的山门和观音阁，太平元年（1020 年）辽宁义县奉国寺大殿，重熙七年（1038 年）山西大同市下华严寺薄迦教藏殿，以及建于 11 世纪的大同市善化寺大殿和朵殿。

独乐寺山门是面阔三间的单檐庑殿顶建筑，斗拱硕大，出檐深远，显得庄严稳固。通过大门，正好看清里面的观音阁。由于山门明间的比例与阁的轮廓近似，它的柱和阑额恰好形成阁的景框，表明这样安排是设计时已精心考虑过的。观音阁是单檐歇山顶，外观似为两层，但内有一暗层，实为三层。阁内中央佛坛上塑

辽独乐寺山门

有高达26米的十一面观音立像，也是辽塑中的精品。

辽独乐寺观音阁

大同市下华严寺的薄伽教藏殿内，沿墙排列38间为藏经而设置的壁橱。仿重楼式样，分上下两层，在后窗处又做成天宫楼阁5间，跨越在窗上，以圜桥与左右壁橱相连接，结构精巧。殿内建有佛坛，上存大小塑像31躯，均是辽塑精品。特别是其中的菩萨像，庄严之中显露出妩媚之姿，生动传神。

辽独乐寺观音阁内十一面观音立像

辽下华严寺薄伽教藏殿天宫楼阁

下华严寺辽塑供养菩萨

综观这些辽国建筑，基本上继承了唐朝简朴、浑厚、雄壮的作风。建筑物的斗拱形体仍颇硕大，出檐深远，屋顶坡度低缓，曲线劲健有力，而且细部手法简洁朴实，较少雕饰。因此显得与宋代建筑各有特点，形象迥然有别。由保存下来的辽国建筑，可以看出当时对唐文明的承继是颇为明显的，也雄辩地表明在辽国统治下的北方地区，绝不像过去的某些评书艺人所描绘的那么缺乏文明，简直倒退到蛮荒的境界。至今矗立在祖国大地上的辽国建筑，正是中国古代建筑史上的骄傲，为中国古代文明光辉的轨迹上增添了新的光斑。

中国自古以来就是一个多民族的国家，各民族共同创造了灿烂的中国古代文明，这似乎无人反对。但是把这一原则落实到具体的历史时期，问题就又回到只有“汉族”（其实它也不是纯而又纯的，早已在漫长的历史进程中融入了许多古代少数民族）是统治民族时，中华大地才有文明。而历史上其他族升为统治民族，自然把一切文明都横扫一空，中华大地剩下的只有愚昧和落后的暗影飘荡其间。在如何看待10—11世纪由辽国领有的北方地区，正是如此。宋王朝和辽国实际是并存于中华版图内的两个并立的政权，只是统治民族不同，领有的地域大小有别。特别在经过长期的民族矛盾、战争和劫掠以后，宋王朝以屈辱的和约，换得了两个政权之间颇为持久的和平稳定的局面。宋朝的统治者利用从老百姓身上聚敛来的钱财中的一部分，转送到辽国统治者手中，自然加重了宋王朝领域内老百姓的负担；但另一方面，稳定的和平，还是有利于两个政权相邻地区的老百姓，同时促进了北方地区的经济发展和社会的进步。例如，辽国新的都城——中京，就于统和二十一年（1003年）开始兴建，4年后基本建成。布局仿照北宋都城汴梁的制度，设外城、内城和宫城。前面引述的现存辽国木构建筑，大部分也是在这以后建成的。

显示出辽国疆域内文明进程的遗存，除至今保留的建筑瑰宝以外，还可以举出辽代的制瓷工艺方面的成果。辽国官府主持烧造的白瓷器，在目前发现的年代较早的契丹族纪年墓，葬于应历九年（959年）的驸马赠卫国王墓中已有出土，带有“官”或“新官”款识，表明在北宋王朝于960年建立以前，辽国境内的官窑已经可以生产质量颇为不错的白釉瓷器了。关于辽国官府主持的烧造瓷器的窑场，已发现了两处，都位于内蒙古自治区境内：一处是赤峰市以西的缸瓦窑窑址；另一处是昭乌达盟巴林左旗的林东窑址，它位于辽上京故城的皇城内西侧。从这两处窑场的出土物中，可以看出主要烧造的是白瓷，前一处以粗白瓷为主，细质白瓷不多；后一处的胎釉和制作都较为精致。此外也生产黑釉和绿釉器。这里的工匠很可能是来自河北省的定窑等地，因此从釉色、装饰手法乃至覆烧的工艺，都明显地受到定窑或磁州窑的影响。至于辽瓷的品种，除了习见的碗、杯、碟、盘、壶、罐等器皿以外，还有一些具有契丹民族特色的产品。其中最突出的是“鸡冠壶”。器形模仿着皮囊容器的外貌，时代较早的鸡冠壶忠实地模拟着皮囊的平底单孔的形态，装饰纹样也塑出缝制的皮缝、皮条、皮扣的模样，以后逐渐改变，改为适于室内使用的提梁加圈足的样式。此外，还有鸡腿瓶、凤首瓶、长颈瓶等。除了瓷器以外，辽代也生产三彩器，常见的器形有海棠花式长盘、方碟、暖盘等。

辽白瓷鸡冠壶

鸡冠壶形态的变化虽然看来像是一种容器形态改变的小事，但它却可以反映出契丹族生活习俗逐渐改变，日益与汉族近似的事实。除了瓷制的鸡冠壶以外，也有用贵金属的仿制品。例如在赤峰市出土的一件银器，器形如实地模仿平底的皮囊形状，底部镶嵌薄铜片，器身錾刻由卧鹿和

辽三彩花式长盘

花卉等题材组成的图案，并在纹饰上鎏金，更显华美。与它伴同出土的另两件鎏金银器，都是带提梁的双鱼纹壶，表现出是受唐代双鱼壶造型影响下的产品。

除了鸡冠壶以外，在考古发现中还有许多带有契丹民族风格的物品。例如在驸马赠卫国王墓里放置了许多兵器、甲胄，以及多达 8 组的完备的马具，包括马辔、攀胸、鞦带和上面的饰件，铁制的马镫和衔镳，还有装饰有鎏金纹饰的银鞍桥的马鞍、银铃和银缨罩。特别是鎏金龙凤纹银鞍饰，锤揲工艺精湛，造型富丽华美。此外，契丹人还有在尸体面部戴铜制面具，以及在躯体和手上套穿铜丝网络和戴铜丝手套的习俗。最为华美的是在内蒙古哲里木盟奈曼旗青龙山发现的陈国公主、驸马合葬墓中出土的金面具和银丝网络。其年代是开泰七年（1018 年），两人的尸体并排陈放在棺床上。头枕金花银枕，头前都有精致的鎏金银冠，脸上覆以金面具，身罩银丝网络，足穿金花银靴，原来还覆盖有丝织的被衾等物品，但已朽毁。此外，尸体的头部及身上还有许多华美的金银装饰品及玉饰，墓内还随葬有许多金银器、瓷器、玻璃器等，以及成套的马具，多以银饰，纹饰鎏金，连铁马镫也曾镀银。但墓内按照汉族习俗放有以汉字书写的墓志。另一些墓中的墓志，也有用契丹文字书写的。契丹文字是参照汉字的笔画结构创造的，分大字和小字两种，其中契丹大字创于神册五年（920年），而小字创制的年代现在还不清楚。经过研究，知道契丹小字是一种拼音文字，现在已经可以初步进行解读。构拟了110多个原字的音值，共释语词300多条，并分析了一些语法成分。

辽国皇帝的陵墓，已知的有位于内蒙古巴林右旗索博力嘎（白塔子）北大兴安岭中的“庆陵”。包括辽圣宗耶律隆绪和仁德皇后、钦爱皇后的永庆陵，兴宗耶律宗真和仁懿皇

辽陈国公主墓
鎏金银冠

辽陈国公主墓
鎏金银靴

后的永兴陵，道宗耶律弘基和宣懿皇后的永福陵。这几座陵墓在历史上都遭盗掘，目前仅存部分石刻哀册，有汉文的，也有契丹小字刻写的，原来可能是同时有汉文及契丹小字的各一合置于陵内。3 座墓都有陵门、享殿和神道等，多已残毁。地下的墓室都有前、中、后室和 4 个侧室，并绘有壁画，现仅保存有东陵的摹本和照片资料。墓门仿木砖结构，有彩绘图案。墓道、前室和东西侧室、中室和各甬道壁画，绘有与真人等高的人物 70 余个，包括仪卫、乐队和侍仆，男女均有。有的画为髡发的契丹装，也有少数戴直角幞头的汉装。在中室四壁，分绘表现春、夏、秋、冬四季风光的山水画，反映契丹原来转徙游牧狩猎习俗的四时“捺钵”的景色。

辽庆陵墓室壁画四时捺钵之一

目前发现的早期辽墓壁画，发现于被盗掘的辽太祖天圣二年（923 年）庆山辽墓中，该墓被盗一空，幸而石室内的壁画保存完好，色彩依然鲜艳。绘画作风与画内的人物服饰，都显示着对唐文化的继承，绘出的故事有杨贵妃教白鹦鹉读经、苏若兰寄回文织锦、汉武帝见西王母的“降真图”等，

宝山辽墓壁画
杨贵妃教鹦鹉图

也有具有契丹文化特色的矮桌椅和成组兵器。会同五年（942年），耶律羽之墓中的壁画，同样表现着与庆山辽墓壁画相同的艺术特色。此后在辽东半岛和内蒙古草原分布的契丹贵族墓葬中，墓室壁画大量出现髡发契丹装人物画像，在出行和归来图中又多绘鞍马、驼车，侍卫和婢仆中有髡发契丹装的也有汉族装束的。也常有散乐、马球等题材的画面，生动地反映了当时社会历史的真实面貌。在河北宣化一带的辽墓，被认为是当时辽国境内汉族人士的墓葬，壁画内容也多见通常的门卫、出行等图像，但更着重家居生活部分，除散乐外，侍女挑灯、备酒和备茶的图像，描绘得十分生动具体，有的死者虔信佛教，壁画中还有为其诵颂佛经准

宝山辽墓壁画
桌椅兵器

内蒙古辽墓壁画
驼车

宣化辽墓壁画
女侍挑灯

宣化辽墓壁画
备经

备的高桌，上面放置有带题签的经卷。特别是天庆六年（1116 年）张世卿墓的壁画最值得注意，墓顶中心画莲花，周围内区绘九曜二十八宿，外区绘黄道十二宫图，是难得的与古代天文学有关的资料。

从契丹人的墓葬时代早晚的不同变化，还可以看到他们的习俗日益与汉族接近。到了辽代末年，墓内放置的随葬品中，马具明显减少，只剩下了镫和铃，而不再放整套马具了。陶瓷器皿中，契丹人特有的鸡冠壶已消失无迹。在墓内画像中，多有孝子故事的图像，表明不仅有习俗方面的改变，在思想意识方面也逐渐汉化了。

谈到辽墓的出土品，总会令人记起在辽宁省法库县叶茂台的七号墓中出土的两幅卷轴画，这处墓地属于贵族萧氏的家族墓地，七号墓的年代大约在 980 年前后。两幅画分别悬挂在墓室内木构的棺房之中，东西对称，出土时东边的一幅画的天杆和天头绫裱还悬挂在铁钉上，但画心、绫裱和画轴由于年久脱裱已坠落于房内木板上。经复原，两画的天杆为竹料制成，画轴为圆木所制，周围有绫绢包裹。它们可以说是目前在古代墓葬中发掘出土而且悬挂位置清楚的时代最早的卷轴画。画上无题榜，一幅画有山水

宣化辽墓壁画天象

叶茂台辽墓
“深山会棋图”

叶茂台辽墓
“竹雀双兔图”

人物，可称“深山会棋图”；另一幅绘有竹子和花草，以及麻雀和一双野兔，被称为“竹雀双兔图”。有人分析，认为前一幅是汉族画师所绘，后一幅是契丹族画师的作品。不论上述看法是否正确，但这两幅绘画作品的出土，又一次表明契丹民族与汉文化接触由来已久，以及他们喜爱欣赏汉文化绘画艺术的事实。

北方不是无文明的荒漠

时间飞逝，契丹族又成为历史上匆匆的过客。继他们之后出现于中国北方的是女真族，他们建立的金国灭掉了北宋，把宋朝的两个皇帝俘虏回去，又把宋皇室的残余势力驱逐到中国的南方，再次形成北南两个政权对峙的局面。战争和屠杀给广大汉族老百姓带来极大的苦难，一些志士为了恢复“旧山河”，发出恨不能要把敌人活吞了的誓言：“壮志饥餐胡虏肉，笑谈渴饮匈奴血。”也有人渴望“王师北定中原日，家祭无忘告乃翁”。不过志士们的豪语和企望，都不是可以偏转历史天平的砝码。在以后的历史时期内，南北两个并立的政权对峙的格局长期存在。赵氏子弟在江南继续是南宋的皇帝，而被斥为胡虏的女真族则成为北方的统治民族。等到这一格局最终被打破时，出现的是这两个政权先后覆亡的共同结局。

对于女真族统治的北方到底是什么样子的问题，许多人往往相信那些表演评书的艺人的描述：由于野蛮民族的统治，北方成为无文明的荒漠。在这里并不想全面研究金国的历史，只是想借考古发掘获得的资料、存世的文物和史籍，探寻一下金国统治的北方在约 1 个世纪的时间里，物质文化的真实面貌是什么样子的，也可以说是中国古代文明是否还在被女真族统治的地区延续发展，会不会还能在中国古代文明的光辉轨迹上，增添一些耀目的光斑。

在近年来的有关中国戏曲史的著作中，经常引述在山西省侯马市一座古墓中发现的一组绘彩杂剧砖俑，认为是研究中国古代戏剧史的极为宝贵的资料。在那座墓的四壁满砌雕砖，北壁上部垂花廊上所列两朵斗拱中间，砌有一座山花向前的小戏台，台上有 5 个绘彩的杂剧砖俑排成一列，正在“作场”。中间的一个头戴幞头，身穿圆领宽袖长袍，执笏。在他右侧的一个是女性形象，头梳髻，戴冠，手持纨扇作舞蹈状。最右边的一个头上斜裹头巾，脸上用白粉抹鼻作三角状，粗八字眉，两颊抹两团墨，扮相滑稽。穿一领镶宽黑边的黄色虎皮纹衫子，长仅及膝，胸膛裸露，手腕

侯马金墓杂剧雕砖

套红色手镯，下穿红裤黑靴。右手食指和大拇指塞在嘴里吹口哨，左手抱着一根黄色大棒，塑制得姿态最为生动。左侧的两人中靠中间的一个乌帽，穿盘领紧袖衣。最左一个戴乌帽，面部勾白眼圈和黑蝴蝶形图案，穿长衫，袒胸露腹，上有纹身花纹。手持一物。据研究，他们可能分别是《南村辍耕录》中所讲的“末泥”“引戏”“副净”“副末”和“装孤”五个角色。这些姿态生动的演剧俑，正刻画出金院本演出时的情况。那座墓是董氏家族的坟墓，埋葬于金大安二年（1210年）。董氏墓发现的杂剧砖俑并不是孤例，在距那座墓约25米处后来又发现了一座时代大致相同的墓（编号为104号）。四壁同样满砌雕砖，同样砌出戏台和放置有砖俑，只是砖俑的数目是4个，并且还有2个为同一模具所制作。与董氏墓的杂剧俑相对照，所塑造的角色分别为“副末”“末泥”和“装孤”，其中装孤有两个，但仍是以末泥为演出的中心角色，可以想见当时这种杂剧砖俑，是使用模具批量制作的，反映出这一地区广泛流行杂剧，深受人们喜爱的事实。除了侯马的发现，在山西省西南部的稷山县境内发掘的金代墓葬中，也有关于戏剧的资料出土。特别是在马村发现的段氏家族墓群，其时代大致在大定二十一年（1181年）以前，较侯马董氏墓为早。在段氏家族墓中，有6座内有杂剧雕砖，雕出的除演剧的各种角色，还有伴奏的乐队。表演的演员演奏的乐器，由大鼓、腰鼓、拍板、笛、觱篥5种所组成。此外，在河南省的焦作金墓中，虽未见杂剧雕砖，但嵌有许多姿态生动的伎乐人物雕砖。有吹奏乐器的，有舞蹈的，还有吹口哨的，其中有的是童子形象，生动有趣。以上的考古发现，表明当时金朝统治地区的一般平民地主，在文化生活方面的享受。

除了文化生活方面的享受以外，更多的雕砖描述了那些平民地主平时的生活享乐。精美华丽的仿木构建筑的雕砖墓室，自然是模拟着他们生前家宅建筑。侯马董氏诸墓，都是方形墓室，上有华美的八角形藻井，室内四壁雕砖表现出他们家居享乐的情况。以董氏墓为例，南壁墓门两侧各立一“镇宅狮子”，东西两壁是各设 6 扇格子门，障水板上精雕各种花卉人物的图像。北壁雕成堂屋三间。正中一间放有曲足花桌，上面有一盆盛开的牡丹花，桌子两旁是墓内死者夫妇的砖雕坐像。旁边两间都放置有屏风，还有侍童和侍女。四壁上部又砌出垂花廊，廊上列斗拱，前面讲

山西金墓雕砖
杂剧乐队

山西金墓雕砖
夫妇对坐

过的上置杂剧砖俑的戏台，即砌在北壁斗拱之间。这些雕饰繁褥华丽的墓室，炫耀着墓内死者生前的财富，同时也表明这一地区当时社会生活是处于一种稳定并且较为富裕的境况之中，所以才能使一般没有官职的土著地主，有能力构筑如此费工的华丽雕砖墓室。同时戏剧艺术的繁荣，也和稳定的社会环境分不开。

在河北省井陉县柿庄，还曾发掘过一处古代墓地，是属于尹氏家族的 9 座墓葬。它们建造的年代，大致是在金代初年到金代末年，都是仿木构建筑的砖墓，有彩绘的壁画和精美的雕砖，由于年代不同，建筑形式随之有所变化。这处墓地的情况，同样表明尹氏家族当时是处在一种稳定的生活境况之中，延续于整个金王朝统治的时期。在这里发现的一座金代早期墓的壁画中，除了表现墓内死者生前生活的宴饮等画面以外，还有在东壁上所绘的“捣练图”最令人感兴趣。画面中央有三个女子，两人分立左右以手平张布帛，另一红衫女子执熨斗在上熨帛，使人联想起传世名画中，传为宋徽宗赵佶所摹的唐代张萱所绘《捣练图》，只是这里的民间画师用笔设色都较拙陋而已。这似乎也是表明唐宋绘

河北井陉金墓
壁画“捣练图”

传宋徽宗摹唐
张萱“捣练图”

画传统在北方地区影响之深远。

除了一般地主的雕砖仿木构的墓室以外，目前中华大地上还保留着好几处金代的木构建筑。列入第一批全国重点文物保护单位的就有山西、河北、山东等地的11座建筑物。整体来说，金代的殿堂建筑发展了辽代已开始的减柱、移柱做法，因而使梁架的布置比辽代建筑更为灵活。

同时金代的工匠还给我们留下了另外一些宝贵的文化遗产，那是一些石桥，除了在河北、山西两省的一些敞肩石券桥以外，还有一座极为著名的石桥，就是于大定二十九年（1189年）建造的卢沟桥。用11孔连续的半圆拱构成，长达266.5米，宽9.3米。

后来意大利人马可·波罗在他的书里，曾赞美过这一雄伟美丽的大石桥。卢沟桥两旁的石栏杆望柱上，雕出许多形态各异的石狮子。由于望柱多达 281 根，每根望柱上所刻大小狮子数目又不同，形成既统一又富有变化的装饰效果。而且令人经过时一时难以数清，所以北京人流传一句歇后语就是“卢沟桥上的石狮子——数不清”，甚至流传着一些诱人的神奇传说。后来在 1961 年勘查时，采用编号清点的办法，终于数清，计有 485 只大小狮子。不过由于后代多次修补，目前保留下的金代原刻的数量已经不多了。

此外，金代在科学技术的发展方面，还可举出医学的发展为例。在这一时期的医学理论有较大的发展，产生了中国医学史上的“金元四大家”。他们的总出发点都是中国传统的《内经》医学体系，但又各从不同侧面予以继承和发展，形成了四大医学学派。第一位是金代河北河间的刘完素（1110—1200），他的医学理论被后人称为“寒凉派”。第二位是金代河南考城人张从正（1156—1228），被后人称为“攻下派”。第三位是李杲（1180—2151），金

卢沟桥

代河北真定人，被称为“补土派”。第四位是刘完素的三传弟子，元代的朱震亨（1281—1358 年），他进一步发挥刘的火热学说，又结合另外两家的学说，主张以补阴为主，故后人称为“养阴派”。

女真族和契丹族一样，也参照汉字创出自己的文字，不同的是女真族创制文字时，还参照了契丹族创制的契丹字。据文献记载，曾有“女真大字”与“女真小字”两种，但目前传世的只见到一种，见于碑、摩崖等石刻中，经专家释读研究，已编写出《女真文辞典》。女真贵族皇室中也很崇慕汉族的传统文化，据说金海陵王完颜亮喜戏、点茶，延接儒生。甚至有人说他所以决意出兵南征，只是因为听到唱《望海潮》曲子，看到木樨花，进而慕钱塘、西湖美景的缘故。也正因为这样的原因，他才写出“立马吴山第一峰”的诗句。

但是不论什么人发出的不合历史进程的所谓豪语，都只能是自打嘴巴的空话。那时金国的后院已出现了蒙古的威胁，内部又存在着统治集团间的互相倾轧，以及广大各族民众的不满和反抗，缺乏足以打破南北对峙局面的实力。因此完颜亮不但没能立马吴山第一峰，在采石战败后，很快就在女真统治集团内部倾轧中被杀。他死以后，南宋和金形成更为稳定的南北并立的局面，等待它们的都是最终覆亡的噩运。

不可抗拒的狂飙

内蒙古东部的呼伦贝尔大草原，一直是游牧民族的历史摇篮，鲜卑族、契丹族和女真族都是在这个摇篮里长大的，并且在这里度过了他们历史上的青春时期。现在女真族在中原腹地站稳脚跟以后，发现曾经养育自己的摇篮受到了另一个新出现的民族的威胁。他们和历史上许多中原的统治民族一样，匆匆忙忙地构筑消极的防御工事，但是没有建筑连亘的城垣，而是采用了挖掘壕堑，用连绵不断的长壕作为屏护的手段。

这种堑壕一般宽 5—6 米，底宽 3 米，深 2 米，将挖掘出的土石垒在壕的内侧，形成一条长堤，也可以说是长墙，有时还加筑凸出的“马面”等防御工事。并且每隔一定距离构筑一座可供屯戍的边堡，一般呈方形或长方形，边长 210—180 米，现存高度

金界壕遗址

多在 5 米以下。这条由深壕、边城和边堡组成的防御工事体系，现在还有遗迹可寻。它大部分延亘在内蒙古境内，也有少部分在今天的蒙古人民共和国和俄罗斯的国境内，形成长达 7000 余公里的防线。而且还可以分成北线和南线，南线又形成第一、第二两条主线。它们开始构筑于天眷元年（1138 年）以前，以后几经修筑，大约延续到承安三年（1198 年），时间超过半个世纪。不过最终并没有能够像金朝的统治者预想的那样，能够阻止入侵者的铁骑。曾经养育他们成长的摇篮还是落入那个新出现的民族之手，那就是由成吉思汗统率的蒙古族。

进入呼伦贝尔大草原，就使蒙古族摆脱了在斡难河与额尔古纳河之间狭小地区的局促境地，利用这里优越的自然条件，充分地把自己武装起来。曾经养育了鲜卑、契丹、女真的摇篮，培育出了另一个远比他们更为强劲的民族。历史学家翦伯赞教授在访问了呼伦贝尔草原的古代遗迹后写道：“这次访问对于我来说，是上了一课很好的蒙古史，也可以说揭穿了一个历史的秘密，即为什么大多数的游牧民族都是由东而西走上历史舞台。现在问题很明白了，那就是因为内蒙古东部有一个呼伦贝尔草原。假如整个内蒙是游牧民族的历史舞台，那么这个草原就是这个历史舞台的后台。很多的游牧民族都是在呼伦贝尔草原打扮好了，或者说在这个草原里装备好了，然后才走出马门。当他们走出马门的时候，他们已经不仅是一群牧人，而是有组织的全副武装了的骑手、战士。”当蒙古族装扮完毕，离开这个古代游牧民族的武库、粮仓和练兵场的大草原时，就像卷地狂飙一样，席卷中华大地，使中国古代的政治地图又一次涂上了统一的色彩。不仅如此，他们还冲向更为宽广的世界，展开了历史性的活动，书写了他们在世界历史中令人惊诧的篇章。

蒙古族建立了元朝以后，留给后人的最重要的遗迹，是元大都遗址。这座都城始建于元世祖至元四年（1267 年），在世祖忽必烈时期基本定型，成为当时世界上著名的大城市。元大都遗址坐落在今天北京市旧城的内城及其以北地区。经过全面的考古勘察和发掘，这座古都的城垣、街道、水系的情况已弄清，可以对它的平面规划进行复原。大都的平面呈长方形，周围以高大的夯土城墙围护，城墙的墙基部分宽达 24 米。全城南北长约 7600 米，东西宽约 6700 米，面积约 50 余平方公里。在城周的各城门中，只有西城正中的和义门瓮城的城门，由于压在明代西直门箭楼之内，在拆除箭楼时被发现。城门残高 22 米，门洞长 9.92 米，宽

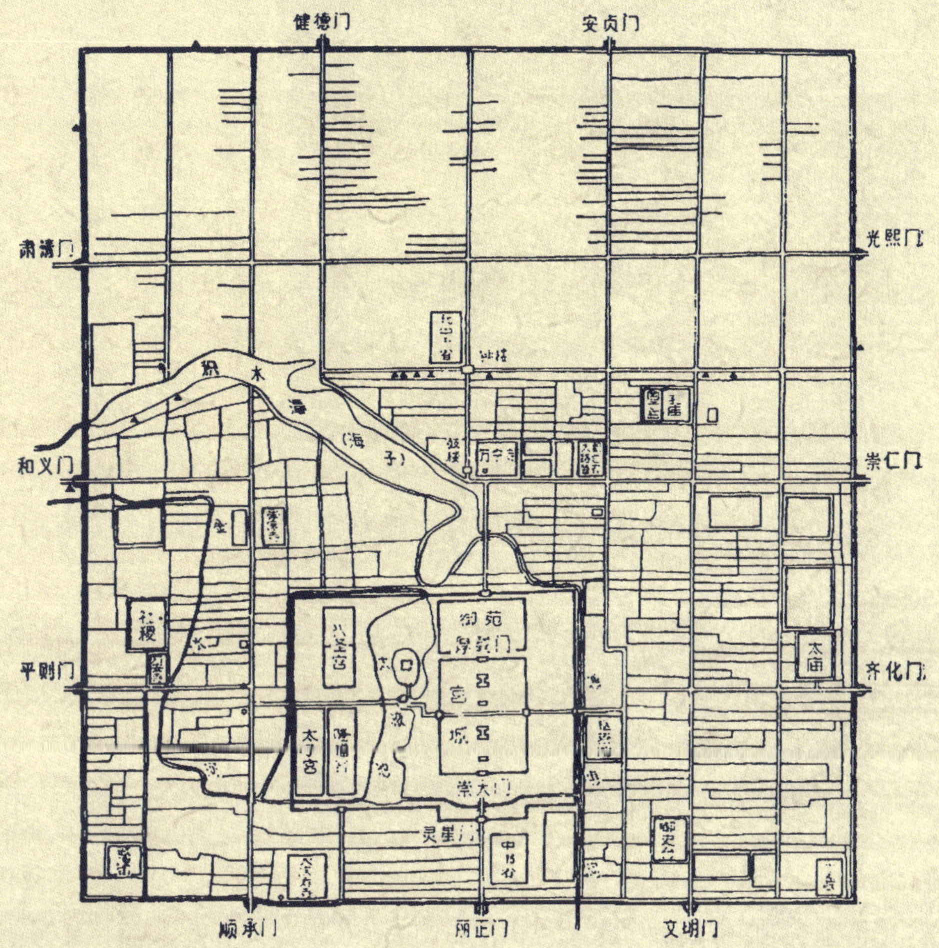

元大都平面图

元大都和义门瓮城遗址

后英房元代建筑遗址

4.62 米，城楼已毁，尚存有从城楼向门洞木门漏水的灭火设备。据门洞内发现的题记，这座门建于至正十八年（1358 年）。令人遗憾的是，这座 1600 余年前的珍贵历史文化遗迹，在它刚刚重见天日后就被无情地拆掉了，在它的原址上建造了供汽车飞驰的“现代的”立交桥。让我们回到对元大都的追溯，皇城构筑于大都城内南部中央地区，皇城内偏东设置宫城。宫城的南门（崇天门）约在今故宫太和殿位置上，北门（厚载门）在今景山北部。纵贯宫城的南北大路，也就是元大都的中轴大路，与明清北京城的中轴线相合，表明后来明清时仍沿袭着元代的中轴线未变。

在拆除明清北京城墙时，还发现了不少在当时筑城墙时压在里面的元代居住遗址。由于住宅的主人当时是被迫仓促离开的，

元大都瓷青花扁壶

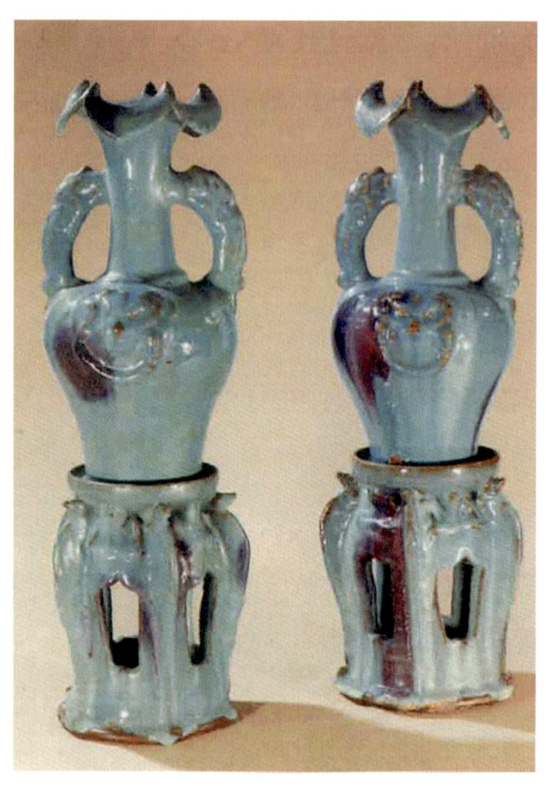

元大都钧窑瓷瓶

因此一些居住址里散落着那时遗留的物品。有贵重的螺钿漆器、水晶石、紫端砚和青花瓷器，还在一处房屋内的地面上散落着200余颗以红白玛瑙磨成的围棋子，那时的慌乱情景是可以想见的。这些建筑遗址和出土遗物，尤其是许多精美的元代瓷器，如青花瓷器、影青观音像及钧窑花瓶等，都为研究元代的住宅建筑、瓷器工艺及社会生活提供了宝贵的实物资料。

不过这座宏伟的古都今天保留下来还可供一般人凭吊的遗迹，只有残存在今北京市安定门和德胜门小关一线的夯土城垣。这些残留在地面上的土城，还难以察觉地向行人诉说着那座曾经存在过的繁华都城的盛况，但是在飞驰来往的汽车的轰鸣中，又能让多少人能听到呢？！

元大都瓷影青观音

没有结束
——代结束语

在元大都仅存的城墙夯土遗迹前面，我们终止了对中国古代文明轨迹的探寻，但是这并不意味着那里就是这一光辉轨迹的终点，它还继续向元代以后的历史伸延，并没有结束。

在我们开始踏上这一探寻之路的时候，本来想能够依据考古发掘的硕果，全面地重现中国古文明那不可磨灭的光辉轨迹。但是在读完这本小册子以后，读者自会发现由于作者的水平有限，并没有能实现原来所做的许诺，所勾画出来的并不是完整的轨迹，充其量只不过是让大家断续地看到那轨迹上的一些闪烁的光斑。它们有的能够连续地接成光亮的轨迹，另一些则是跳跃式的间隔很远才闪烁一下，缺乏连贯，间歇过长，甚至出现缺环。所以会产生上述缺陷，也确实因为存在着客观困难。特别是中国古文明延续时间极长，内涵过于丰富，随着历史的发展进程，时代越迟头绪越加繁复，仅凭这本小册子的有限篇幅，实难达到全面的完美水平。同时，也受到目前考古收获的局限，还达不到能够全面揭示中国古文明的程度，因此只能尽力勾画出粗略的简单轮廓，尽可能地多介绍田野考古的新收获，希望引起大家的兴趣，今后能自己继续去仔细探寻，不断取得对中国古代文明日益深入而全面的认识。此外，对于许多人们熟知的事实，因为没有获得新的更加说明问题的资料，就没在这本小册子内重点描述甚至未加叙述。虽然它们是非常重要的，甚至是中华民族对世界文化史的突出贡献，例如被许多中外学者引述的“三大发明”：火药、指南针和印刷术。

在这里还想谈一点感想。在回溯中国古代文明的时候，有些人常常企图用今天人们的思想方法或自己掌握的科学常识，硬加到几百年甚至几千年前的先民身上，好像猜谜一样去进行判断，而不是认真研究那时期的生产条件、社会状况，以及以此为基础形成的人们的思想方法和对事物的认识。还有些人没有真正认识中国古文明的悠久历史和伟大内涵，不知为什么老想着中国无论什么都应该是最早的，于是把许多毫不相干的东西拉在一起，似乎一切都是中国古已有之。其实历史本身是公允的，从不偏爱哪个民族，虽然步调有快有慢，但互有长短，对世界文明有着各自的贡献。

中华民族确实对世界文明有着突出的贡献，但是为什么非把别人的帽子硬往自己头上套？例子是很多的，有人谈起现代足球运动的起源，非要与中国古代的“蹴鞠”联系一下，虽然都是用脚踢一种圆形的球，其实那是毫不相干的两种运动项目，一种是中国古代的游戏，另一种是与之没有关联源自国外的现代竞技比赛。再如唐代的中国人是相当开放的，不抱成见地汲取外来的文化因素。在运动项目中，从西亚引进马上打球之戏，唐代皇室贵族间极为流行，好几个皇帝都曾是马球的好手。在唐长安城遗址的发掘中，还曾出土过一方上面记有唐文宗大（太）和年间修建

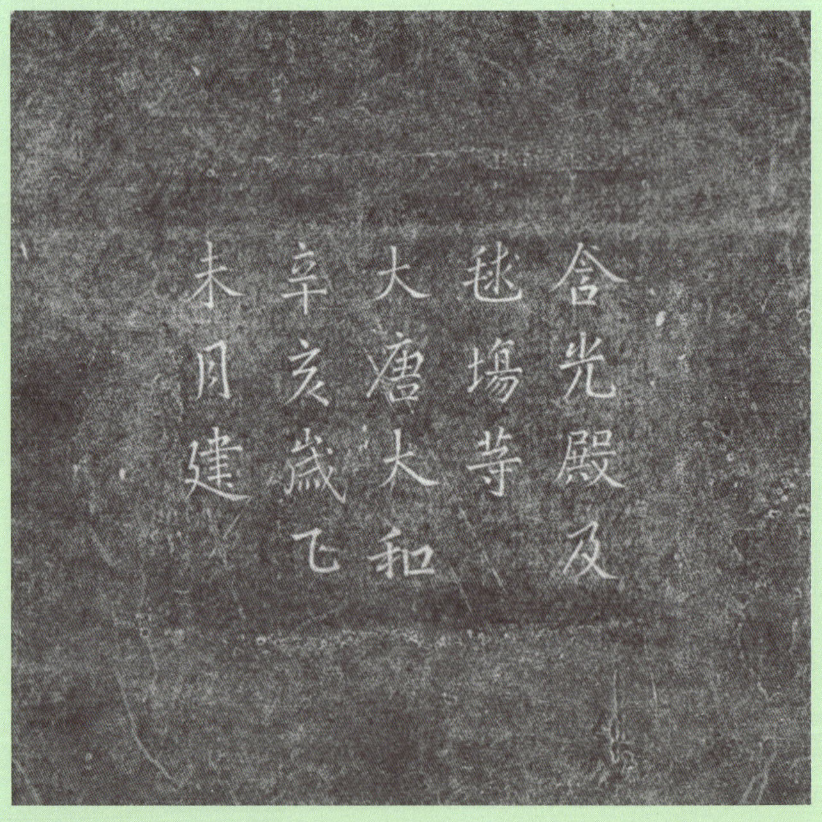

唐长安大明宫出土修球场志石拓本

“球场”的石志。在唐代墓葬的发掘中，也不断发现描绘马球的壁画及击球的骑俑，还有带马球图像的铜镜等，但是还真有人想方设法，一定要说这种马球不是由国外引入的，一定得是中国古已有之的一项发明。如此来说，也许有一天会有人去考证奥林匹克运动会项目中的花剑、佩剑和重剑比赛，跟中国春秋时代的神话——越女与白猿比剑——有什么关系了，当然幸运的是现在还没有人去这样胡说。

唐章怀太子墓壁画马球

总之，上面讲到的那种做法，不仅不会给自己民族的古代文明描绘出新的光环，反而是一种亵渎，对自己民族的古代文明和对其他民族的古代文明都是如此。现代的足球运动或是击剑运动等项目，它们确实都是近代从国外引进的，也正与历史上唐代引

西安唐墓击马球陶俑

进马球运动一样，丰富了中华文明的内容，为人民所喜爱。目前重要的不是去附会说什么“中国古已有之”等等，最重要的是如何提高我们在那些项目的竞技水平，取得优异的成绩，乃至成为世界冠军。

另外也有些事物，源出于中国古文明，当传播到西方以后，影响深远，但长期不为中国的老百姓所知。这里可以举一个例子，那就是马镫的发明和传播。我认识的许多朋友，常常认为人们懂得养马后就会懂得骑马，会骑马以后又学会制造马车。既然骑马，自然发明马具，似乎鞍、镫都是自古有之。但是在中国古代的真实情况，却是懂得养马后首先是用于驾车，至于骑术的普及则是迟到战国乃至西汉初的事，就是到了那个时期，马具也是极不完备的。至于马镫的出现，已迟到西晋时期。目前在考古发掘中获得的时间最早的资料，是长沙的西晋永宁二年（302 年）墓中出土骑俑上模拟出的马镫，但只在马的左侧鞍的前鞍桥下悬挂一只，而且镫革很短。那是为了上马时登踏用的，骑在马背上就不再使用了。后来在河南省安阳市发掘到的东晋十六国时期墓里，发现了整套的饰有鎏金铜具的马具，其中已有内为木芯、外

长沙西晋墓
青釉骑俑

作者与夏作铭师讨论安阳东晋十六国墓马具复原模型（1985 年）

辽宁北燕冯素弗墓马镫

包铜片的马镫，但仍旧是单只的。在东北地区辽宁朝阳、北票一带发现的十六国时期墓葬中，出土有整套的马具，佩有双镫，例如北燕冯素弗墓中获得的马镫。同时还出土有为战马披的铁具装铠，戴在马头上的铁马面帘有的墓中还保存完好。在陕西咸阳的十六国时期墓葬随葬俑群中，还有披具装铠的陶马，都表明马镫

辽宁朝阳十六国墓
铁马面帘

陕西咸阳十六国墓
陶具装铠马

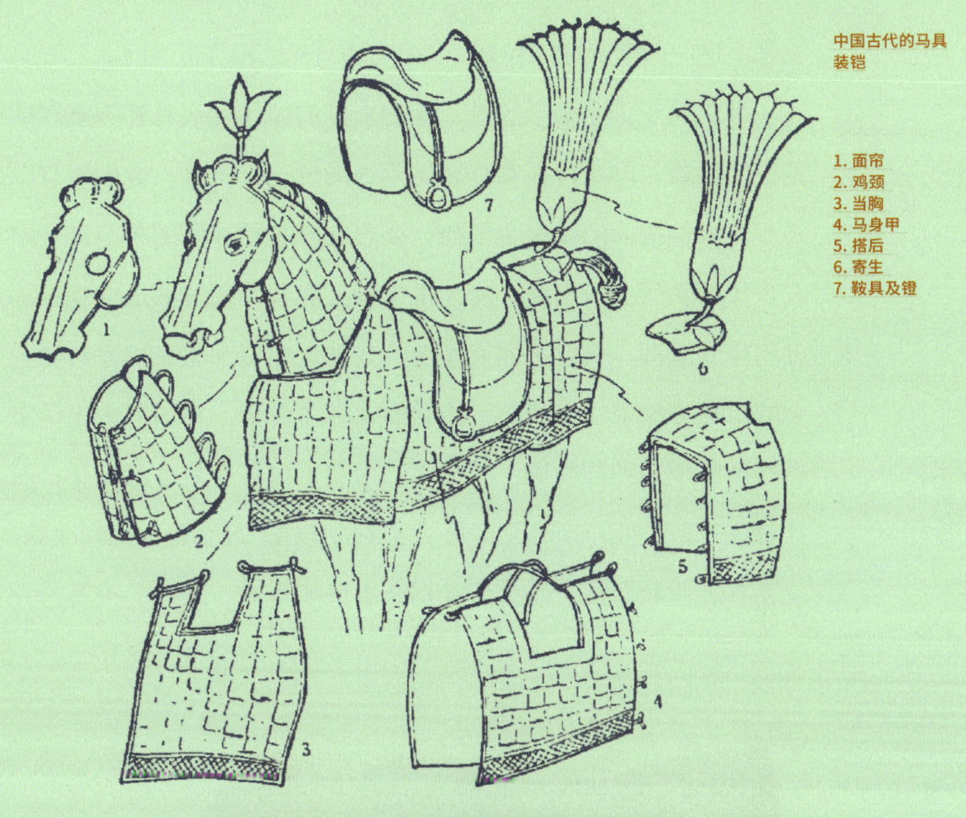

中国古代的马具装铠

1. 面帘
2. 鸡颈
3. 当胸
4. 马身甲
5. 搭后
6. 寄生
7. 鞍具及镫

的使用与人和马都装备铠甲的重装骑兵（甲骑具装）之间的联系。对于马镫为中国古代发明的事实，在中国学者首先论述以后，得到国际上学者认同，在英国著名的科学史学者李约瑟和日本著名考古学家樋口隆康的著作中，都有详尽的论述。当马镫传入西方，特别是在公元 8 世纪以后的西欧，马镫与踢马刺的使用，对战斗的方法起了可以说是划时代的变革。它们与成套的人铠和马甲相结合，产生了中世纪骑士的典型的马上冲击搏斗的战法。因为只有装备了马镫，重甲的骑士才能在冲撞时坐稳马鞍。而骑士阶层，正是中世纪西欧封建王侯赖以维护统治的社会基础。

贵族骑士似乎难以战胜，他们全部的躯体和战马都被坚厚的铠甲保护着，冷兵器很难打破这钢铁的外壳。同时，他们还有以砖石垒砌的坚固的城堡为依托，要想克服也是非常困难。又是中国古代的发明——火药，成为重甲骑士和其牢固的城堡的克星。火药传入欧洲，引致了翻天覆地的变动。在资本主义战胜封建主义的历史鏖战中，火药制造的兵器发挥了作用。德国著名哲学家恩格斯曾生动地描绘说：“火器的采用不仅对作战方法本身，而且对统治和奴役的政治关系起了变革的作用。要获得火药和火器，就要有工业和金钱，而这两者都为市民所占有。因此，火器一开

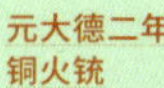

元大德二年铜火铳

元至顺三年铜火铳

明初铜火铳

始就是城市和以城市为依靠的新兴君主政体反对封建贵族的武器，以前一直攻不破的贵族城堡的石墙抵不住市民的大炮，市民的枪弹射穿了骑士的盔甲。贵族的统治跟身披铠甲的贵族骑兵队同归于尽了。”

让我们还是回到古老的中国来吧！这里本是火药的故乡，火药的发明本来是中国古文明光辉轨迹中最为明亮的光斑。最迟到10 世纪已开始用火药制造纵火器具，11 世纪初北宋军队已装备了多种早期的火药兵器，记录在《武经总要》中，我们在第 8 章已作介绍。12 世纪初，古代中国开始出现以竹筒制作的原始管状射击火器。到了 14 世纪中叶，金属制作的管状射击火器已经在军队中使用，现存传世的文物中有世界现存年代最早的金属管状射击火器是元代大德二年（1298 年）的铜火铳。还有时间略迟的至顺三年（1332 年）铜火铳。大量出现的明朝初年的铜火铳，表明当时火药兵器脱离原始状态，形成能发射弹丸的金属管状火器，已是后世枪炮的雏形。但是这种居于世界前列的优势，并没有长久保持。长期陷于发展迟缓状态的中国经济，以及统治者的禁海锁国政策，使元末明初金属管状射击兵器发展的势头停滞下来。火药兵器没有能在它的故乡引起变革，而当它传到欧洲时，却发生了前面我们已经讲过的巨变。资本主义的兴起使它发挥了革命性的作用，最终导致“市民的枪弹射穿了骑士的盔甲，贵族的统治跟身披铠甲的贵族骑兵队同归于尽了”。

资本主义制度的胜利，更促进了枪炮的改进和扩大生产。于

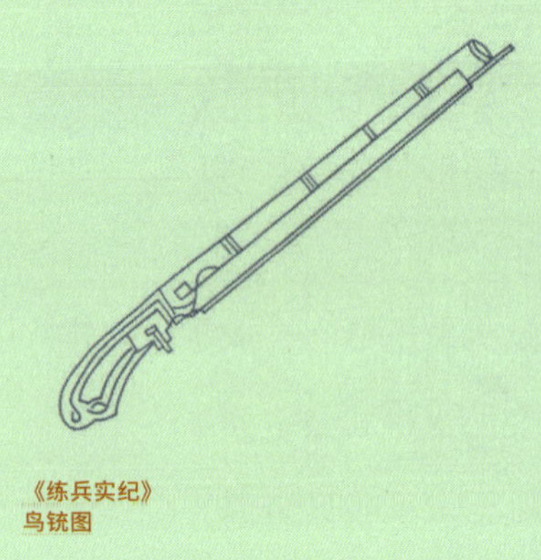

《练兵实纪》
鸟铳图

是到明代中叶，火器的故乡不得不从舶来品中汲取养分，仿制了比火铳先进的“佛狼机”和“红夷炮”，还有单兵使用的“鸟铳”等，开始改变军队兵器装备的面貌。抗倭名将戚继光在《练兵实纪》中所列部队的标准装备中，有数量较大的“大将军”（炮）、“虎蹲炮”“快炮”“鸟铳”“佛狼机”等火器。后来清朝的军队也从明军装备中引进了火炮和鸟铳。在清初还较注重火炮的生产，也引进过当时西方的先进技术。不过接着又是长期的闭关自守，从明代中叶以来火炮有所发展的势头又一次被扼制下去。落后就要挨打，闭关自守而且妄自尊大的大清帝国，终于在帝国主义列强的巨舰大炮面前败北，于是中国一步一步地沦为半封建半殖民地，陷入被侵略、被宰割的悲惨境地。火药这个“注定使整个作战方法改变的新因素”，没有在它的故乡引起兵器生产的革命，更没有促成社会的变革。这个历史教训，难道能够忘记吗？难道面对这样的惨痛教训，我们还能连脸都不红地盲目自诩中国的某些古代的

“世界第一”吗？

十分明显，一切炎黄子孙，都不应该不了解我们古代文明的光辉轨迹，但是它不是我们可以盲目骄傲的资本，只能是激励前进的动力。如果通过这本力图重新描画出中国古文明光辉轨迹的小册子，能够达到上述目的，那是作者所企望的。

清代火炮

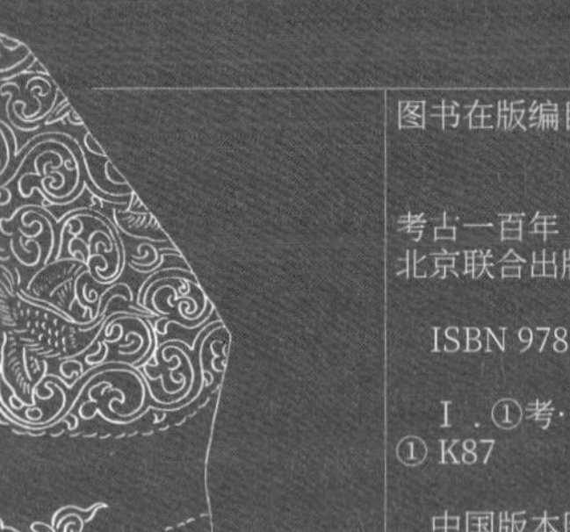

图书在版编目（C I P）数据

考古一百年 : 重现中国 / 杨泓著 . -- 北京 :
北京联合出版公司 , 2021.4（2022.4）

ISBN 978-7-5596-5133-4

Ⅰ . ①考… Ⅱ . ①杨… Ⅲ . ①考古发现－中国 Ⅳ .
① K87

中国版本图书馆 CIP 数据核字 (2021) 第 051679 号

考古一百年
重现中国

出品人 赵红仕
责任编辑 章 懿
书籍设计 芥子设计 黄晓飞
设计协力 漆苗苗
出版/发行 北京联合出版有限责任公司
北京联合天畅文化传播有限公司
社址 北京市西城区德外大街 83 号楼 9 层
邮编 100088
电话 (010) 64256863
印刷 北京富诚彩色印刷有限公司
开本 787mm×1092mm 1/16
字数 270 千字
印张 34
版次 2021 年 4 月第 1 版
印次 2022 年 4 月第 2 次印刷
ISBN 978-7-5596-5133-4
定价 128.00 元